Beruf: Schatzsucher

ᔕCHÖNBACH

Michel Bagnaud

BERUF: SCHATZSUCHER

Alle ungehobenen Schätze der Welt
Ein Handbuch

SCHÖNBACH

Titel der französischen Originalausgabe:
Profession: Inventeur de Trésors
© 1991 Édition Filipacchi, Société SONODIP, Paris

© 1992 Schönbach Verlag GmbH, Hannover
Schönbach Verlag AG, Basel

Aus dem Französischen von G. Waeckerlin Induni in der Reihe
Abenteuer Planet Erde

Schutzumschlaggestaltung:
J.J. Schaffner & S. Conzelmann, Basel

Satz:
Text Konkret, Basel

Druck:
Kreis & Co AG, Basel

Bindung:
Henssler AG, Basel

Printed in Switzerland

ISBN 3-927883-08-5
ISBN 3-908220-03-3

Yvette Charroux gewidmet
In Dankbarkeit und Zuneigung

INHALTSVERZEICHNIS

*Die Zeit bringt durch ihren gewaltigen Strom das
Verborgene ans Tageslicht
Und verbirgt in ihrer Tiefe, was allen sichtbar ist*

Sophokles, AIAS

*Welcher Mann, der über Vorstellungskraft, Gesund-
heit, Geld und Zeit verfügt, könnte der Verlockung
widerstehen, sein Glück auf fernen Meeren zu
versuchen, wenn er alle Koordinaten kennt, die zu
einem ungehobenen Schatz führen?*

Sir Malcolm Campbell, AUF DER KOKOSINSEL

BERUF: SCHATZSUCHER

Ich bin mehr als einmal auf der Kokosinsel gewesen. Ich bin steile Klippen hinaufgeklettert und habe inmitten von Haifisch-Schwärmen getaucht. Böse Stürze haben mich wiederholt etliche Wochen Krankenhausaufenthalt gekostet, und nur durch ein Wunder bin ich dem Tod durch Ertrinken entgangen. Ich habe ohne mit der Wimper zu zucken die Bisse giftiger Ameisen und sintflutartige Wolkenbrüche über mich ergehen lassen. Ich habe riesige Löcher gebuddelt und im Schweiße meines Angesichts versucht, mit bloßen Händen Felsblöcke zu verrücken. Dennoch habe ich nie das Gefühl gehabt, daß ich mich von meinen Mitmenschen unterscheide. Ich bin ganz einfach Schatzsucher aus Berufung.

Mit dreizehn hat man alles gelesen! Um die Einsamkeit meiner Kinderjahre zu durchbrechen, flüchtete ich mich in die Bücher. In den Abenteuergeschichten fand ich die Wärme und Zuneigung einer großen, fröhlichen Familie. Ich habe Alexander von Humboldt auf seiner Reise in die Neue Welt begleitet, Stanleys Hand losgelassen, um Doktor Livingstone zu begrüßen, bin in Cailliés Verkleidung geschlüpft, um das verbotene Timbuktu zu besuchen, bin durch giftige Sümpfe gewatet, habe mich durch den dichten Dschungel gekämpft, um Sir Walter Raleigh und vielen anderen den Weg nach Manoa zu pfaden, der Stadt mit den goldenen Dächern im Herzen Eldorados.

Meine Onkel hießen Jack London, James Olivier Curwood, Blaise Cendrars, Joseph Conrad. Die unerschrockene Mary Read war meine Patin – oder Anne Bonny, die dem am Galgen baumelnden Piratenkapitän Rakham zurief: *Hättest du dich wie ein Mann geschlagen, müßtest du jetzt nicht elendiglich sterben wie ein Hund.* Und dann war da noch Alexandra David-Néel, die Bezwingerin des fernen Tibet ...

Mit dreizehn hatte ich mich bereits in Libertalia umgesehen, der gastfreundlichen, von Kapitän Misson in Diego-Suarez an der Nordspitze Madagaskars gegründeten Republik der Geächteten. Ich träumte von Schiffbrüchen, von einsamen Inseln im Ozean, die vor mir kein Mensch je betreten hatte, von den Abenteuern Robinson Crusoes oder des Schweizerischen Robinsons. Das Hämmern des Lineals, mit dem uns unsere Lehrer zur Disziplin mahnten, klang in meinen Ohren wie das Holzbein von Long John Silver, der während der trostlosen Abendstunden in der Studierstube zwischen den Bankreihen auf und ab ging.

Ich verbrachte jeweils meine Ferien in der Bretagne, im Landhaus des Marquis de Kerouar, in der Nähe von Lannilis am Aber-Wrach. Die im Schloß aufbewahrten Rüstungen faszinierten mich, und ebensosehr die Schätze, die, so wurde behauptet, während der Revolution dort versteckt worden waren. Die Bewohnerinnen von Kerouar hatten mich ins Herz geschlossen, was meinem Umgang mit gleichaltrigen Spielkameraden, die etwas spöttisch auf mich herabblickten, nicht gerade förderlich war. Ich zog es vor, durch die Wälder zu streifen, um die Pforten zu den unterirdischen Gängen zu suchen, die zu den goldenen Götzenbildern der Kelten führten.

Einmal grub ich einen Fuchsbau aus, der zum Ufer der Aber führte, und fand tatsächlich einen Jutesack voller Kupferkugeln, die Schmuck und Kupfermünzen enthielten. Ein Landser, der offenbar den Schmuck der Schloßherrinnen geklaut hatte und der nach dem Krieg spurlos verschwunden war, hatte ihn hier vergraben. Diesem Fund, auf den zweifellos früher oder später jemand anders gestoßen wäre, verdankte ich eine gewisse Berühmtheit, denn von da an wollten mich alle Jungen auf meinen Streifzügen begleiten.

Die Salesianer des Don Giovanni Bosco waren eifrige Missionare. Manche von ihnen kehrten mit Malariafieber oder anderen Tropenkrankheiten aus dem fernen Afrika zurück. Wenn sie ihre Erlebnisse unter fremden Stämmen schilderten und von den Widerwärtigkeiten erzählten, denen sie ausgesetzt gewesen waren, wenn sie die Wilden dem Einfluß des Bösen zu entreißen versuchten, hörten wir ihnen gebannt zu. Gelang es ihnen schließ-

lich, ein Schäfchen zu retten, wurde der Getaufte nachts unweigerlich von teuflischen Wesen heimgesucht, die ihren schweflingen
Handabdruck auf den Schultern ihres Opfers hinterließen. Priester
lügen nie! Wir schauderten beim Gedanken, Menschenfressern in
die Hände zu fallen oder einer abscheulichen Gottheit geopfert zu
werden. Wer weiß, wie viele geistliche Berufungen an jenen langen
Abenden vor dem flackernden Kaminfeuer erwachten. Jedenfalls
ersuchten etliche meiner Schulkameraden am Samstagnachmittag,
der jeweils der obligaten Beichte vorbehalten war, im Herbst in die
Unterstufe des Priesterseminars aufgenommen zu werden. Ich
war begeistert von diesen »Augenzeugenberichten«, die noch
aufregender waren als die Schilderungen in den Büchern.

Ich würde Entdecker werden. Das lag auf der Hand. Die Ereig-
nisse von 1968, an denen ich aktiv beteiligt war, rissen mich jäh
aus meinen Träumen von einem glückseligen insularen Libertalia,
das ich wiederaufzubauen gedachte. Die Worte meines Doktor-
vaters Raymond Aron sind mir für immer in Erinnerung geblieben:
Der Pessimismus schützt vor Enttäuschungen jeglicher Art.

Édouard Pastor, ein begabter Bildhauer, der sich leidenschaftlich für Esoterik, Alchimie und alles interessierte, was geheimnis-
voll war, machte mich eines Tages mit Robert Charroux bekannt,
einem Bestsellerautor, der kürzlich ein Buch veröffentlicht hatte,
das ich mit großem Vergnügen gelesen hatte und das mich viele
Jahre begleiten sollte: *TRÉSORS DU MONDE, TRÉSORS DE FRANCE,
TRÉSORS DE PARIS* – alle Geheimnisse der Welt also. Robert stellte
mich seinerseits Tony Mangel vor, einem unverbesserlichen Abenteurer, und so kam es, daß ich in den verschwiegenen, exklusiven
Kreis der Schatzsucher aufgenommen wurde.

1978 übertrug mir Robert Charroux das Präsidentenamt des
berühmten INTERNATIONALEN SCHATZSUCHER-KLUBS, den er dreißig Jahre zuvor zusammen mit ein paar spleenigen, ebenso
abenteuerlustigen Gentlemen gegründet hatte. Was er von mir
erwartete, schien eine denkbar einfache Aufgabe zu sein: Ich sollte
die Archive des Klubs vervollständigen und neue Mitglieder an-
werben, gute, zuverlässige Kameraden, die bereit waren, Expeditionen auf die Beine zu stellen und nach »berühmten Schätzen« zu
suchen. Die Klubarchive enthielten Hunderte von Namen, die mit

irgendwelchen Schätzen zusammenhingen, darunter viele, die auf fundierten Angaben beruhten. Die von mir gegründete Zeitschrift *TRÉSORS ET RECHERCHES* verzeichnete in Anbetracht der beschränkten Mittel, die mir zur Verfügung standen, einen beachtlichen Erfolg. Dutzende von Lesern wollten an den von mir organisierten Expeditionen teilnehmen. Andere wiederum flehten mich geradezu um einschlägige Unterlagen an, die sie auf eigene Faust auswerten wollten. Der Aufbau eines landesweiten Klubnetzes nahm zusätzlich sehr viel Zeit in Anspruch. Die öffentliche Bekanntmachung unserer Aktivitäten brachte mir die Sympathie der Presse ein – und den Bannstrahl des Kultusministeriums, für das der Klub ein Verein von Spitzbuben war, die nichts anderes im Sinn hatten, als das nationale Erbe zu plündern. Es hagelte von allen Seiten empörte Klagen von selbsternannten Archäologen, und der Minister höchstpersönlich ließ verlauten, er würde dem Treiben »dieser Schatzsucher« ein Ende bereiten und den Einsatz von Metalldetektoren verbieten. Ich kam jedoch der Annahme dieses unsinnigen Gesetzesentwurfes zuvor und stellte von einem Tag auf den anderen die Aktivitäten des Klubs ein. Ich zog mich – wie Robert Charroux dreißig Jahre früher – mit ein paar Freunden in die Anonymität zurück. Vom Untergrund aus operieren, das ist in Frankreich schon immer ein probates Mittel gewesen, um den Unbilden des Gesetzes zu entgehen.

Die Elektronik war auf dem Siegeszug. An allen Ecken und Enden wurden erstaunliche Erfolge gemeldet. Professor Ballard hatte die TITANIC geortet, Roboter waren in eine Tiefe von über dreitausendachthundert Meter hinabgestiegen, um das Wrack zu durchsuchen, was vor kaum zehn Jahren noch undenkbar gewesen wäre. An der Küste Floridas schossen erfinderische Glücksritter wie Pilze aus dem Boden und wurden binnen kurzer Zeit Millionäre. Die Magnetometer, einst sperrig wie riesige Tiefkühler, fanden nunmehr in einem Köfferchen Platz und waren erst noch viel effizienter. Die silber- und goldbeladenen Karavellen auf dem Meeresgrund sind heute jedermann zugänglich, der sich bloß die Mühe nimmt, danach zu tauchen. Bei der Durchsicht von Robert Charroux' Archiven schäumte ich vor Wut. Die angegebene Lage des Großteils der Wracks, deren Lokalisierung einst so viel Kopfzerbrechen bereitet hatte, entsprach in den meisten Fällen genau der Stelle, wo sie später tatsächlich gefunden worden waren. Ich hatte mir sagenhafte Vermögen entgehen lassen, die schließlich ein Mel Fisher, ein Robert Marx oder Kapitän Humpfreys spielend bargen. Hätte ich die Mittel gehabt, wäre ich diesen Pionieren, denen dieses Buch gewidmet ist, zuvorgekommen. In Anbetracht meines chronischen Geldmangels konzentrierte ich mich jedoch vorwiegend auf die Schätze in der Erde, unterließ es aber geflissentlich, in meinem eigenen Land zu graben.

Der Leser findet am Schluß meines Buches ein Verzeichnis der weltweit noch ungehobenen Schätze. Die legendären oder esoterischen Schätze habe ich weggelassen und habe mich auf berühmte Schätze an einigermaßen zugänglichen Stellen beschränkt, deren Echtheit ich persönlich nachgeprüft habe und die auf seriösen historischen Grundlagen fußen.

Bevor man sich Hals über Kopf auf die Jagd nach den Millionen stürzt, sollte man es auf keinen Fall unterlassen, eine Bewilligung bei den zuständigen Behörden einzuholen, denn Schatzfunde gelten in den meisten Ländern als Allgemeinbesitz. Das historische Erbe ist fragil und für künftige Generationen von sakraler Bedeutung. Der Gesetzgeber eines jeden Landes mißt dieser Tatsache entsprechende Bedeutung zu, die es zu respektieren gilt. Zuwiderhandlung, die von den Behörden vielfach mit Vandalismus gleichgesetzt wird, kann mit beträchtlichen Geldstrafen oder gar mit Gefängnis bestraft werden. Ich bin jedoch der Ansicht, daß Gesetze, die den Einsatz von Detektoren verbieten, abgeschafft werden müßten, wenn man verhindern will, daß unersetzliche Kunstgegenstände durch düstere Machenschaften auf den schwarzen Markt gelangen anstatt in die Museen, wo sie hingehören. Die Behörden sollten sich an den ausgeklügelten Gesetzen des Bundesstaates Florida ein Beispiel nehmen, die der Erhaltung des Allgemeinbesitzes Rechnung tragen. Verbote, möchte ich meinen, stellen nicht immer die beste Lösung dar und sind oft fraglich, zumal in einer Zeit, wo der Staat offenbar unfähig ist, Lehrer anständig zu besolden oder Mittel für den Unterhalt und die Modernisierung von Lehranstalten bereitzustellen, die die Aufgabe haben, der jungen Generation Achtung

vor dem kulturellen Erbe zu vermitteln. Dies nur nebenbei vermerkt. Verbote haben noch nie Plünderungen zu verhindern
vermocht.

Der Leser findet im Anhang den Wortlaut einer Vereinbarung
zwischen Schatzsuchern und dem Bundesstaat Florida bzw. der
Regierung der Bahamas. Schatzinfizierte Leser, die mehr zum
Thema wissen möchten, können an meinen französischen oder
deutschen Verleger schreiben, der die Briefe an mich weiterleiten
wird. Wenn ich irgendwie mit Rat und Tat behilflich sein kann – es
wird mir ein Vergnügen sein.

Die von mir geschilderten Abenteuer – sie haben alle in den
letzten zwanzig Jahren stattgefunden – rufen vielleicht bei diesem
oder jenem Leser verärgertes Stirnrunzeln hervor. Dieser oder
jener Schatzsucher, der sich darin zu erkennen glaubt, möge mir
verzeihen. In diesem Zusammenhang möchte ich an die Worte von
Robert Charroux erinnern, dem ich meine schönsten Abenteuer
verdanke. In seinem Buch *VERRATENE GEHEIMNISSE* (F.A. Herbig
Verlagsbuchhandlung Berlin / München 1967), der »Bibel« eines
jeden Schatzsuchers, schreibt er: *So unwahrscheinlich es auch
klingen mag, doch darin liegt das eigentliche Geheimnis, das jeden
Schatzsucher beflügelt: Er fühlt sich als ein reicher Mann, bevor er
auch nur das Versteck gefunden hat.*

WRACKTAUCHER UNTER SICH

HARRY RIESEBERG
wohnte in Kalifornien, in der Nähe der kleinen Rancher-Stadt Chico unterhalb des Feather-River-Staudammes. Robert Charroux[1] hatte mir die Adresse dieses einmaligen Lebenskünstlers gegeben, der ein umfassendes Werk über verschwundene Schätze hinterlassen hat.

SECHSHUNDERT MILLIARDEN AUF DEM MEERESGRUND, SCHATZ-FISCHER, DAS GOLD DER GESUNKENEN GALEONEN – wie oft hatte ich diese Bücher gelesen, und als ich hoffnungsvoll den Spuren des »Holländers« folgte, die mich zu seinen Schatzgründen führen sollten, hatte ich einen Umweg auf mich genommen, um ihn in seiner Prachtsvilla PARADISE zu besuchen.

Eine der hervorstechendsten Eigenschaften der Amerikaner ist ihre außergewöhnliche Gastlichkeit, ihre spontane Art, einem Ratschläge zu erteilen und ihr Wissen weiterzugeben, damit das Abenteuer auch nach ihrem Tod weitergeht.

Rieseberg war damals bereits ein älterer Herr, ich schätze fünfundsiebzig, aber er wirkte kaum älter als fünfzig. Seine Frau Valentine kümmerte sich rührend um ihn und sah ihm mit liebevoller Geduld seine Marotten nach. Sie hatte alle seine Eskapaden, seine Glückssträhnen und seine Pechsträhnen mit ihm geteilt, und nichts hatte sie jemals von ihrer Überzeugung abzubringen vermocht, daß sie den besten aller Männer geheiratet hatte.

Selbst sein Haus war so eingerichtet, daß er jederzeit alles liegen und stehen lassen konnte, wenn ihn die Lust dazu ankam, denn Harry konnte das Gefühl, eingeengt zu sein, nicht ertragen. – In Ihrem Tauchroboter jedoch ...?

Harry hatte sich einen riesigen Tauchroboter mit beweglichen Armen konstruieren lassen, der so widerstandsfähig war wie ein Bathyscaphe, in den er hineinschlüpfte, wenn er in Tiefen von über

100 Metern tauchte – Tiefen, die damals noch als unerreichbar galten. Er hatte zwei Firmen gegründet, in die er sehr viel Geld gesteckt hatte und die zu finanziellen Desastern führten. Aber er hatte immerhin ein gutes Dutzend gesunkene Schiffe gefunden, was ihn reichlich für seine Mißerfolge entschädigte. Er war nach wie vor Hauptaktionär der Romano Marine Engineering, der Salvage Company und der Harry Rieseberg Expedition Inc., die er mit Unterlagen aus seinem umfangreichen Archiv versorgte.

Die Wand seines Wohnzimmers war bis zur Decke mit Büchern bedeckt, und überall standen vollgestopfte Schuhkartons und Körbe mit Briefen von Amateurtauchern herum, die hofften, dank Harry auf eine gute Spur zu stoßen, und von seinen treuen Lesern auf der ganzen Welt, die ihn über gesunkene Galeonen, Schiffbrüche und zu entdeckende Schätze informierten.

Valentine ordnete alles sorgfältig ein, Harry brachte alles wieder durcheinander. Er war siebzehn, als er Theodore Roosevelt[2] auf eine Expedition nach Afrika begleitete, wo er das Gold des Königs von Monomatopa suchen wollte. Als Dank für seine Dienste wurde Harry zum Vorsteher der Schiffahrts- und der Aufsichtsbehörde der amerikanischen Regierung ernannt, was ihm Zugang zu allen Protokollen über Havarien, gesunkene Schiffe und ihre Ladung verschaffte. Seine Funktion erlaubte es ihm, seinen Neigungen von Amtes wegen zu frönen, so daß er sich mit der Zeit zum zweiten Schiffswrackspezialisten der Welt entwickelte; der erste war William Phips gewesen, der 1600 an der Silver Bank vor der Küste Santo Domingos die hübsche Summe von vierhunderttausend Silberreales aus dem Meer gefischt hatte. Ein Piaster entspricht 30 Gramm Silber; zum heutigen Kurs ergibt das immerhin rund 2'500'000 DM.

1952 entdeckte Harry die versunkene Stadt Port-Royal an der Südküste Jamaikas, die 1693 bei einem Erdbeben von einer Flutwelle weggespült worden war. Die Universal Film kaufte die Rechte an seiner Geschichte und drehte einen Film mit Anthony Quinn und Robert Ryan in den Hauptrollen.

Dann tat er sich mit einem genialen Erfinder namens Michailoff zusammen, investierte Geld in eine Tiefseetaucher-Schule in Oakland und in die Entwicklung von Unterwasser-Robotern, die sich für das Wracktauchen besonders eigneten. Dank Michailoffs Roboter konnte er 1955 die RIO DE JANEIRO durchsuchen, allerdings erfolglos; er fand jedoch mit »Frankensteins« Hilfe – so hieß Michailoffs Tauchroboter – in anderen Wracks mehrere Millionen Dollar in Form von Goldbarren, Goldmünzen und wertvollen Gegenständen.

Harry war überall gewesen, wo es auch nur den Hauch eines Schatzes gab. Er riet mir, die Finger von der Kokosinsel zu lassen. Ich würde dort nichts finden, behauptete er, rein gar nichts, weil dort nichts zu finden sei; er kenne die Insel wie seine Westentasche. Die Route der *Flota de Plata* – der Seeflotte, die das Silber aus den Bergwerken von Potosi transportierte – barg für ihn keinerlei Geheimnisse, und ebensowenig die meisten Schiffswracks auf dem Grund der Silver Bank oder die Galeonen vor der Küste Vigos. Er hatte auf den Bahamas getaucht und die verborgensten Meereswinkel rekognosziert, und er hatte sich natürlich auch mit den Nazischätzen befaßt: den Schätzen der unbesiegbaren Armada.

Der NATIONAL TREASURE HUNTER CLUB hatte ihn zum »Mister Treasure 1964« ernannt, eine Auszeichnung, auf die er besonders stolz war.

Rieseberg ließ mich bereitwillig in seinem Archiv stöbern. Auf den Karten waren die mutmaßlichen Schätze mit einem angenommenen Dollarwert versehen, was in mir wilde Träume weckte, obwohl die Angaben ziemlich übertrieben waren. Es handelte sich um ganz normale Land- oder Seekarten im Maßstab 1:1'000'000; die Lage des Wracks oder des Schatzes war jeweils mit einem kleinen Kreuz markiert. Ich war auf dem Gebiet der Schatzsuche zwar noch ein Anfänger, aber was ein Kreuz bedeutet, das wußte ich: ein Areal von etlichen Quadratkilometern.

Harrys Goldmünzensammlung war überwältigend, das chinesische Porzellan von unglaublicher Schönheit; auf einer eisenbeschlagenen, mit Goldbarren gefüllten Truhe lag ein Totenschädel: ganz wie im Film! Ich störte mich keineswegs an dieser Zurschaustellung, die ganz der amerikanischen Mentalität entsprach.

Rieseberg erzählte mir von den gewaltigen Investitionen, die es brauche, von den aufwendigen Expeditionen, aufwendig in bezug auf Menschen, Schiffe, Ausrüstung, und von der unerschütterlichen Geduld, die man aufbringen müsse.

– Das Wasser ist gefährlich, ist trügerisch, weil es nicht das natürliche Element des Menschen ist, sagte er.

Zudem verfügte man damals, 1967, noch kaum über elektronische Instrumente; die vorhandenen waren so riesig, daß man sie unmöglich transportieren konnte.

Nach meinem Besuch bei Harry Rieseberg kam ich zum Schluß, daß Meeresschätze wohl nichts für mich seien. Ich würde mich auf andere Schätze konzentrieren. Auf Piratengold zum Beispiel. Ich war überzeugt, daß ich eines Tages auf ein riesiges Vermögen stoßen würde, so groß wie das der SAN PEDRO, die Harry auf der Isla Margarita in Venezuela gefunden hatte. Bei der SAN PEDRO handelte es sich um eine Galeone mit einer sagenhaften Menge kostbarer Gegenstände an Bord, die Rieseberg durch den Einsatz von Sprengstoff pulverisiert hatte, was allerdings eine von Harrys Rodomontaden war. Die richtige SAN PEDRO, eine philippinische Galeone, bleibt noch zu entdecken. Sie war mit der größten Goldladung aller Zeiten unterwegs, geriet in Seenot und sank.

Ja, auch ich würde die Juwelen eines Kaisers finden. Hatte nicht etwa Rieseberg auf der MERIDA die Juwelen Kaiser Maximilians gefunden? Die MERIDA – auch sie eine Erfindung von Harry Rieseberg. Das Schiff wurde am 12. Mai 1911 von der ADMIRAL FARRAGUT gerammt und sank kurz nach Mitternacht. Die MERIDA transportierte den Kronschatz Kaiser Maximilians von Mexiko sowie fünfundzwanzig Tonnen Silberbarren, fünfzigtausend Golddollar und das Gold der Bank von Mexiko, das, so wird behauptet, von Diaz heimlich außer Landes gebracht worden war. Sie liegt in 37°23'28" nördlicher Breite und 7°42'02" südlicher Länge auf dem Meeresgrund. Es wurde wiederholt versucht, sie zu bergen, aber bis heute ist es noch niemand gelungen, den ganzen Schatz herauszuholen.

Dennoch ist Harry Rieseberg der Vater einer ganzen Generation von großartigen Tiefseetauchern, die dank dem Virus, mit dem er sie infiziert hat, Unglaubliches geleistet haben.

Er war vielleicht etwas redselig, in seinen Büchern übermäßig optimistisch, denn die Rieseberg-Angaben, die ich alle genauestens studiert habe, erwiesen sich oft als ungenau oder unvollständig, und meistens fehlten die Quellenangaben.

Heute, zwanzig Jahre später, wimmelt es in Florida von Schatz-
suchern aller Couleur, die auf kostbare Schiffsladungen, auf sagen-
hafte Vermögen gestoßen sind. Alle amerikanischen Schatzsucher
anerkennen jedoch Harry Rieseberg als ihren unumstrittenen
Meister, auch wenn er hie und da den Mund etwas voll nahm.
Sollten ihm eines Tages Mel Fisher, Burt Webber, Bob Marx, John De
Bry, Herbert Humpfreys und viele andere in Key West (Florida) ein
Denkmal errichten, würde mich das keineswegs erstaunen.

Und von diesen Männern, Harrys Söhnen gewissermaßen, wird
auf den folgenden Seiten die Rede sein.

ARTHUR MAC KEE

Unter den Berufstauchern Floridas gibt es vor allem einen, der
die Bewunderung aller genießt und dem neidlos das Verdienst
zukommt, die erste Galeone gefunden zu haben: Arthur Mac Kee.

Sämtliche Schatzsucher, die ich kennengelernt habe, haben mir
von ihm erzählt: Er gehört zur Geschichte der Schatzsucher wie
Buffalo Bill oder Sitting Bull zur Legende des Wilden Westens.

Arthur war ebenfalls ein Jünger Riesebergs. 1933 verwüstete
ein Hurrikan die Küste Floridas. Mac Kee wohnte auf den Key
Islands, einer langen, dem Kontinent vorgelagerten Inselgruppe,
und hatte in den trüben Wassern des Delaware angefangen zu
tauchen. Eines Tages wurde er von einem Mann eingestellt, der
nach einem geheimnisvollen Wrack tauchen wollte. Er bezahlte
sogar im voraus, was ganz ungewöhnlich war. Nach zehn Tagen
entdeckte Arthur in einer Tiefe von weniger als zwanzig Metern
einen großen, verschlammten, gelblichschwarzen Klumpen: Es
handelte sich um Gold. Er konnte seinem Auftraggeber mehrere
Tausend Gold- und Silbermünzen aushändigen. Worauf Arthur
beschloß, auf eigene Rechnung zu arbeiten. Er tauchte wiederholt
an der gleichen Stelle, fand aber nichts mehr; doch er war
mittlerweile rettungslos vom Rieseberg-Virus infiziert.

Ein Fischer aus Plantation Key machte ihn auf eine Stelle
aufmerksam, wo er seine Netze festzumachen pflegte. Arthur
tauchte, stieß auf alte Kanonen und fand eine Goldmünze. Er kam
auf den – glücklichen – Gedanken, an den Direktor der Archive der
Casa de Contratación[3] in Sevilla zu schreiben, der ihm eine Kopie

einer Karte der Key Islands aus dem Jahre 1733 schickte. An der Stelle, wo Arthur getaucht war, hatte die CAPITANA EL RUI gelegen, ein spanisches Flaggschiff, das seinerzeit bereits von den philippinischen Tauchern geräumt worden war, die vom spanischen König zur Bergung der Schätze seiner gesunkenen Karavellen zwangsrekrutiert wurden.

1950 eröffnete Mac Kee ein Museum, wo er alle seine Funde ausstellte. Er unterzeichnete zudem eine Vereinbarung mit der Regierung Floridas, die ihm gegen eine jährliche Gebühr von hundert Dollar die Konzession für die Keys einräumte. Leider lag die CAPITANA außerhalb der Dreimeilengrenze, und so kam es, daß das Wrack trotz Kees »Besitzanspruch« von anderen geplündert wurde.

Arthur Mac Kee ging gerichtlich gegen die »Eindringlinge« vor, verlor aber den Prozeß. Er wurde zwar nicht Millionär, konnte aber ganz anständig von seinen Einnahmen leben. Sein Museum war die Attraktion von Plantation Key, und viele Besucher wurden vom »Meeresfieber« angesteckt. Nach seinem Tod wurde das Museum geschlossen. Wenn man an den grauen Mauern des Gebäudes vorbeigeht, tauchen vor einem unwillkürlich die Gespenster der CAPITANA auf.

TED FALCON-BARKER

wurde 1923 in Frankreich geboren. Er trat bereits mit fünfzehn einer Spezialtruppe der australischen Armee bei. Als der Krieg zu Ende war, ließ er sich in London nieder und gründete eine Reiseagentur für Australien-Reisende, war aber dieser eher langweiligen Arbeit bald überdrüssig, kaufte eine Yacht – die PAGAN III. –, um damit die Ozeane zu erkunden. Er erlitt im Roten Meer Schiffbruch, kaufte sich ein anderes Schiff, das seinen Bedürfnissen eher entsprach: die CHARON, eine kleine Kielschwertyacht mit einem 15-PS-Motor und einem Aktionsradius von tausend Seemeilen.

Ted hatte verschiedentlich in London und Madrid alle verfügbaren Informationen über ein Schiff zusammengetragen, das ihn brennend beschäftigte: über die NUESTRA SEÑORA DE LA CONCEPCIÓN, die an der Silver Bank gesunken war.

Als er 1966 mit einer Haitianerin auf der Schildkröteninsel badete, glaubte er, in einer Tiefe von zwanzig Metern neben einem Korallenriff die Umrisse eines Schiffes zu erkennen. Er tauchte – und fand sowohl Gold als auch einen Smaragd. Ted war überzeugt, daß er die NUESTRA SEÑORA gefunden hatte. Die Eingeborenen erzählten ihm, daß die Fischer nach einem Sturm oft Goldmünzen fänden am Strand.

Bereits 1680 hatte ein gewisser William Phips aus Boston nach der NUESTRA SEÑORA getaucht und dabei – so erzählte man sich – über zweiunddreißig Tonnen Gold und Silber gefunden. 1687 schlug ihn Jakob II. von England zum Ritter, ernannte ihn zum »Ersten verbrieften Schatzsucher« und später zum Gouverneur von Massachusetts.

Historischen Berichten zufolge hatte Phips aber nur ein Drittel der Ladung geborgen. Ted träumte Tag und Nacht von den restlichen zwei Dritteln und vertiefte sich in die Archive von Phips' Teilhaber, dem Herzog von Albemarle. Andere Chronisten behaupteten allerdings, Phips habe gar nichts gefunden und bei der Geschichte vom Gold der NUESTRA SEÑORA handle es sich um eine listige Erfindung zum Waschen von »schmutzigem Geld«, das von Piratenüberfällen stammte. Phips starb am 21. Februar 1694, und sein Tod setzte den verleumderischen Gerüchten ein Ende.

Ted benötigte über drei Jahre, um alle Dokumente zusammenzutragen. Dann ließ er die CHARON auf einem Frachtschiff nach Haiti bringen. Er und seine zwei Kollegen hatten bereits ein paar wertvolle Gegenstände geborgen, darunter einen Finger aus massivem Gold, der ganz offensichtlich zu einer lebensgroßen Statue gehörte. Eines Nachts wurde das Schiff von haitianischen Boatpeople – oder von Piraten – angegriffen. Ted verlor im Feuergefecht seinen Gefährten Hugh, den er im Meer bestattete.

Das Gold der NUESTRA SEÑORA brachte ihm eindeutig Unglück, er beschloß daher, der Schildkröteninsel den Rücken zu kehren. Ted hat seine Erlebnisse in einem Buch mit dem Titel *DEVILS GOLD* festgehalten. Als ich ihn 1970 traf, wollte er vom Wracktauchen nichts mehr wissen und riet mir, es lieber auch aufzugeben.

Phips hatte, so will es die Legende, vierhundertfünfzigtausend Reales aus der Galeone des Admirals Don Juan de Villavicenso geborgen, die 1641 am Riff Abrojos Schiffbruch erlitten hatte. Das tödliche Riff, an dem Dutzende von schweren Karavellen im Sturm zerschellt waren, bekam später den Namen Silver Bank. Wer den schrecklichen Zyklonen entkam, zerschellte an den Keys längs der Küste Floridas. Die Schiffe der *Flota de Plata* von 1715 und 1733, die dank moderner elektronischer Meßinstrumente geortet werden konnten, lagen wie riesige Kassenschränke unter einer dichten Korallenschicht begraben.

Ted hatte leider keine Ausdauer. Was schließlich zu seinem Untergang führte. Ein junger Amerikaner aus Pennsylvania trat in seine Fußstapfen.

BURT WEBBER

Nichts in seinem Leben hätte darauf schließen lassen, daß Burt einst Schatzsucher werden würde. Er war von schwächlicher Konstitution, Asthmatiker, die kleinste Anstrengung rief juckende Ekzeme hervor. Um sich zu entspannen, ging er oft im nahen Fluß schwimmen. Als Junge hatte er eine Unmenge Abenteuerbücher verschlungen, darunter natürlich auch die von Rieseberg, die von gesunkenen Schiffen und Schätzen erzählten.

Mit fünfzehn kaufte er sich eine komplette Taucherausrüstung; das Geld dafür verdiente er sich mit dem Austragen von Zeitungen und Milchflaschen.

Er besuchte den alten Mac Kee in Plantation Key, der ihn vom Fleck weg für eine Tauchexpedition an der Pedro Bank verpflichtete, hundert Kilometer von Jamaika entfernt. Trotz wochenlangen Tauchens fand er bloß eine kleine silberne Christusfigur und eine alte Pistole. Zwar nicht viel, aber genug, um seine junge Frau Sandy davon zu überzeugen, daß sie künftig von den Schätzen auf dem Meeresgrund würden leben können.

Er machte sich an das Studium der Geschichte der spanischen Konquista. Die von einer pingeligen bürokratischen Verwaltung hinterlassenen Dokumente enthielten die ausführlichen Zeugenaussagen aller, die irgendwelche Schiffbrüche überlebt hatten.

Im November 1965 reiste Burt nach Sevilla und anschließend nach Madrid, wo er das Marine-Museum besuchte. Er engagierte zwei Archivare, die ihm helfen sollten, Spuren der ATOCHA zu finden. Er tat sich mit Jack Haskins zusammen, der Altkastilisch lesen konnte und der bereit war, gegen einen prozentualen Anteil an eventuellen Funden Informationen zu liefern. Haskins half Burt zusätzlich beim Aufspüren einer anderen goldbeladenen Galeone, die 1656 an einem kleinen Riff nördlich der Bahamas zerschellt war. Leider kam ihnen 1982 Kapitän Humpfreys zuvor. Burt, Vater von vier Kindern, konnte sich nicht ausschließlich mit Schätzen befassen und mußte zusehen, wie andere ihm schamlos zuvorkamen. Er übte verschiedene Berufe aus, darunter den eines Autoverkäufers, was ihn auf den Gedanken brachte, einen wasserdichten Magnetometer-Behälter zu konstruieren.

Haskins träumte Tag und Nacht von der NUESTRA SEÑORA DE LA CONCEPCIÓN. Es war ihm gelungen, das Bordbuch William Phips' aufzustöbern. Er lokalisierte das Schiff innerhalb eines fünfundzwanzig Kilometer breiten Meeresstreifens südöstlich der Silver Bank.

1976 unterzeichnete Burt mit der Regierung der Dominikanischen Republik einen Exklusiv-Vertrag, der ihm erlaubte, an der Silver Bank zu tauchen. Fünfzig Prozent vom Erlös des gefundenen Gutes standen der jungen Republik zu.

Ein Bankier, der von Burts Ehrlichkeit beeindruckt war, stellte ihm einen Betrag von hundertsiebzigtausend Dollar zur Verfügung. Burt und seine Männer stießen tatsächlich auf etwa ein Dutzend Wracks, die aber nicht viel hergaben. Er mußte sich einmal mehr geschlagen geben.

1978 erhielt er einen Brief aus London, von einem gewissen Professor Earle, der ihm mitteilte, Kapitän Francis Rogers, der 1687 Phips auf der Suche nach der NUESTRA SEÑORA begleitet hatte, habe ein Tagebuch geführt und darin die genaue Lage des Schiffes festgehalten. Rogers war sogar so nett gewesen, den Breitengrad anzugeben, an dem das Riff lag.

Burt und Warren Ustearns, der Bankier, sammelten in aller Eile vierhundertfünfzigtausend Dollar. Es war ihre letzte Chance. Sie mieteten ein altes Baggerschiff, das sie SAMALA tauften, und Burt begann am 27. November 1978 mit einem Baringer-Unterwasser-Magnetometer zu suchen. Drei Tage lang durchkämmte er den Tauchgrund in konzentrischen Kreisen, notierte sich jede

kleinste magnetische Abweichung und stieß schließlich auf rostige Eisenteile, die zwischen den Korallen hervorragten. Am
30. November ging er mit seinen Männern, ausgerüstet mit
kleinen Unterwasser-Metalldetektoren, auf Tauchgang. Sie fanden zwei Münzen, die die Jahreszahlen 1639 und 1640 trugen.
Das war der Beweis: Sie hatten die NUESTRA SEÑORA gefunden.

Den Schatz zu heben dauerte über neun Monate. Burt und seine
Männer fanden Zehntausende von Gold- und Silbermünzen verschiedenster Prägung, ungestempelte Goldbarren, Kerzenständer,
meterlange Goldketten, kostbares Ming-Porzellan, Gegenstände
aus Elfenbein ... daß ein Mann in einem einzigen Tauchgang über
tausend Münzen an die Oberfläche brachte, war nicht außergewöhnlich.

Burt wurde nach siebzehn erfolglosen Jahren zum reichsten
Schatzsucher aller Zeiten!

Burt Webber war reich, sehr reich. Sein Reichtum war gewissermaßen die Antwort auf eine Frage, die mich ständig beschäftigte,
seit ich die Geschichte von William Phips gehört hatte.

Ich habe es mir zur Gewohnheit gemacht, den Dingen immer
auf den Grund zu gehen, ob es sich nun um Phips oder andere
sagenhafte Gestalten gleichen Kalibers handelt. Ich besuchte also
verschiedene englische Museen, entdeckte aber nicht den kleinsten Hinweis auf einen von Phips gefundenen und vom Herzog von
Albemarle weiterverkauften Gegenstand. Ich fand nicht die mindeste Spur der Goldbarren und auch keinerlei Dokumente, die auf
den Verkauf der Goldmünzen schließen ließen, die auf ausdrück-
lichen Befehl des Herzogs eingeschmolzen worden waren, denn
jeder verschiffte Goldbarren trug, wie es das Gesetz verlangte, den
offiziellen Stempel des Königs, um krumme Geschäfte zu Ungunsten der Krone zu verhindern; Albemarle hatte sich wohl vor den
Drohungen Karls II., König von Spanien, gefürchtet, der unmiß-
verständlich seinen Anspruch auf das Wrack geltend machte.

Die von Phips gefundene Menge Gold und Silber war so groß,
daß ich mir nicht vorstellen konnte, daß noch mehr auf dem
Meeresgrund lag. Zudem hätten zur Zeit der Bergungsaktion die
Korallen die Taucher unmöglich behindern können, woraus ich
folgerte, daß Phips entweder nicht nach der NUESTRA SEÑORA

getaucht hatte oder daß er sich getäuscht hatte – oder daß Burt auf eine unbekannte Galeone gestoßen war, die er irrtümlich für die NUESTRA SEÑORA hielt.

Ich kam zum Schluß, daß Phips und Albemarle wohl Geldwäscher von dubiosen Vermögen gewesen waren. Sie handelten in Übereinkunft mit irgendwelchen Piratenkapitänen, die sich zur Ruhe setzen wollten und ihnen genau angegeben hatten, wie und wo sie die Ladung behändigen konnten. Phips hatte, von Albemarle gedeckt, eine großartige publikumswirksame Operation in Gang gesetzt, um die Leute von seiner Heldentat zu überzeugen und dann die gefundenen Gegenstände in aller Ruhe und ganz legal verkaufen zu können.

Meine Theorie überzeugte mich jedoch nur teilweise. Wie ließen sich die detaillierten Schilderungen von Phips und Kapitän Francis Rogers erklären, der die genaue Lage der NUESTRA SEÑORA in seinem Bordbuch vermerkt hatte? War die ganze Expedition tatsächlich bloß ein geschickt eingefädeltes Täuschungsmanöver gewesen? War niemand auf den Gedanken gekommen, ihnen zu folgen und den Rest zu bergen? Burt wußte darauf keine Antwort, die Frage war für ihn nicht von Belang: Er hatte das Gold, und der Rest kümmerte ihn nicht. Er wußte, daß Phips später ins Gefängnis gekommen und dort gestorben war. Er wußte zudem, daß man später das Grab geöffnet und darin bloß einen mit Steinen gefüllten Sarg gefunden hatte: Phips' Leiche war verschwunden. Albemarle hatte wahrscheinlich Phips' Flucht bewerkstelligt und die Gefängniswärter bestochen, die dann zu Protokoll gaben, der Gefangene sei vergiftet worden, damit er nichts über den berühmten Schatz des Piraten Bobadilla ausplauderte. Dieser hatte mehrere Tausend goldene Ziegel erbeutet, den schweren goldenen Tisch, an dem der Inka-König gespeist hatte, sowie den größten Goldnugget, der je in Amerika gefunden wurde. Wenn Phips tatsächlich vergiftet worden war – wer hatte ein Interesse daran gehabt, den Leichnam verschwinden zu lassen? Damals kam es selten vor, daß man Autopsien an Gefangenen vornahm; ihre Leichen überließ man den Medizinstudenten zu Übungszwecken.

Phips, der dank mächtiger Komplizen aus dem Gefängnis entkam, war sehr wahrscheinlich unter einer falschen Identität nach

Jamaika oder auf sonst eine Karibikinsel zurückgekehrt, wo er glücklich und zufrieden seinen Lebensabend verbrachte, umsorgt von Sklaven, die ihm die dankbaren Piraten überlassen hatten. Sein Geist spukt noch immer an der Silver Bank herum und piesackt die Taucher, die versuchen, die NUESTRA SEÑORA DE LA DECEPCIÓN zu finden – Unsere Gute Frau der Enttäuschungen, wie Cousteau das Schiff, das ihn beinahe seine CALYPSO gekostet hätte, wütend umbenannte.

Kapitän Cousteau!

Ich habe mich überall umgesehen, wo man das Vorhandensein bedeutender Schätze signalisierte. Und ich bin unweigerlich auf Spuren von Cousteau oder seiner CALYPSO gestoßen. Ich habe mich immer gefragt, warum er trotz der Mittel, über die er verfügt, nie einen Schatz entdeckt hat. Gewiß, er hat es verstanden, seine Abenteuer mit seinen Filmen zu kapitalisieren. Aber ich beneidete ihn trotzdem um seine Möglichkeiten, um seine Ausrüstung ... Ich kannte etliche seiner Mitarbeiter und wußte, daß sie ebenso von der Schatzsuche fasziniert waren wie ich. Man war zwar an meiner Person interessiert und unterbreitete mir sogar einen Vorschlag, einen sehr einseitigen allerdings, denn er enthielt eine Klausel, die dem Unternehmen Cousteau den Löwenanteil sicherte. Also behielt ich meine Archive für mich. Aber was die Suche nach Karavellen oder Piraten anging, so segelte Cousteau von Mißerfolg zu Mißerfolg und vergeudete vor aller Augen die modernsten technischen Errungenschaften, an denen es mir so bitter mangelte. Erst später, nachdem ich viele berühmte Schatzsucher kennengelernt hatte, begriff ich, daß ihm die wichtigsten Eigenschaften eines Schatzsuchers fehlen: die Gabe, anderen zuzuhören, ein gewisser Grad an Überspanntheit, hartnäckige Überzeugung, Halsstarrigkeit und ein grenzenloser Glaube an die Zukunft. Jacques Cousteau umgibt sich mit Männern, die es ständig eilig haben – ein kapitaler Fehler, wenn es darum geht, Schätzen nachzuspüren. Weil er es eilig hatte, übersah er im Titicacasee einen Tempel, der kaum fünfzehn Meter unter der Wasseroberfläche lag. Seine Leute hatten einfach ein paar Indianer abgewehrt, die sich dem *grand chef* nähern wollten. Auf der Kokosinsel, wo er sensationelle Haifischaufnahmen drehte, schenkte er einer Klippe keine Beachtung, hätte er nämlich an jener Stelle getaucht, hätte er eine Galeone gefunden, die in sechzig Metern Tiefe wie ein Spielzeug zwischen zwei Sandaufschüttungen auf dem Meeresgrund lag.

Ich habe in Kolumbien, in Ecuador, in Peru immer wieder kleinere goldene Gegenstände gefunden, ganz eindeutig Bestandteile eines größeren Schatzes. Ich habe ohne Ausrüstung in den eisigen geweihten Seen geschwommen, und mehr als einmal habe ich meine Angst überwinden müssen. Wenn man nicht versucht, sie übers Ohr zu hauen, sind die Indianer die wunderbarsten, hilfsbereitesten Gefährten. Sie kennen ihr Gebiet und schöpfen aus dem Schatz ihrer alten Volkssagen. Man braucht sich bloß ein bißchen umzusehen, umzuhören, sich hinzusetzen und zu warten. Wenn man ein Stück Brot oder Pökelfleisch oder einen Schluck Wasser aus der Feldflasche mit ihnen teilt, kommen die Informationen von selbst. Ich habe verschiedene Stellen aufgezeichnet und mir vorgenommen, eines Tages mit der geeigneten Ausrüstung – und genügend Zeit zur Verfügung – zurückzukehren. Ich habe allerdings noch nicht die Gefährten oder Gefährtinnen getroffen, die wegen einer ungewissen Schatzsuche alles stehen und liegen gelassen hätten. Die bereit gewesen wären, zwei oder drei Jahre ihres Lebens zu opfern – oder noch mehr –, um auf einer einsamen Insel herumzuklettern, sich morgens, mittags und abends ausschließlich von Krabben zu ernähren, Risiken auf sich zu nehmen, um, bloß durch ein Seil gesichert, Abgründe zu erforschen, Höhlen, Grotten. Doch ich bin sicher, der Tag wird kommen, an dem ich ein kleines, solidarisches, erfinderisches, geduldiges, diszipliniertes, begeisterungsfähiges Team bilden werde, das über das richtige Material verfügt, über genügend Zeit... und wir werden den Jackpot finden. Ganz bestimmt.

Aber zurück zu unseren Schatzsuchern.

KIP WAGNER

Burt Webbers Rekord wurde kurz darauf von einem friedlichen Rentner in Florida gebrochen, der aus purer Langeweile angefangen hatte, sich mit der Schatzsuche zu befassen: von einem Architekten namens Kip Wagner. Kip war von Natur aus ein skeptischer Mensch. Die Geschichten von gold-, silber- und

edelsteinbeladenen Karavellen entlang der Küste Floridas amü-
sierten ihn eher. Kip gab zwar zu, daß er während seiner
Gymnasialzeit in Miamisburg/Ohio Stevensons *SCHATZINSEL* gelesen hatte und daß er sogar von Long John Silvers *Goldtaler,
Goldtaler* kreischendem Papagei geträumt hatte. Auf Wunsch
seiner Eltern hatte er sich aber einem ernsthaften Studium zuge-
wandt. Kip kam 1921 zum ersten Mal mit dem Ford seines älteren
Bruders nach Florida. Er war damals fünfzehn und begierig, die
von Stevenson beschriebene Landschaft zu entdecken. Kapitän
Steadman Parker, ehemaliger Seemann und späterer Immobilien-
händler, war lange Jahre auf See gewesen, bevor er seine Ersparnisse auf dem Festland anlegte; jetzt war er in Wabasso, einer
kleinen Stadt am Meer, ein allseits geachteter Mann.

Nach einem der heftigen Stürme, die Florida regelmäßig heim-
suchen, fanden Steadman und Kip Wagner flache, schwärzliche,
Kiesel am Strand. Und siehe da: wenn man sie in eine elektroly-
tische Lösung tauchte, verwandelten sich die seltsamen Kiesel in
silberne Münzen, in alte achtfache Reales. Dieser Fund erhärtete
Steadmans Behauptung, wonach eine Flotte oder eine Galeone in
der Gegend an den Klippen zerschellt war. Kip war nicht nur ein
Skeptiker, sondern auch ein Praktiker, und er hatte gute Beziehungen zu den amtlichen Stellen Floridas. Er erhielt 1960 problemlos
eine Konzession für eine Küstenstrecke von achtzig Kilometern.
Der Staat verlangte im Gegenzug fünfundzwanzig Prozent vom
Wert künftiger Funde. Er gründete zusammen mit ein paar Freunden eine sogenannte »Bergungsgesellschaft«, die Real Eight
Company, und kaufte ein altes Schiff, die SAMPAN. Die Mitglieder
suchten jedes Wochenende, ausgerüstet mit Metalldetektoren aus
alten Militärbeständen, kilometerweit die Küste ab, in der Hoffnung, auf eine größere Menge »schwarzer Dollar« zu stoßen. Die
Schatzsucher in spe konzentrierten sich vor allem auf die seichten
Gewässer rund um San Sebastián, wo man wiederholt zahlreiche
stark korrodierte Münzen gefunden hatte. Die kleine Insel San
Sebastián liegt etwa sechzig Kilometer von Cap Canaveral entfernt. Kip sammelte kiloweise rostige Piaster ein, die keinerlei
numismatischen Wert hatten. Er brauchte bloß im Sand zu wühlen
oder mit bloßen Füßen im seichten Wasser zu waten; Galeonen

aber fand er keine. Er hatte in den Archiven nachgeforscht und war überzeugt, daß ein Schiff der *Flota de Plata* von 1715 innerhalb seiner Konzession auf dem Meeresgrund lag. Kip wurde bei seinen Nachforschungen von einem Wissenschaftler unterstützt, einem Arzt, Doc Kelso, der ein profunder Kenner der Geschichte Floridas war und dessen sagenhaftes Gedächtnis und geradezu enzyklopädisches Wissen sich als sehr nützlich erwiesen. Doc Kelso war in einem 1775 veröffentlichten Werk – *A CONCISE NATUREL HISTORY OF EAST END WEST, FLORIDE* – eines englischen Kartographen mit einem französischen Namen, Bernard Romans, auf einen kurzen Bericht über einen Schiffbruch gestoßen. Es war darin von einer Karte die Rede, auf der eine Lagune eingezeichnet war, ein Fluß und das Wort »Palmenhain«. Beim Fluß handelte es sich ganz eindeutig um die Mündung des Indian River, die Stelle El Palmar entsprach einem kleinen Ort namens Palmar de Ais. Für Doc Kelso gab es keine Zweifel hinsichtlich der Lage des Wracks.

Als im November 1962 Kips Neffe Rex Stocker an einer auffallenden Sandformation eine goldene chinesische Zahnstocher-Trillerpfeife fand sowie eine drei Meter lange dreifache Kette, gab das der Suche neuen Auftrieb. Kip hielt endlich einen eindeutigen Beweis in der Hand. Man mußte bloß tauchen! Er hatte allerdings keine Ahnung von den Schwierigkeiten, mit denen man unter Wasser konfrontiert wird. Er schloß daher 1963 einen Kooperationsvertrag mit einem erfahrenen kalifornischen Taucher: mit Melvin Fisher, dem großen Mel, der später durch den Fund der ATOCHA weltweit berühmt werden würde.

Mel reiste in Begleitung von ein paar Tauchern an, die nichts anderes mitbrachten als ihren Schnorchel und die feste Absicht, möglichst schnell reich zu werden. Mels Leute kümmerten sich keinen Deut um die Schönheit der Landschaft, und ebensowenig um die Archäologie, die Flora und die Fauna. Ihr einziges Ziel war, so viel wie möglich zusammenzuraffen, und dann würde man weitersehen. Die Zusammenarbeit mit Mel paßte Kip keineswegs, aber bekanntlich heiligt der Zweck die Mittel. Mel war ein professioneller Taucher, während Kip und seine Freunde erst noch lernen mußten, sich unter Wasser zu bewegen, wollten sie sich nicht damit begnügen, am Strand zu plantschen. Mel war bereits vor

seiner Ankunft in Florida eine lebende Legende. Überall, wo er den
Fuß hinsetzte, ließ er einen Duft nach Pech und Schwefel hinter
sich zurück. Er war in Kuba, auf der Silver Bank, in Haiti, in der
Dominikanischen Republik, auf den Jungferninseln, in Panama, in
Kolumbien ein berühmt-berüchtigter Mann. Kip Wagners Mannschaft hingegen setzte sich aus besonnenen, systematisch vorge-
henden Männern zusammen: Mayor Dan Thompson zum Beispiel,
ein ehemaliger Marineoffizier, oder Luftwaffenkapitän Harry
Cannon, Louis J. Ullian, ein Ingenieur, und natürlich Kips Neffe Rex
Stocker. Sie alle bestiegen jeweils Fishers Boot, das sinnigerweise
den Namen THE DERELICT trug – das Wrack! –, eher mit gemischten
Gefühlen. Der Kooperationsvertrag sah eine gleichmäßige Auftei-
lung des Fundgutes zwischen den beiden Mannschaften vor.

Kip schrieb an Dr. Rena, den Direktor des Generalarchivs von
Indien in Sevilla, und bat um Unterlagen über die spanische Flotte
im Jahr 1715. Rena antwortete postwendend mit dreitausend
Meter Mikrofilmen zum Preis von fünfundzwanzig Dollar. Ange-
sichts einer solchen Fülle, für einfache Sterbliche unleserlicher
Dokumente, wandte sich Kip an einen Beamten des National-
parkkuratoriums, der sich mit dem Studium des Altkastilischen
befaßte, einen gewissen Louis Arana, der sich trotz seiner
Arbeitsüberlastung bereit erklärte, Kip und seinen Freunden die
Grundbegriffe dieser archaischen Sprache beizubringen. Kip und
Doc entzifferten mühsam, Wort für Wort, die fotografisch vergrö-
ßerten Manuskripte und fanden tatsächlich die Bestätigung ihrer
Theorie: Zwischen Fort Pierce und San Sebastián hatten über
vierzehn Schiffbrüche stattgefunden.

Mel Fisher hatte seinerseits einen Teilhaber: Rupert Gates,
Absolvent der Universität Stanford in Kalifornien, einer der berühmtesten amerikanischen Universitäten, der – wie ich übrigens
auch – vergeblich versucht hatte, die Schätze auf dem Grund des
Guatavita-Sees in Kolumbien zu bergen. Es war Rupert, der die
trotz einer minutiösen Vorgehensweise erfolglosen Sucharbeiten
leitete. Da kam Mel auf den Gedanken, eine Art »Schlamm-
Staubsauger« einzusetzen, den er eigens für die Arbeit unter
Wasser ausgerüstet hatte. Diese Vorrichtung entsprach mehr oder
weniger den Gebläsen, die die Goldsucher in Kalifornien verwen-

den. Das Ergebnis war überwältigend: Am 24. Mai 1965 sog Mel mit seinem »Briefkasten«, wie er seine Vorrichtung wegen ihrer Ähnlichkeit mit einem amerikanischen Briefkasten nannte, über tausend Goldstücke an die Oberfläche, wovon die Hälfte Kip Wagner zustand und fünfundzwanzig Prozent dem Bundesstaat Florida. Mel unterließ es, seine Vorrichtung zu patentieren, was dazu führte, daß sie seither von vielen mit Erfolg eingesetzt wird, ohne daß sich jemand urheberrechtliche Gedanken macht. Kips Männer, die jetzt wußten, wie man das Ganze anpacken mußte, stellten eine gleiche Vorrichtung auf der SAMPAN auf und beförderten mehrere Hundert Goldmünzen ans Tageslicht, die wie ein Teppich auf dem Grund des Ozeans gelegen hatten. Sie bargen zudem eine große Menge chinesisches Porzellan. 1967 wurde in der Galerie Park Bernet in New York eine spektakuläre Auktion veranstaltet, welche die Real Eight Company weltweit bekannt machte und den Teilhabern einen ansehnlichen Gewinn einbrachte. Ein dreiunddreißig Gramm schwerer Goldbarren wurde vom Smithsonian Institute für eintausendsiebenhundert Dollar erworben, obwohl er nach dem offiziellen Goldpreis kaum hundert Dollar wert war. Rex' Trillerpfeife brachte an die fünfzigtausend Dollar ein. Kip hatte aber, um den Kurs hochzuhalten, wohlweislich nur einen Teil der Beute auf den Markt gebracht. Er ließ in der Nähe von Cap Canaveral ein Museum bauen, und aus dem Erlös der Verkäufe, der sich auf mehrere Millionen Dollar belief, kaufte er fieberhaft alle gefährdeten »Bergungs«-Gesellschaften auf. Er beteiligte sich zudem mit einem namhaften Betrag an der Firma eines genialen Erfinders, eines wahrhaften Pioniers der Unterwasserforschung: Dimitri Rebikoff, der raffinierte Unterwasser-Torpedos und Meer-Scooter sowie eine ganz neuartige Unterwasserkamera auf den Markt bringen wollte, mit der man auch in großen Tiefen fotografieren konnte. Kip verkaufte unter anderem dem berühmten Füllfederhersteller Parker ein paar Silberbarren, der aus dem *Silber der Galeonen der Flota de Plata* gefertigte Füllfedern auf den Markt brachte.

Kip hatte schnell begriffen, daß die geschickte Vermarktung der Fundstücke mehr einbrachte als die Schätze selbst. Er zog großangelegte Werbekampagnen auf, die oft eher fragliche Resultate zeitigten und ihm mancherorts übelgenommen wurden. Er stürzte sich in kostspielige Suchexpeditionen mit ungewissen Erfolgsaussichten. Der Schuldenberg stieg. Kip mußte sein Museum schließen, in dem praktisch nur noch vergoldete Messinggegenstände ausgestellt waren. Schließlich löste er seine Firma auf und schrieb ein Buch mit dem Titel *PIECES OF EIGHT*. Der letzte Geschäftsführer in Kip Wagners Unternehmen hieß Bob Marx.

BOB MARX

war im Dezember 1935 in Pittsburgh/Pennsylvania geboren worden. Er hatte eine unglückliche Kindheit gehabt und später ein paar Unannehmlichkeiten mit der Polizei, hatte sich aber nach einer Ausbildung bei den *Marines* gebessert. Auch er war vom Tiefseetauchen fasziniert. Er hatte den alten Kip, Mel Fisher, Demosthenes »Moe« Molinar (der unter den Schatzsuchern Floridas das ist, was Kapitän Falco für die CALYPSO) und John de Bry (dessen französische Vorfahren sich lange vor den Spaniern in Florida niedergelassen hatten) auf allen Expeditionen begleitet. Bob war ebenso ein Draufgänger wie Mel Fisher, ebenso starrköpfig, aber noch rücksichtsloser, was in diesem Metier keine schlechte Voraussetzung ist, und wild entschlossen, ein reicher Mann zu werden. Robert hatte mit der NIÑA, einer Nachbildung von Kolumbus' Karavelle, den Atlantik überquert. Er wollte beweisen, daß der große Seefahrer nicht der erste gewesen war, der seinen Fuß in die Neue Welt gesetzt hatte. Die Geschichte des verpaßten indischen Kontinents ist inzwischen sattsam bekannt.

Sir Bob beteiligte sich 1956 an der Suche nach dem spanischen Handelsschiff EL MATANCERO, das 1741 vor der Küste Yucatans verschollen war. Dieser erste Erfolg bestätigte ihn in seinem Glauben, daß er, der Außenseiter, eines Tages eine Galeone entdecken und ein reicher Mann sein werde.

Bob Marx kannte Harry Riesebergs Bücher auswendig. Darin war unter anderem von der versunkenen Stadt Port-Royal die Rede und davon, daß Harry in der praktisch unversehrten Stadt in ein paar Metern Tiefe herumspaziert sei. Ein Priester berichtete 1660, daß Port-Royal an der jamaikanischen Südküste das Sodom der Neuen Welt gewesen sei. *Die Bevölkerung setzte sich aus Piraten, Gaunern,*

Halsabschneidern, Huren und den gewitztesten Helfershelfern Satans zusammen. Port-Royal bedeutete den englischen Piraten das, was die Schildkröteninsel den französischen Flibustiern: Schlupflöcher, von wo aus die grausamen Strafexpeditionen gegen die Spanier in See stachen. Der zwielichtige Henry Morgan soll nach zuverlässigen Angaben einen Teil des geplünderten Schatzes von Panama und Porto Bello in Port-Royal versteckt haben. Porto Bello war der umworbenste Atlantikhafen. Das Gold der Inka, das Gold Manilas, das Silber aus den Bergwerken Perus – ungeheure Schätze gelangten auf dem Rücken von Maultieren nach Panama, wo sie auf den spanischen Galeonen verschifft wurden. Morgan und seine Kumpane hatten im Lauf der Jahre über fünfzig Tonnen Gold geplündert, die sie in Port-Royal untereinander aufteilten. Bob Marx glaubte nicht an diese Geschichte. Morgan war in den letzten Jahren seines Lebens ein Säufer gewesen und war im August 1688 an einer Leberzirrhose gestorben. Er hatte sein ganzes Vermögen in den zahlreichen Spelunken und Bordellen verschleudert, von denen es in seiner Stadt nur so wimmelte. Banken gab es keine. Die Kaufleute und reichen Pflanzer jeglicher Herkunft bewahrten ihr Geld zu Hause auf. Und zu Geld zu kommen, das war in Port-Royal kein Problem. 1692, vier Jahre nach Henry Morgans Tod, ereignete sich in der Karibik ein schreckliches Erdbeben; Port-Royal wurde innerhalb weniger Minuten von einer Flutwelle verschluckt. Laut Rieseberg waren die Straßen und Denkmäler tadellos erhalten und schienen bloß auf Taucher zu warten, denen sie endlich ihre Schätze übergeben konnten. Auch was Port-Royal angeht, hatte Harry wohl geträumt oder sich zu Ungunsten der Wahrheit von seiner Dichterader hinreißen lassen.

1963 hatte der amerikanische Milliardär Edward Link in Begleitung von Arthur Mac Kee, des damals berühmtesten Schatzsuchers, eine Expedition unternommen, die an der von Rieseberg erwähnten Stelle tatsächlich erfolgreich gewesen war. Sie hatten eine prächtige Kanone aus dem 15. Jahrhundert geborgen, Gebrauchsgegenstände usw.

Um sich zu sanieren, hatte sich Bob 1972 von der jamaikanischen Regierung zum »Archäologen vom Dienst« ernennen lassen. Er barg auf dem schlammigen Grund Dutzende von Silbermünzen, eine tadellos erhaltene Tonpfeife, eine kostbare Taschenuhr und Unmengen von chinesischem Porzellan, fand jedoch zu seinem Leidwesen keine einzige Goldmünze. Als er am Fuß einer sand-bedeckten Mauer tauchte, wurde er unter einem Steinsims begra-ben, und er dachte, seine letzte Stunde habe geschlagen. Als man ihn heraufholte, war er überzeugt, daß die Piratenschätze von sämtlichen Höllenteufeln eifersüchtig bewacht wurden und daß man wahnsinnig sein mußte, sich daran zu vergreifen.

Er schrieb auf das Gipskorsett, das man ihm verpaßt hatte: *Die Schatzsuche bringt einem bloß einen Haufen Zores.*

Kip Wagners Unterlagen enthielten unter anderem den Lage-plan einer Galeone, die die wertvollste Fracht aller Zeiten geladen hatte: die ATOCHA, die an den äußersten Keys der Matecumbe-Inselgruppe südlich von Florida Schiffbruch erlitten hatte, einem weitläufigen, schwer abzugrenzenden Areal, einem beliebten Tummelplatz für Orkane und Hurrikane. Es gab etliche Taucher, die sich damit brüsteten, die Konzession für die Matecumbe erworben zu haben. Darunter natürlich Mel Fisher und seine Salvor Company, Burt Webber, der von geradezu legendärer Starrköpfigkeit war, und Sir Bob Marx. Marx war es als erstem gelungen, in den Archiven von Sevilla ein diesbezügliches Dokument aufzustöbern. Robert Marx hatte sich ein großes Ziel gesetzt: die NUESTRA SEÑORA DE LA MARAVILLA zu finden, die sagenhafteste aller gesunkenen Galeonen. Marx hatte ein paar New Yorker Millionäre von seinem Projekt überzeugen können. Der Aluminiumriese Alcoa ließ ein speziell ausgerüstetes Schiff mit Drehkran und allem Drum und Dran bauen, eine Art GLOMAR CHALLENGER, nur etwas kleiner. Dieses außergewöhnliche Schiff war seinerzeit für den amerikanischen Milliardär Howard Hughes gebaut worden, der damit ein sowjetisches Atomunterseeboot hatte bergen wollen, das eine Havarie gehabt hatte. Die ALCOA SEAPROBE war mit den letzten technischen und elektronischen Schikanen für das Tau-chen in großen Tiefen ausgestattet, wo »arme Schlucker« wie Fisher, Webber und ihresgleichen nichts verloren hatten. Das ALCOA-Projekt kostete eine Unmenge Geld und lieferte den Be-weis, daß die Überlegungen ihrer Initianten zwar richtig sein mochten, die Technik aber noch hinterherhinkte, daß sich also solche Operationen nicht auszahlten. Robert Marx gab nicht auf. Er kaufte mit dem ihm verbliebenen Geld von der Real Eight Company, die inzwischen Konkurs angemeldet hatte, einen kleinen Krabben-Trawler, den er GRIFFON taufte. Er stattete ihn nach dem Vorbild Mel Fishers mit einem großen »Briefkasten« aus. Er begann mit einem Protonen-Magnetometer im Schlepptau minutiös die Gewässer der Bahamas zu durchkämmen. Marx berief sich auf die Konzession, die ihm die Regierung der Bahamas eingeräumt hatte, und wies jeden unsanft in die Schranken, der es wagte, ihm in die Quere zu kommen – unter Zuhilfenahme eines Maschinengewehrs, wenn es sein mußte. Er fand eine Münze mit der Jahreszahl 1655: ein Beweis, daß er der MARAVILLA auf der Spur war.

Phips hatte das Schiff, das die ersten in Kolumbien geschlagenen Goldmünzen transportierte, offenbar erfolglos durchwühlt. Marx' Ernte war reich, doch er beging einen fatalen Fehler: Er vertraute seine Funde einer Bank in Satellite Beach (Florida) zur Aufbewahrung an, was die Regierung der Bahamas als Versuch deutete, sie zu hintergehen, wo doch Robert, im Gegenteil, gedacht hatte, es sei vorsichtiger, die Beute in Sicherheit zu bringen, denn er war je länger, je mehr davon überzeugt, daß Piraten hinter ihm her waren. Der Erfolg des einstigen »Banditen« paßte längst nicht allen in den Kram. Eine Lawine von Prozessen wurde gegen ihn angestrengt; schließlich mußte er seine Sucharbeiten unterbrechen. Er hatte unter anderem einem Filmproduzenten aus Hollywood versprochen, ihn an der Jagd nach der MARAVILLA teilhaben zu lassen. Dieser hatte ihm etwas Geld vorgestreckt, hatte aber die ganze Geschichte »vergessen«. Bobs Entdeckung weckte ihn brutal auf. Er erinnerte sich plötzlich wieder an das Drehbuch und verlangte seinen Anteil mit Zinsen, Zinseszinsen und Schadenersatz. Der Produzent könne, behauptete die Anklage, namhafte Filmstars als Zeugen anführen, was dem Gericht für die Urteilssprechung genügte. Marx' Banksafe wurde beschlagnahmt, und er mußte sich zähneknirschend damit abfinden. Um ihn etwas schneller aus dem Weg zu räumen, beschuldigte man ihn des Drogenhandels, und die Regierung der Bahamas entzog ihm schlicht die Konzession.

Bob hat sich mit der Zeit von diesem Schlag erholt. Er hat sich andere Konzessionen gesichert; er taucht wieder auf allen Meeren nach interessanten Wracks, vor allem nach den berühmten Galeonen aus Manila, die noch größere Mengen Gold an Bord hatten als die südamerikanischen. Wenn die Rede auf die MARAVILLA kommt, zeigt er auf den Spruch auf seinem T-Shirt: *Schätze bringen einem bloß einen Haufen Zores.*

HERBERT HUMPFREYS

Herbert Humpfreys hatte von Bobs Ärger mit der Regierung der Bahamas gehört. Er war in einer besseren Position als der unglückliche Außenseiter, denn er war Manager eines Holyday-Inn-Hotels auf den Cayman Islands, einer Inselgruppe zwischen Jamaika und Kuba, die in den letzten Jahren zu einem Steuerparadies geworden ist, und war zudem an einem guten Dutzend blühender Firmen beteiligt, darunter die Fluggesellschaft Cayman Expreß, die der mächtigen Worldwide Television & Communication gehört. Er galt als seriöser Geschäftsmann, der nicht versuchen würde, sich mit dem Anteil der Regierung aus dem Staub zu machen. Humpfreys bot zudem entsprechende Garantien. Die Konzession wurde ihm problemlos erteilt.

Herbert hatte im November 1956 an einem Strand in Nassau (Bahamas) – er war damals acht Jahre alt – seine erste Goldmünze gefunden, eine *quatro escudos*. Von da an ließ ihn das Schatzfieber nicht mehr los. Die Vorsehung hatte ihn ganz offensichtlich zu Höherem bestimmt. Seine sehr begüterten Eltern, Hauptaktionäre eines großen Chemiekonzerns, erzogen ihn eher streng. Man verlangte vom Erben des Familienvermögens, daß er sich auf der ganzen Linie bewährte. Um ihn dabei zu unterstützen und in Befolgung einer guten alten amerikanischen Tradition, schenkte ihm sein Vater zum sechzehnten Geburtstag Riesebergs Buch *SIEBENHUNDERT MILLIARDEN UNTER DEM MEER*, in das er folgende Widmung hineingeschrieben hatte: *Ich wünsche mir, daß Du mindestens zehn Millionen Dollar findest.*

Herbert gewann ein Pferderennen und kaufte mit dem Gewinn zwanzigtausend Aktien der Philippines Gold Mining, einer Goldschürfgesellschaft, die einen rasanten Kursabfall verzeichnete. Er bezahlte 20 Cents je Aktie; vier Jahre später waren sie auf dreißig Dollar angestiegen. Er brach zu seiner ersten Weltreise auf, absolvierte dann seinen Wehrdienst bei der Navy, aus der er 1968 mit einem Fluglotsendiplom in der Tasche entlassen wurde, vervollkommnete anschließend seine Ausbildung in einer Spezialeinheit der US-Armee.

1969 verkaufte er seine Goldaktien und wurde Hotelmanager auf den Grand Cayman Islands. Von da an verwandelte er alles, was er anrührte, in Gold. Nach dem Tod seines Vaters, der ihn schwer traf, wandte er sich der Esoterik zu. Sein Vater erschien ihm mehrmals, tröstete ihn und gab ihm gute Ratschläge. 1983 war Herbert reich genug, um sich fortan seiner großen Leidenschaft widmen zu können: der Unterwasserarchäologie. Er gründete – immer mit der Zustimmung seines Vaters natürlich – die Marine Archeological Research (M.A.R.). Er kaufte die BEACON, ein ultramodernes Schiff, das er mit einem Kostenaufwand von über einer Million Dollar mit allen technischen Schikanen ausstattete. Er war einer der ersten Wracktaucher, die einen *Sonar Scanner* einsetzten, den *Klein Side Scan Sonar,* der einem erlaubt, selbst Gegenstände, die unter einer meterdicken Schlammschicht liegen, auf dem Bildschirm zu erkennen. Herbert konnte mühelos in über hundert Metern Tiefe eine Kanone oder irgendwelche metallischen Gegenstände erkennen. Er brauchte bloß einen den Meeresgrund abtastenden »Fisch« im Kielwasser nachzuziehen, einen magnetometrischen Gamma-Sensor. Er ließ zudem zwei »Mel-Fisher-Briefkästen« auf der BEACON installieren, den modernsten Dekometer und ein Miniaturunterseeboot. Herbert konnte sich alle technischen Geräte leisten.

Eugène Lyon, eine Kapazität unter den Archivaren, der zu Mels bedeutendsten Funden beigetragen hatte, wurde zum Leiter des »historischen Erkennungsdienstes« ernannt, und der Archäologe Daniel Koski-Karell zum Vize-Präsidenten der M.A.R. Zu Humpfreys' Team gehörte natürlich auch ein Ingenieur, Ken Jackson, der die Detektionsinstrumente betreute und die Resultate auswertete.

Die Marine Archeological Research war zu einer beeindruckenden Organisation angewachsen und konnte es sich erlauben, mit den Regierungen die »delikatesten« Konzessionen auszuhandeln.

Herbert ortete mühelos den Memory Rock, einen kleinen Felsen knapp unter dem Wasserspiegel, an den sich einst die Überlebenden der NUESTRA SEÑORA DE LA MARAVILLA geklammert hatten. Seine Detektoren schlugen nach wenigen Versuchen an genau der Stelle aus, wo Bob Marx ein paar Monate früher getaucht hatte.

Die NUESTRA SEÑORA ragte in knapp dreißig Metern Tiefe unter einer dicken Sand- und Korallenschicht hervor. Einer der überlebenden Schiffbrüchigen hatte 1658 die Katastrophe in einem Buch geschildert: Das Schiff, das unter dem Kommando von Kapitän Matias de Orelliana stand, hatte in Veracruz Gold und Edelsteine an Bord genommen, darunter eine goldene Madonna und eine für Philipp IV. zur Finanzierung seiner Kriege bestimmte Menge Gold und Silber. Das Schiff hatte in Kuba Zwischenhalt gemacht. Es gehörte zu einer Flotte von zwölf Handelsschiffen und fünf Kriegsschiffen, die im Verband segelten, um Feinde und Piraten einzuschüchtern. Sie gerieten in einen heftigen Sturm; der Kapitän befahl beizulegen, worauf das Schiff im dichten Nebel vom nachfolgenden Schiff gerammt wurde. Der Aufprall war mörderisch. Die aufgeschlitzte MARAVILLA sank innerhalb weniger Minuten. Das schlechte Wetter dauerte an; die auf den Kriegsschiffen stationierten philippinischen Taucher konnten nichts ausrichten. Kurz darauf soll William Phips versucht haben, die kostbare Fracht zu bergen, aber das auseinandergebrochene Schiff lag unter einer dicken Sandschicht.

Der Vertrag zwischen Captain Herbie und der Regierung der Bahamas entsprach dem Vertrag, den der Bundesstaat Florida mit allen Wracktauchern abschließt: fünfundsiebzig Prozent für den Finder, fünfundzwanzig Prozent für die Regierung. Gegenstände von besonderem historischem Wert gehören dem Staat, der in bestimmten Fällen – bei sehr wertvollen Objekten – eine Entschädigung bezahlt. Der Konzessionsnehmer verpflichtet sich, keine Fundstücke zu unterschlagen, und arbeitet eng mit den staatlichen Archäologen zusammen, was erlaubt, die öffentlichen Museen mit außergewöhnlichen Exponaten zu bestücken. In Florida und in vielen anderen Ländern werden die Schatzsucher dank vernünftigen Gesetzen vom Staat zum Wohle und Nutzen aller unterstützt und gefördert, was sich von Frankreich etwa nicht behaupten läßt.

Ab 1987 findet Captain Humpfreys wertvolle Smaragde, darunter einen hundertkarätigen. Die Ernte von 1988 ist beeindruckend: Gold- und Silbermünzen, Goldbarren, meterweise goldene Ketten, aber auch kostbare Navigationsinstrumente. 1989 geht es im gleichen Stil weiter. Nach Herbies Annahme muß die MARAVILLA mindestens vierzig Tonnen Gold und Silber an Bord gehabt haben. 1990 wird der Schatz auf elf Milliarden Dollar geschätzt. 1991 birgt er einen wertvollen Tisch mit eingelegten Smaragden sowie die berühmte goldene Madonna mit dem Kind, die er einer Kirche vermacht. Herbert folgt selbstverständlich in allem den Anweisungen seines Vaters und läßt sich von der göttlichen Hand leiten. Jede Expedition kostet ihn ungefähr dreihunderttausend Dollar; er finanziert alles selbst, er braucht keine Geldgeber oder sonstige Unterstützung und ist daher auch niemandem Rechenschaft schuldig. Er läßt nach dem Vorbild von Mel Fisher auf Grand Cayman ein Museum bauen. Der Besucher kann ehrfurchtsvoll die Goldbarren berühren und zu happigen Preisen Souvenirs – mit Echtheitszertifikat – von der MARAVILLA kaufen. Herbert Humpfreys macht sich keine Illusionen; der Markt für Numismatik ist durch Mel Fishers, Bob Marx', John de Brys Funde gesättigt. Die zum Verkauf stehenden Gegenstände werden auf einen – symbolischen – Wert von 11 Millionen Dollar geschätzt. Humpfreys verwendete einen Großteil des Verkaufserlöses für humanitäre oder soziale Zwecke.

Manchmal, wenn er abends Bordwache hält, schlägt er ein abgegriffenes Buch auf, Riesebergs Buch, in das ihm sein Vater zu seinem sechzehnten Geburtstag folgende Widmung auf das Vorsatzblatt geschrieben hatte: *Ich wünsche mir, daß Du mindestens zehn Millionen Dollar findest ...*

JOHN DE BRY

wurde 1943 in Paris geboren. Er studierte zuerst an der Sorbonne in Paris, anschließend in den USA an der berühmten Columbia-Universität. Während eines Ferienaufenthaltes in Frankreich stieß er auf ein römisches Schiff aus vorchristlicher Zeit, das in den Wassern des Mittelmeers vor sich hin dämmerte. 1960 wurde er von Kapitän Cousteau auf die CALYPSO eingeladen, und

John widerfuhr der einmalige Glücksfall, seine Tauchersporen unter einem so berühmten Mann wie Albert Falco abverdienen zu können. Johns Unterwasserfunde werden dereinst in die Geschichtsannalen eingehen; die von ihm geborgenen Gegenstände gehören zu den ersten, die in Museen ausgestellt wurden. John wurde in Cousteaus Mannschaft aufgenommen und nahm 1961, 1962 und 1963 an den Expeditionen im Ägäischen Meer teil. Dann beschloß er, in Athen Archäologie zu studieren, kehrte dann in die Vereinigten Staaten zurück, wo er auf Cousteaus Empfehlung von Kip Wagner und seiner Real Eight Company für die Suche nach den 1715 gesunkenen Karavellen zugezogen wurde. Seine Ausbildung, die auf der CALYPSO gesammelte Erfahrung und die Zuverlässigkeit seiner Expertisen machten ihn für alle, die nach der berühmten *Flota de Plata* tauchten, zu einem begehrten Mann. Sämtliche berühmten Schatzsucher wandten sich an ihn, wenn es darum ging, in den heiligen Seen Kolumbiens nach dem sagenumwobenen Eldorado zu tauchen oder nach dem geheimnisvollen »Wall von Bimini« auf den Bahamas, einem gewaltigen Damm aus polierten Steinen, der, wie manche behaupten, Teil des verschollenen Atlantis sein soll. John besuchte auch Nuang Madol auf den Karolineninseln in Mikronesien, um nach dem Ursprung der geheimnisvollen Tempel zu forschen, mit denen die kleine Insel übersät ist. Und auf der Osterinsel tauchte er nach versunkenen Moai.

Seine »Harry Riesebergs«, die er als Historiker kritisch beurteilt, hatte er schon bald auf die Seite gelegt, obwohl er offen zugab, daß er niemals Schatzsucher geworden wäre, hätte er nicht als Junge Harrys Bücher gelesen.

Die Arbeit mit Sir Robert Marx in den Gewässern Bahamas machte ihm riesigen Spaß. Und er war der einzige professionelle Unterwasserarchäologe, der Professor Jacques Piccard, den berühmten Ozeanographen, bei seinen Versuchen mit der BENJAMIN FRANKLIN begleiten durfte. Als enger Freund von Philippe Cousteau beteiligte er sich an den Dreharbeiten zu den ersten Fernsehfilmen des Kapitäns, und der Erfinder Dimitri Rebikoff ließ ihn sein revolutionäres Unterwasser-Antriebssystem Pegasus testen. Die NASA beauftragte ihn mit einer Fotoreportage der ersten APOLLO-

Flüge in Cap Canaveral. Seine großartigen Aufnahmen der Unterwasserflora machten die Runde um die Welt, und er war der einzige, der inmitten der gefährlichen weißen Haie tauchte. Seine im *NATIONAL GEOGRAPHIC MAGAZINE,* in den *UNIVERSAL SCIENCE NEWS* oder in *TIME-LIFE* veröffentlichten Beiträge werden in vielen Sprachen übersetzt und überall auf der Welt gelesen. Der Bundesstaat Florida ernannte ihn zum ständigen Mitglied einer Kommission zur Bewahrung von historischem Kulturgut und beauftragte ihn, eine Wracktaucher-Charta auszuarbeiten. Er wurde zu einem der vehementesten Verfechter strenger Bestimmungen, die zu einer fruchtbaren Zusammenarbeit zwischen Staat und Wracktaucher-Gesellschaften führten. Er trug so zur Bereicherung des »angeeigneten« Kulturgutes einer Nation bei, die immer noch ihre Herkunft zu verschweigen und die Völkermorde zu vergessen versucht, die zahlreicher sind als die Sterne auf ihrem mit Indianerblut befleckten Banner.

John war von der Geschichte Floridas fasziniert. Er fand darin wertvolle Hinweise, die ihn zu einer stattlichen Zahl gesunkener Schiffe führten.

Sein Ahne Théodore de Bry war der erste französische Künstler, der der Nachwelt Zeugnisse der in Florida niedergelassenen Hugenotten hinterlassen hat. Die Episode dieser vergessenen Kolonie wird von den meisten Geschichtsbüchern übergangen, weil man die Fehler oder Mißgriffe einer Nation, die sich anmaßt, der ganzen Welt hochtrabende Lehren zu erteilen, lieber verschweigt.

Wie auch immer: John de Bry stieß nach langen, geduldigen Nachforschungen auf die Spuren seiner Vorfahren, die versucht hatten, einen Zipfel der Neuen Welt zum Ruhme Frankreichs zu erobern. Und dank seinem besonders effizienten Metalldetektor fand er nicht nur die Spuren, sondern auch das Gold der tapferen Hugenotten.

Die Küsten Floridas, die regelmäßig von gefährlichen Stürmen oder plötzlichen Orkanen heimgesucht werden, galten als der Friedhof der schwer gold- und silberbeladenen spanischen Karavellen. Um an den Gulf Stream zu gelangen, der sie wie auf Schienen nach Europa trug, mußten sie wohl oder übel die gefürchtete Küste entlang fahren.

Einschlägige Geschichtskenntnisse helfen beim Wracktauchen, bei der Arbeit mit dem Magnetometer oder dem *Side Scan Sonar* Zeit und Geld sparen. John entdeckte durch das eingehende Studium alter Dokumente genau die Details, die zu einem interessanten Tauchgrund führten, denn es gibt nichts Trostloseres auf der Welt als ein geplündertes Wrack. Im Lauf der Jahrhunderte wurden viele Galeonen von den Spaniern selbst durchsucht, die zu diesem Zweck philippinische Taucherequipen unterhielten.

Ohne Glück – oder Instinkt – erreicht man nichts. Als John de Bry in Saudiarabien arbeitete, konnte er der Versuchung nicht widerstehen, kurz auf Tauchgang zu gehen – und entdeckte ein Piratenschiff aus dem 18. Jahrhundert. Der König höchstpersönlich beglückwünschte ihn zu seiner Entdeckung und förderte weitere Unterwasserausgrabungen.

1988 war John de Bry es leid, für andere zu »arbeiten«, und gründete ein eigenes Unternehmen namens Historical Research and Development, an dem drei Kollegen beteiligt waren, bekannte Namen in Wracktaucher-Kreisen: Demosthenes Molinard mit der »goldenen Nase«, Ernie Kling und Robert Stark, alles Männer, die bereits für Mel Fisher oder Bob Marx gearbeitet hatten.

Er verhandelte mit Mel Fisher, damit dieser ihm gegen einen Anteil von dreißig Prozent ein Wrack der Silberflotte überließ. Ein hoher Preis, aber Mel Fisher war weitsichtig genug gewesen, die Konzession für sämtliche längs der Küste Floridas lokalisierten Schiffe zu erwerben; er legte größten Wert darauf, die jährlichen Pachtgebühren pünktlich, auf Dollar und Cent genau zu entrichten.

John begann in Begleitung des Sohnes eines seiner Teilhaber am Wrack zu tauchen, das Mel ihm überlassen hatte. Der junge Mann war überzeugt, daß nichts zu finden sei, und drängte, es anderswo zu versuchen. Um sich hinterher keine Vorwürfe machen zu müssen, beschloß John, einen letzten Versuch zu unternehmen. Er schwamm mit seinem Unterwasser-Metalldetektor Aquapulse auf eine kleine, rechteckige Sandlichtung zu, die er bisher übersehen hatte – und hätte beinahe das Mundstück seines Atemgeräts ausgespuckt. Ein ungewöhnlich kurzes, deutliches Pieps-Signal dröhnte in seinen Ohren. Er steckte die Hand in den Sand und holte zwei Goldmünzen heraus, zwei makellose *ocho escudos,* die wie zwei kleine Sonnen funkelten. Das Gerät piepste wie wild, als ob die Elektronik durchgedreht hätte. Innerhalb von knapp einer Stunde fand er rund zweihundert Münzen im Wert von etwa hunderttausend Dollar. Am nächsten Tag waren es über tausend. Einer seiner Kollegen fand den Deckel einer goldenen Tabakdose. Eine Woche später die Dose selbst; sie lag etwa dreihundert Meter weiter weg. Sie stießen auf eine große Anzahl wertvoller Gegenstände, auf Schmuckstücke und Smaragde. Das kostbarste Stück aber, auf das John besonders stolz ist, war ein seltenes, prächtiges, diamantenverziertes Malteserkreuz. Bei Nachforschungen in spanischen Archiven stellte sich heraus, daß in den Jahren vor dem Untergang des Schiffes bloß fünf Edelleute in Würdigung ihrer Verdienste damit ausgezeichnet worden waren.

Nie den Mut verlieren!

Das ist die wichtigste Eigenschaft eines Schatzsuchers. John hämmert diese Maxime jedem ein, der mit ihm tauchen will. Er sucht für jede Expedition neue Teilhaber, die, je nach ihrem Kapitaleinsatz, bis zu zwanzig Prozent des Ertrages untereinander aufteilen können. John und seine Freunde haben in weniger als zwei Jahren Gegenstände im Wert von rund zwanzig Millionen Dollar geborgen – ein Drittel davon ist in Mel Fishers Taschen geflossen.

Johns Zukunftspläne hören sich ehrgeizig an: Er will der erste sein, der die Überreste der NIÑA findet, der Karavelle, mit der Kolumbus zur Entdeckung der Neuen Welt aufgebrochen war. Er will an einer Klippe tauchen, wo eine Galeone mit zehn Tonnen goldener präkolumbischer Kunstwerke zerschellt ist, die nicht eingeschmolzen worden waren. Und er hat vor, eine systematische Erforschung der Kokosinsel vorzunehmen.

Wenn John nicht gerade taucht oder nicht über einem alten Dokument sitzt oder nicht für den berühmten New Yorker EXPLORER CLUB im Einsatz ist, nutzt er die selten »freien Stunden«, um an einem Buch über seinen berühmten Ahnen Théodore de Bry zu schreiben, dessen Geschichte eng mit der Geschichte Floridas verknüpft ist – als die Franzosen den Küstenstrich besetzt hatten.

MEL FISHER

Ich habe Mel Fisher in den vergangenen zwanzig Jahren mehrmals getroffen. Zu Beginn meiner Schatzsucher-Laufbahn mied ich ihn wie die Pest. Ich war ihm 1976 in Nassau auf den Bahamas begegnet. Er lag auf dem Kai in einem alten Liegestuhl neben seinem Schiff und studierte eine von Harry Riesebergs Karten. Es handelte sich um ein Faksimile mit einer Piratengirlande und eisenbeschlagenen Truhen, die vor Schmuck und Goldstücken überquellen und gesunkene Galeonen markieren. Er wollte sie mir unbedingt verkaufen, weil er dringend ein paar Dollar benötigte, um die Segel lichten zu können. Es ging ihm damals eher mies: Ein genialer Erfinder hatte ihm einen Golddetektor in Aussicht gestellt, der unfehlbar zu einmalig kostbaren Wracks führen würde. Die Versuche waren vielversprechend gewesen, und er wartete täglich auf den Prototyp. Das große Glück war in greifbarer Nähe. Er zeigte mir beiläufig ein paar Münzen, die er, wie er behauptete, in einem auf der Karte eingezeichneten Wrack gefunden habe. Aber es handelte sich nicht um goldene Escudos, das sah ich gleich, sondern um plumpe, goldgefärbte Bleiduplikate. Das einzig echte, das er auf sich trug, war eine dicke goldene Kette, an der ein achtfacher Real hing. Später traf ich ihn auf Key West wieder. Er wohnte auf einer nachgebildeten Galeone, die wohl als Filmkulisse gedient hatte und die nun ein Museum war. Allerdings waren bloß Kopien ausgestellt, verblaßte Muscheln, Schatzsucher-Magazine wie *LOST TREASURE* oder *TRUE WEST*. Mit den Eintrittsdollar kaufte er Sandwiches für sich und seine Taucher. Seinem Erfinder war es immer noch nicht gelungen, den Wunderdetektor herzustellen, aber Mel war mehr denn je überzeugt, daß es nur eine Frage der Zeit sei und daß ihn jeder Tag dem Gold der Galeonen näher brachte. Er hatte mit seiner Mannschaft an rund hundert Wracks getaucht und dabei Gegenstände im Wert von mehreren Millionen Dollar geborgen, die ihm aber eine Menge Ärger eingebracht hatten, Prozesse, Streitigkeiten mit seinen Teilhabern, endlose Schwierigkeiten mit dem Staat Florida und den Steuerbehörden der Bundesregierung. Wenn die dringendsten Schulden bezahlt waren und ihm etwas Geld übrigblieb, lud er seine Taucher und seine Freunde zu einem guten Essen ein, forderte sie zur Belohnung für ihre Geduld auf, nach anderen Wracks zu tauchen, wo »mit jeder Garantie« etwas zu finden sei. Seine begeisterten Reden vermochten die blasiertesten Taucher mitzureißen, die sich mit glänzenden Augen von ihm verabschiedeten und neuen Tauchgründen entgegen eilten, die der Meister ihnen eben genannt hatte. Um zu überleben und sich weiterhin seiner einzigen, großen Leidenschaft widmen zu können, war der Apostel zu einem großartigen Roßtäuscher geworden. Aber Mel war zugegebenermaßen auch ein ausgezeichneter Lehrer; seine Taucher schätzten ihn sehr, denn er hatte ein goldenes Herz, auch wenn er es hinter einem fast perversen Zynismus verbarg. Er teilte alles, was er besaß, unterschiedslos, ob es sich um seine Söhne oder um seine Taucher handelte.

Wenn wir in der Gegend von Key West waren, schauten wir regelmäßig bei ihm vorbei. Wir machten uns gerne über ihn lustig, bewunderten ihn aber gleichzeitig. Man wußte nicht, was von ihm halten. War er ein Scharlatan oder ein Erleuchteter? Seine Unerschütterlichkeit, seine Hartnäckigkeit, seine Gewißheit waren bewundernswert, und man freute sich, ihn zu sehen, als sei er eine lebende Legende: der Buffalo Bill der Tauchgründe. Seine Querelen mit den Behörden waren allen bekannt, und die Teilnehmer meiner Reisegruppen kauften ihm bereitwillig alles mögliche ab: T-Shirts mit Mels Leitmotiv *Today is a day* oder andere Souvenirs, die man auf der Museums-Galeone erwerben konnte – die übrigens mangels entsprechender Wartung zusehends sank. Mel kam auf meiner Reiseroute die gleiche Bedeutung zu wie Hemingways Haus.

Als am 20. Juni 1985 die Presse die Entdeckung der NUESTRA SEÑORA DE ATOCHA meldete, der kostbarsten Galeone, die jemals gefunden wurde, war der bis über die Ohren verschuldete Mel nahe daran gewesen, nach fünfundzwanzig Jahren Arbeit in den Gewässern Floridas, nach zahllosen Enttäuschungen, Mühen und Nöten aufzugeben.

Mel Fisher wurde am 12. August 1922 in Indiana geboren. Als der Krieg ausbrach, mußte er sein Ingenieur-Studium unterbrechen. Nach dem Waffenstillstand arbeitete er in Kalifornien auf der Geflügelfarm seines Vaters. Mel erfand automatische Brutkästen, die die Sterblichkeitsziffer der Küken erheblich senkten. Doch nach einer gewissen Zeit hatte er genug von der Geflügelzucht. Zu tauchen begann er anläßlich eines Urlaubs in Florida. Er kaufte eine der ersten Aqualungen, die damals aus Europa importiert wurden. Mel kaufte zudem einen Kompressor zum Auffüllen der Tauchflaschen. Das Gespräch mit seinen Kunden brachte ihn auf den Gedanken, ein Unterwassergewehr zu konstruieren, Schnorchel, Masken, Dolche, Schwimmflossen ... ein lukrativer Nebenjob, denn dieser Handel brachte ihm bald mehr ein als das Überwachen der Brutkästen. Er lernte ein rothaariges junges Mädchen namens Dolores kennen, die er auf Langustenfang mitnahm. Sie fischten derartige Mengen, daß er damit die Restaurants in der Umgebung beliefern konnte. Auch das ein einträgliches Geschäft. Dann eröffnete er den ersten Laden für Tauchsportzubehör der Vereinigten Staaten, mietete das Schwimmbecken eines großen Hotels, wo er als erster Kurse für das Tauchen mit Preßluftflaschen organisierte. Um für sich und sein Unternehmen Propaganda zu machen, moderierte er vier Jahre lang eine Fernsehsendung, in der er Filme über die Wunder der Unterwasserwelt zeigte. Mit dreißig heiratete er die inzwischen volljährige Dolores; die beiden verbrachten ihre Flitterwochen tauchend in Florida. Zu jenem Zeitpunkt begann sich Mel mit Schätzen zu befassen und wurde zu einem begeisterten Leser von Kapitänleutnant Harry Rieseberg. Er gründete eine Schatzsuchervereinigung und ersuchte um die Mitgliedschaft in Robert Charroux' Klub. Wenn es darum ging, neue Kunden zu werben, war Mel nie um eine Erfindung verlegen. Er konstruierte einen Schwimmbagger, um Goldnuggets vom Grund der Flüsse Nevadas und Kaliforniens heraufzuholen. Er veröffentlichte eine Broschüre mit dem Titel *MELS RATSCHLÄGE FÜR DIE GOLDSUCHE.* Er organisierte zusammen mit ein paar Freunden Schatzsuch-Expeditionen, die zwar erfolglos blieben, aber seinen Glauben an das Gold der Galeonen noch verstärkten.

Ende des Jahres 1962 hörte er von den Entdeckungen von Kip Wagners Real Eight Company und von den Schiffbrüchen der Silberflotte im Jahre 1715. Mel überredete mühelos fünf Taucherfreunde, alles zu verkaufen und ihm nach Florida zu folgen, wo sie – und wer wollte schon daran zweifeln? – durch die Galeonen ein Vermögen machen würden. Sie gründeten die Treasure Salvor und klingelten an Kip Wagners Tür, der gerade Taucher suchte. Das Wrack, das Kip Wagner ihnen überließ, war eine einzige Enttäuschung, erlaubte Mel aber eine revolutionäre Technik zu entwickeln: einen Propeller, der an der Wasseroberfläche das saubere Wasser in einen gebogenen Schlauch propulsiert und den Schlamm oder den Sand mit großer Geschwindigkeit vom Grund saugt. Am 24. und 25. Mai 1964 legten sie damit zweitausend tadellos erhaltene goldene Escudos frei. Einen Monat später bargen sie in einem Umkreis von ein paar Metern goldene Ketten und zwei große goldene Scheiben. Vor den sprachlosen Journalisten erklärte Mel, er habe bloß eineinhalb Millionen Dollar gefunden, habe aber die Absicht, die NUESTRA SEÑORA DE ATOCHA zu finden, die allermindestens dreihundert Millionen Dollar enthalte. Mel war endlich ein ernstzunehmender Schatzsucher geworden! Er nutzte die Gelegenheit, um sich vom Bundesstaat Florida ordentliche Tauchgründe überschreiben zu lassen. Da er genug Geld hatte, bezahlte er, ohne mit der Wimper zu zucken, die von der Regierung geforderte, im übrigen nicht sehr hohe Kaution. Jetzt war er ganz offiziell »Pächter« einer riesigen Meeresfläche; er begann mit Hilfe eines Magnetometers zu suchen, der Erfindung eines begnadeten Elektrotechnikers, dem Mel Anteilscheine an der Treasure Salvor geschenkt hatte. Und fand tatsächlich etliche Wracks. Allerdings handelte es sich bei keinem der Schiffe um die ATOCHA. Um die unter den andern Schatzsuchern brodelnde Revolte zu ersticken, denen der Staat keine Konzession erteilt hatte, vergab er Unterkonzessionen, die ihm einen Anteil von dreiunddreißig Prozent an den Funden sicherten. Der Staat Florida beanspruchte seinerseits fünfundzwanzig Prozent. Harte Bedingungen, doch wer nicht will, der lasse es bleiben. Um seinen Vorsprung auszubauen, flog er nach Spanien und stellte einen Dokumentalisten aus dem Generalarchiv von Indien in Sevilla ein und bezahlte zwei weitere, die in den Madrider Archiven nachforschen mußten. Aus allen konsultierten Dokumenten ging eindeutig hervor, daß die ATOCHA im Gebiet der Matecumbe-Inseln gesunken war. Mel beschloß sogleich, das Areal zu durchkämmen, und verbrachte den ganzen Winter damit, bei jedem Wetter mit seinem Magnetometer den Meeresgrund Zentimeter um Zentimeter abzusuchen. Er fand weitere zwanzig Wracks, aber keine Spur eines Flaggschiffs. Mel reiste wieder nach Spanien, begegnete dort einem amerikanischen Methodistenpfarrer namens Eugène Lyon, der das Altkastilische lesen konnte und der sich in Sevilla aufhielt, um an seiner Dissertation über Pedro Menendez de Aviles zu schreiben – den Mann, der die Franzosen aus Florida verjagt hatte. Mel kannte Eugène Lyon bereits von früher, denn dieser war Gemeindeschreiber von Vero Beach in Florida gewesen, wo Mels Familie sich niedergelassen hatte. Mel war ihm zufällig am Strand begegnet. Eugène erklärte sich bereit, seine Arbeit ein paar Wochen zu unterbrechen, und begann in den Hunderttausenden von Dokumenten nach Spuren der am 6. September 1622 gesunkenen ATOCHA zu suchen. Die Nachforschungen nahmen mehrere Monate in Anspruch. Er entdeckte in einer Kiste mit der Kennziffer CT 2899 eine dicke Akte die *Armada de la Guardia de la Carrera de las Indias, Capitán General, Don Lope de Armendariz, Marquez de Cadereyta, Almirante Tomas de la Raspuru, miembro de la Flota de Tierra Firme, Capitán General, Juan de Lara Moran* betreffend. Daraus ging hervor, daß das Schiff am 26. Februar 1622 Lebensmittel an Bord genommen hatte und in San Lucar in See gestochen war. Am 24. April 1622 hatten sich weitere Schiffe der Armada angeschlossen; am 3. Mai hatte sie die Kanarischen Inseln angelaufen, am 14. Juni war sie in Cartagena angekommen; sie hatte unterwegs ziemlich schwere Verluste erlitten, war in heftige Stürme geraten und hatte ziemlich am Anfang der Reise einen türkischen Angriff abwehren müssen. Die Armada transportierte eine große Menge Quecksilber: Viertausendsechshundertneunzig Zentner waren für Lima bestimmt, fünfhundert für Cartagena. Bloß dreihundertvierzehn gelangten ans Ziel, denn kurz nach San Lucar erlitten zwei Galeonen Schiffbruch, die NUESTRA SEÑORA DE LOS REMEDIOS und die SAN FRANCISCO DE PAULA. Eine Woche später hatte die Flotte wieder die Anker gelichtet, um nach Porto Bello zu fahren, wo sie am 1. Juli eingetroffen war. Am 27. Juli waren die mit Gold und Tabak beladenen Schiffe wieder in Cartagena zurück, wo sie erneut in einen heftigen Sturm gerieten und weitere Verluste erlitten. Am 3. August 1622 segelten sie in Richtung Kuba und lagen dort fast einen Monat vor Anker, bevor sie Anfang September die Rückreise antraten. Ein schrecklicher Sturm, ein Orkan wahrscheinlich, überraschte sie kurz vor der Küste Floridas, der am 6. September 1622 mehreren Schiffen und Galeonen, darunter die ATOCHA, die ROSARIO und die MARGARITA, zum Verhängnis wurde. Der Marquez de Cadereyta war vom Unglück verfolgt. Er ließ – wohl um das Schicksal zu beschwören und seinen Kopf zu retten – kurzerhand den Ersten Steuermann Lorenzo Bernal hinrichten, weil dieser nicht vorausgesehen hatte, was geschehen würde. Und der es im übrigen nicht für notwendig erachtet hatte, vor der Abreise beichten zu gehen.

Der Marquez hatte Rettungsmaßnahmen befohlen, und dem Admiral Gaspar de Vargas war es gelungen, fast die ganze Ladung der ROSARIO in Sicherheit zu bringen, und er hatte zudem mit einer Boje die Stelle markiert, wo die ATOCHA gesunken war, um sie später wiederzufinden, denn die See wurde zusehends stürmischer. Eugène suchte hartnäckig nach Vargas' Rapport, denn der Briefwechsel mit dem Marquez war von größter Bedeutung. Daraus erfuhr er, daß die MARGARITA vier Jahre später gefunden worden war. Die ATOCHA wurde zwar nicht erwähnt, aber er überlegte sich, daß die Klippe, an der das Schiff zerschellt war, bestimmt den Namen des Mannes trug, der die Rettungsaktion veranlaßt hatte. Er riet Mel Fisher, sich auf eine kleine Insel in der Nähe des Gulf Streams zu konzentrieren, die den Namen Marquesas trug. Mel ließ seine Matecumbe-Konzession stehen und liegen, eilte nach Key West und reichte unverzüglich ein Konzessionsgesuch ein. Das Durchkämmen der von Lyon vermuteten Gegend beanspruchte Monate, aber zeitigte keine Resultate. Aus einem Dokument, das ihm der Archivar aus Sevilla zukommen ließ, schloß er, daß er im Osten, nicht im Westen der Marquesas suchen mußte. Er fing unverdrossen wieder von vorn an, verschuldete sich zusätzlich und hetzte sich die Küstenwache auf den Hals, weil er ein Schleppboot versenkt hatte, das ihm als Orientierungspunkt gedient hatte. Mel war es absolut egal, ob seine Methoden eine Gefahr für die Schiffahrt darstellten oder nicht. Einer seiner Männer stieß kurze Zeit später auf eine schwere goldene Kette, und Mel Fisher nutzte die Gelegenheit, um sensationelle Presseerklärungen abzugeben – und die anderen Schatzsucher erblaßten vor Neid. Es waren immer mehr, die an seinen Methoden und an seiner Prahlerei Anstoß nahmen. Seine Feinde behaupteten, er gleiche je länger, je mehr Tartarin de Tarascon, und befürchteten, er könnte den ehrbaren Beruf eines Schatztauchers öffentlich in Mißkredit bringen. Aber Mel mußte Träume wecken – mußte vor allem Partner finden, die bereit waren, ihn zu unterstützen. Auch wenn seine technischen Einrichtungen »selbstgebastelt« waren, mit der Zeit liefen ihm die Kosten davon. Er versuchte nie, Leichtgläubige hereinzulegen. Er war davon überzeugt, daß er die Goldader finden werde, und alle, die an ihn geglaubt hatten, würden ihm eines Tages ein Denkmal widmen. Es war ihm gelungen, die berühmteste Fachzeitschrift der Vereinigten Staaten, das altehrwürdige *NATIONAL GEOGRAPHIC MAGAZINE,* für seine Sache zu gewinnen, das zwanzigtausend Dollar in seine Nachforschungen investierte, was andere Geldgeber davon überzeugte, daß er, Mel Fisher, die beste Kapitalanlage sei. Mel hatte eine ganz besondere Begabung, aus Leuten, die nicht besonders spendabel waren, Geld herauszuholen. Mit den neuen Geldmitteln schickte Mel Eugène Lyon erneut nach Sevilla, um dort nach ergänzenden Hinweisen zu suchen, kaufte zusätzlich zwei sehr überholungsbedürftige Schiffe, was ihn teurer zu stehen kam, als wenn er zwei neue gekauft hätte. Die Suche dauerte weitere acht Monate; Mel stand kurz vor dem Konkurs. Seine Feinde frohlockten: Mel hatte endlich bewiesen, daß er das war, was sie jahrelang behauptet hatten: ein Aufschneider und ein kläglicher Betrüger. Als alles endgültig verloren zu sein schien, stellte Mel einen arbeitslosen Hippie ein. Bouncy John tauchte – und stieg mit einem wunderbaren perlenbesetzten, goldenen Kruzifix auf. Die Taucher fanden zudem Goldbarren, die zweifellos zur ATOCHA gehörten. Mel berief eine Pressekonferenz ein, die den Zweck hatte, die Sache wiederanzukurbeln. In einundzwanzig Tagen bargen seine Leute Tausende von Gold- und Silbermünzen, ein Planetarium von unschätzbarem Wert, sakrale Gegenstände, Silberbarren und ein paar Goldbarren.

Während dieser Kampagne ereignete sich ein Drama, das einem zwölfjährigen Kind das Leben kostete, dem Mel erlaubt hatte, von seinem Schiff aus zu tauchen: Das Kind wurde von einem Propeller des »Briefkastens« buchstäblich zerfetzt. Und weil ein Unglück selten allein kommt, beschuldigte ihn die gefürchtete S.E.C., die staatliche Börsenüberwachungskommission, Aktien einer Gesellschaft zu verkaufen, die es juristisch gar nicht gab: die Armada Research. Schließlich weigerte sich die amerikanische Berufsorganisation der Numismatiker, die seltenen Stücke zu verkaufen, die Mel Fisher gefunden hatte, unter dem Vorwand, sie seien gefälscht. Es ging sogar das Gerücht, Mel wasche schmutziges Drogengeld. Seine Feinde fielen mit wüsten Beschuldigungen über ihn her, und die Presse, in solchen Dingen nicht eben zimperlich, bauschte das Ganze hämisch noch zusätzlich auf. Sir Bob Marx und Burt Webber schrien am lautesten: Dieser Falstaff, dieser Tartarin, er war am Ende, bald würde man seine Konzessionen einstreichen können.

An Mels Stelle hätte sich jeder geschlagen gegeben, hätte die Verleumder gerichtlich belangt – oder hätte ganz einfach das unmögliche Vorhaben aufgegeben. Mel tat nichts dergleichen: Er suchte unbeirrt weiter nach der ATOCHA. Er war überzeugt, daß er das Wrack der Galeone finden werde. All die Spießer, die ihm das Leben vergällten, sie würden vor Scham oder Eifersucht im Boden versinken. Die gemeine Hetzkampagne gegen Mel empörte schließlich einen reichen Immobilienmakler, der sich bereit erklärte, Mels nächste Expedition zu finanzieren. Dreihunderttausend Dollar wurden für Expertisen ausgegeben, die die Echtheit von Fishers Funden bestätigen sollten. Fishers Sohn Dirk fand fünf Kanonen, die, wie es sich herausstellte, zweifellos zur ATOCHA gehörten. Mel galt nicht länger als Fälscher. Die Anstrengungen wurden verdoppelt. Mel hatte den *point of no return* schon lange überschritten: Er mußte es schaffen – oder dann für immer von der Bildfläche verschwinden. Die Resultate waren ermutigend. *Morgen ist der große Tag,* sagte Mel jeden Abend, bevor er an der Seite seiner Frau einschlief, die gegen Wind und Wetter zu ihm gestanden hatte.

Die ATOCHA ließ sich nicht so leicht besiegen. Im Gegenteil: alle bösen Mächte schienen es darauf angelegt zu haben, sie der Habsucht oder der Neugierde der Menschen zu entziehen. Für Mel handelte es sich schon lange nicht mehr um Geldgier, sondern um eine philosophische Suche – wie die der mittelalterlichen Alchimisten nach dem Stein der Weisen, der Blei in Gold verwandelt –, um eine weise Erkenntnis gewissermaßen. Aber das Schicksal forderte einen blutigen Preis für seine Neugier. Die NORTHWIND, eines der Suchboote, das Mel seinem Sohn anvertraut hatte, kenterte eines Nachts und sank. Sein Sohn Dirk, dessen Frau Angel und Rick Gage, ein Taucher, konnten sich nicht aus dem Wrack befreien und fanden den Tod. Mel und Dolores dachten daran, alles aufzugeben, doch mit der Unterstützung ihrer Taucher hielten sie schließlich durch. Aber ihr Herz war nicht mehr bei der Sache. Die Sucharbeiten dauerten noch etliche Jahre. 1978 fanden sie in einer Vertiefung eine große Menge Silber, aber immer noch keine Spur der ATOCHA.

Zu jenem Zeitpunkt traten die Steuerbehörden auf den Plan, sperrten Mels Bankkonten, forderten die unverzügliche Begleichung seiner Schulden, zwangen ihn, seine ganze Habe zu verkaufen, auch seine Schiffe und die Ausrüstung. Die Angehörigen des ertrunkenen Tauchers und die Familie seiner Schwiegertochter gingen gerichtlich gegen ihn vor. Der Prozeß begann unter schlechten Vorzeichen.

Es war Mels »letzter« Tag. Aber Mel hatte sein letztes Wort noch nicht gesprochen. Das Berufungsgericht wies die Ansprüche des Bundesstaates Florida zurück. Das Gesetz von 1906, auf das sich die Anklage berief, war auf die ATOCHA nicht anwendbar. Der Staat gelangte an den Obersten Gerichtshof. Mel hatte eine Schlacht, aber nicht den Krieg gewonnen.

Die Rettung kam von seiten eines Tauchers, der in Mels Konzession eingedrungen und die Überreste der MARGARITA gefunden hatte. Er hatte ein paar Dutzend Goldbarren heraufgeholt in der Absicht, sie sich anzueignen. Mel machte seine Ansprüche geltend und erwirkte die Rückgabe des Fundgutes. Er hatte wieder etwas Geld und konnte die unterbrochene Suche wiederaufnehmen. Er rüstete ein neues Schiff aus, das er die DAUNTLESS taufte – die Unverzagte – und das er im März 1985 seinem zweiten Sohn Kane anvertraute. Dieser nahm Kurs auf die Stelle, wo man die ATOCHA vermutete, und begann – zum wievielten Mal? – den Meeresgrund mit dem Magnetometer Zentimeter um Zentimeter abzusuchen, unermüdlich. Am Wochenende des Memorial Day – es war der 27. Mai – fand er eine große Menge Smaragde, darunter ein fünfzigkarätiger, der von einem Experten auf eine Million Dollar geschätzt wurde. Dann, am 20. Juli 1985, ankerte Kane in einer kleinen Bucht, die er bisher übersehen hatte. Die »Briefkästen« bliesen den Sand weg. Ein Taucher ging auf Tauchgang – und sah sich einer Wand aus Silberbarren gegenüber. Die Truhen mit den goldenen Reales warteten sorgfältig aneinandergereiht, daß man sie aus dem Wasser holte. Die Goldbarren wurden etwas später gefunden. Weitere riesige Smaragde funkelten wie Irrlichter auf dem Meeresgrund. Darunter ein außergewöhnlich reiner von sechzig Karat.

Mel holte über fünfzig Tonnen Silber ans Tageslicht, Truhen voller Gold und wertvoller Edelsteine. Es war der 20. Juli 1985, auf den Tag genau zehn Jahre nach der Tragödie, die seinem Sohn Dirk und dessen Frau das Leben gekostet hatte.

Mel Fishers Anteil betrug fünf Prozent des Gesamtwertes. Sein großer Tag war endlich gekommen.

[1] CHARROUX, Robert; französischer Schriftsteller, geb. 1909 im Departement Vienne (Frankreich). Seine Bücher, in denen er mutige avantgardistische Thesen vertritt, wurden weltweit übersetzt. Er war Humanist und Philosoph und beschäftigte sich intensiv mit vergleichender Menschheitsgeschichte. Er war eine Koryphäe auf dem Gebiet des Tauchsports, war Perlen- und Schwammfischer und einer der ersten, der sich mit wissenschaftlichen Methoden der Schatzsuche widmete. Er gründete zusammen mit Henry de Monfreid und Kapitän Tony Mangel, ebenfalls begeisterte Schatzsucher, den INTERNATIONALEN SCHATZSUCHER-KLUB. 1976 vertraute er Michel Bagnaud das Präsidium des Klubs an. Robert Charroux' Archiv, das Briefe und Dokumente aus der ganzen Welt enthält, ist einmalig in seiner Art. Dessen Studium und Auswertung wird zweifellos zur Entdeckung bedeutender Schätze auf allen Kontinenten führen.

[2] ROOSEVELT, Theodore; wurde 1901, nach der Ermordung von McKinley, in dessen Regierung er Unterstaatssekretär für die Marine gewesen war, zum amerikanischen Präsidenten gewählt und 1904 wiedergewählt. Er war Verfechter einer sehr restriktiven Außenpolitik, erhielt aber 1906 nichtsdestotrotz den Friedensnobelpreis. Er stammte aus einer holländischen Familie und war einer der großen Weltenbummler und Forschungsreisenden seiner Zeit.

[3] Casa de Contratación de Las Indias: 1503 von Juan Rodriguez de Fonseca gegründet mit dem Ziel, die Interessen der Spanischen Krone in den Kolonien der Neuen Welt zu wahren.

DIE KARIBIK – EIN ELDORADO

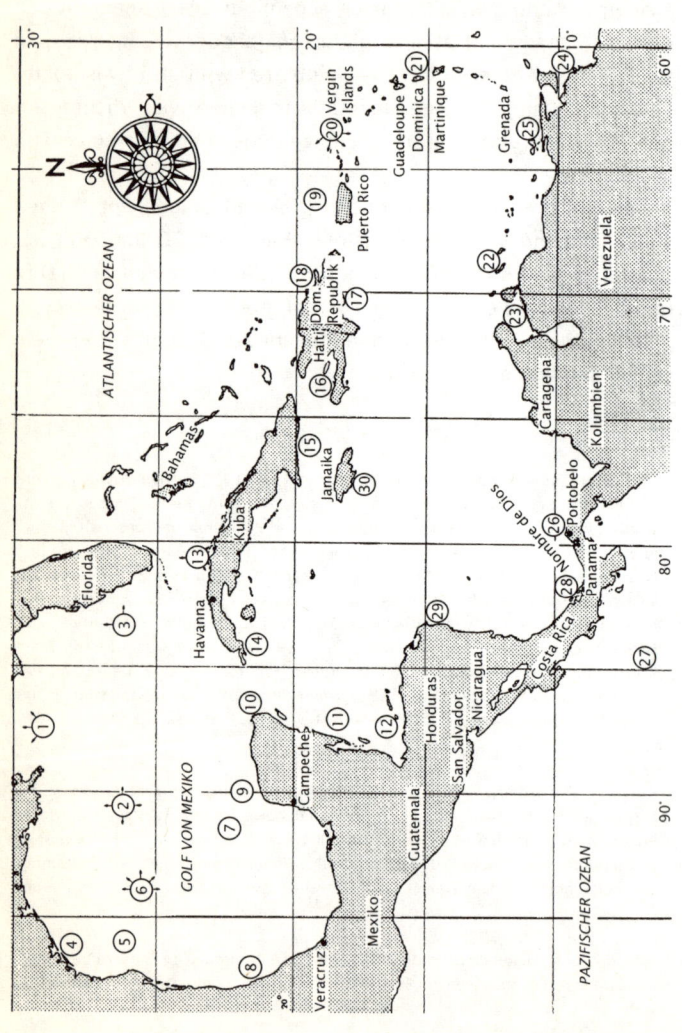

1. Sechzehn noch nicht identifizierte Schiffwracks.

2. Sieben gesunkene Schiffe, darunter die SAN ANTONIO, die CAZADOR, die ARDILLA und die CONCEPCIÓN.

3. Flotte des Tristan de Luna: sechs Schiffe und vier Schiffbrüche.

4. Der Schatz von Kaiser Maximilian soll im Treibsand der Galveston Bay begraben liegen.

5. Mehrere Galeonen: die CAPITANA (1552), die SAN ESTEBÁN, die SANTA MARIA DE ISASI, die ESPÍRITU SANTO.

6. Zwölf Schiffwracks, darunter die CAPITANA Diego de Riveras, die SAN CRUCIFIJO, die SAN JORGE, die SAN CRISTÓBAL.

7. Zehn Galeonen, darunter die SANTIAGO, die SAINT BAPTISTE, die SANTO CRISTO DE MARACAIBO, die CALGO ...

8. Hafen von Veracruz, wo mindestens dreißig Galeonen im Schlamm oder in der Nähe der Klippen an der Einfahrt des alten Hafens liegen.

9. Zwölf Galeonen, darunter die SANTA MARTA und die IFIGENI.

10. Die ALTAMIRANTA (1579) und der Großteil der Armada von 1851.

11. Hier sank die OXFORD mit über einer Tonne Gold an Bord.

12. H.M.S. LEVIATHAN.

13. Rund hundert Schiffbrüche, darunter die Karavelle SANTA MARÍA DE LA ISLA.

14. Sechzig Schiffbrüche, darunter die vier Galeonen von Admiral de Las Roeles (1563).

15. Wrack der Fregatte LIGERA.

16. Zwei mit Gold beladene Karavellen sind hier an den Klippen zerschellt.

17. Die *Flota de Oro* von 1553.

18. Sechs Galeonen, darunter die SAN MIGUEL und die *Flota de Plata* von 1724.

19. Acht Galeonen, darunter die CARLOS V.

20. Hundertfünfzig Schiffbrüche, darunter die Galeone JUAN DE ARIZÓN.

21. Das Admiralsschiff der *Flota de Oro* von 1603.

22. Die SAN PEDRO DE ALCANTARA. An dieser Stelle wurden 78 Schiffbrüche registriert.

23. Verschiedene Havarien und Schiffsbrände in der Bucht von Maracaibo.

24. Die *Flota de Oro* von 1572 unter General Cristobál de Eraso.

25. Die *Flota de Oro* von 1605 unter General de Córdoba.

26. Die SAN JOSÉ, die SAN ROSARIO und weitere 23 Schiffe.

27. Der Schatz der Kokosinsel.

28. Sieben Schiffe der *Flota de Oro* von 1563 unter Antonio de Aguayo.

29. Siebzehn im 17. Jhdt. in Seenot geratene Schiffe.

30. Die von einem Erdbeben zerstörte Stadt Port-Royal und verschiedene Piratenschätze.

FLORIDAS KÜSTENSCHÄTZE

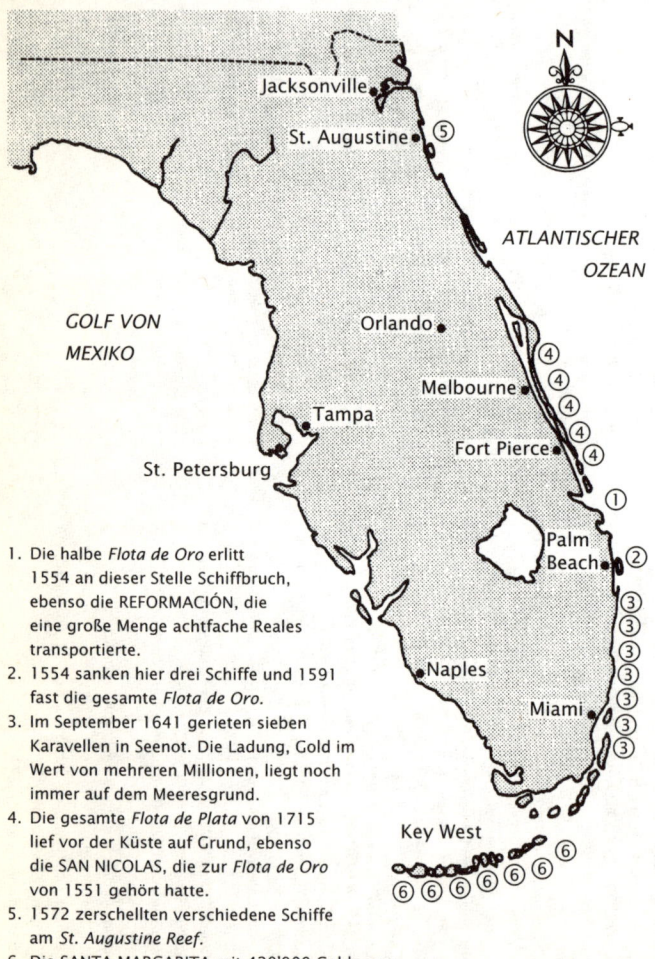

GOLF VON
MEXIKO

ATLANTISCHER
OZEAN

1. Die halbe *Flota de Oro* erlitt
   1554 an dieser Stelle Schiffbruch,
   ebenso die REFORMACIÓN, die
   eine große Menge achtfache Reales
   transportierte.
2. 1554 sanken hier drei Schiffe und 1591
   fast die gesamte *Flota de Oro*.
3. Im September 1641 gerieten sieben
   Karavellen in Seenot. Die Ladung, Gold im
   Wert von mehreren Millionen, liegt noch
   immer auf dem Meeresgrund.
4. Die gesamte *Flota de Plata* von 1715
   lief vor der Küste auf Grund, ebenso
   die SAN NICOLAS, die zur *Flota de Oro*
   von 1551 gehört hatte.
5. 1572 zerschellten verschiedene Schiffe
   am *St. Augustine Reef.*
6. Die SANTA MARGARITA mit 420'000 Goldpesos
   an Bord soll hier Schiffbruch erlitten haben.

PORTRÄTGALERIE BERÜHMTER PIRATEN UND SEEFAHRER

Michel der BASKE; französischer Pirat, der im Verband mit anderen Freibeutern an den Überfällen auf verschiedene spanische Städte teilnahm.

Stede BONNET; englischer Pirat; er hatte sein Hauptquartier auf Barbados aufgeschlagen, von wo aus er seine Operationen leitete. Daniel Defoe schreibt in seiner *HISTORY OF THE MOST NOTORIOUS PYRATES,* Bonnet sei Seeräuber geworden, um sich seinem *bösen Ehegespons* zu entziehen. Er wurde trotz seiner öffentlichen Reue 1718 in White Point hingerichtet.

Kapitän BROWN; berüchtigter Flibustier; 1718 ließ er sich in New Providence auf den Bahamas nieder, wo er vom König begnadigt wurde. Später bekehrte er sich zum katholischen Glauben und bekämpfte die auf der Insel Jamaika angesiedelten Engländer.

Roc der BRASILIANER; berühmter Pirat, auf dessen Konto viele Plünderungen gehen.

Edward COOK; er verbündete sich 1680 mit den Piraten Sharp und Sawkins, überfiel Porto Bello und erbeutete eine große Menge Gold. Auf seiner roten, gelbumrandeten Flagge prangte ein säbelbewaffneter Arm. Er wurde schließlich von seiner eigenen Mannschaft abgesetzt; Kapitän Cox übernahm das Kommando des Schiffes. Nicht zu verwechseln mit seinem Diener William Cook, der ihn an die Spanier verraten wollte. Er hat ebensowenig mit dem berühmten Seefahrer James Cook gemein, der dreimal die Welt umsegelte und 1779 von den Bewohnern der Insel Hawaii ermordet und gefressen wurde. Sein Namensvetter John Cook gehörte zur Besatzung Dampiers und Cowleys.

Kapitän COWLEY; Flibustier und ein hochgebildeter Mann; er wählte die Piratenlaufbahn, um sich für die Treulosigkeit der Frauen zu rächen. Seine notorische Grausamkeit ließ in den drei Jahren seiner abenteuerlichen Seefahrten manchen Piraten erzittern. Nach einem Feldzug entlang der chinesischen Küste meuterte die Besatzung seines Schiffes und setzte ihn auf der Insel Java aus. Am 12. Oktober 1686 traf Kapitän Cowley nach einer mühsamen und abenteuerlichen Reise wieder in London ein.

William DAMPIER; berühmter englischer Seefahrer, Abenteurer und Südsee-Forscher, der sich 1679 der Piraterie zuwandte. Er nahm zusammen mit vier ehemaligen Offizieren – Henry Morgans, Richard Sawkins, John Cox und Barholomew Sharp – und einer Besatzung von fünfhundert Mann die Stadt Porto Bello ein und plünderte Panama. Nach langen abenteuerlichen Jahren zur See veröffentlichte er in London seine Erinnerungen, *NEW VOYAGE ROUND THE WORLD* (dt. 1783). Dampier, der ein guter Seemann, aber ein schlechter Kapitän war, strandete mit Kapitän Stradling und Alexander Selkirk (Daniel Defoes Robinson Crusoe) auf der Insel Juan Fernandez; er war der erste englische Seefahrer, der mit einem einzigen Schiff die Welt umsegelte. William Dampier starb 1715 friedlich im Alter von dreiundsechzig Jahren in England.

Alexander Olivier EXMELIN (Exquemelin oder Oexmelin); Flibustier französischer Abstammung, Seefahrer und Abenteurer; er veröffentlichte 1678 seine Memoiren und enthüllte in seinem Buch das Leben und die Schandtaten vieler Flibustiere, mit denen er Handel getrieben hatte. Sein umfassendes zweibändiges Werk *DE AMERICAENSCHE ZEEROOVERS* (dt. 1926 erschienen) ist ein einmaliges Zeitdokument.

Laurent de GRAAF; Flibustier und Kapitän der NEPTUN, die zweihundertzehn Piraten und fünfundfünfzig Kanonen an Bord hatte. Er verbreitete im 17. Jhdt. längs der westindischen Küsten Angst und Schrecken.

Bennet GRAHAME; englischer Seeoffizier und später Pirat. Kämpfte bei der Schlacht von Trafalgar an der Seite von Admiral Nelson. Er ließ auf der Kokosinsel neben einem Wasserfall einen über zehn Meter langen Tunnel bauen, wo er seinen sagenhaften Schatz (darunter über zweiundsiebzig Tonnen Gold) versteckte. Ich ortete 1990 an jener Stelle mit dem Detektor eindeutig Metall, was mehr oder weniger realistischen Spekulationen Tür und Tor öffnete.

Kapitän GRAMMONT; französischer Adliger und einer der berühmtesten Bukaniere seiner Zeit. Er trat zuerst als Offizier in die Marine ein, kaperte ein holländisches Handelsschiff, das vierzigtausend Pfund Sterling an Bord hatte. Nachdem er in Curaçao an der Seite der Flotte von Admiral D'Estrée gekämpft hatte, erlitt er vor der Insel Aves in der Karibischen See Schiffbruch. 1686 wurde er für seine Heldentaten im Dienste der Krone zum Ritter geschlagen.

JENNINGS; wurde aus Abenteuerlust Flibustier; er wurde von seinen Gefährten sehr geschätzt, die ihn 1717 zum Sprecher wählten, als es darum ging, von König Georg II. von England begnadigt zu werden.

William KIDD; britischer Pirat. Er wurde 1695 nach Westindien geschickt mit dem Auftrag, gegen die Flibustiere vorzugehen. Kidd wurde selbst zum Seeräuber; er wurde in New York gefangengenommen, von wo aus er ein Gnadengesuch an den König gestellt hatte – doch vergeblich: er wurde nach London zurückgeschickt, wo er gehängt wurde. Sein angeblich verborgener Schatz hat zu den wildesten Spekulationen Anlaß gegeben.

William KNIGHT; gefürchteter Bukanier, der sich mit anderen berühmten Piraten wie Swan, Towley und Davis zusammentat. Er suchte die Küsten Perus und Chiles heim, bezwang die gefährliche Seeroute um das Kap Hoorn, um nach Westindien zu gelangen.

Raveneau de LUSSAN; französischer Flibustier; stammte aus einer vornehmen Familie; er nahm an den meisten großen Raubzügen des goldenen Zeitalters der Seepiraterie teil und beschrieb 1684 in seinem *JOURNAL DU VOYAGE FAIT À LA MER DU SUD AVEC LES FLIBUSTIERS DE L'AMÉRIQUE EN 1684* die Untaten seiner Gefährten. Er war ein berühmter Frauenheld und verliebte sich immer wieder in seine weiblichen spanischen Gefangenen oder in junge Witwen, die seine Gunst glühend erwiderten.

Robert MAYNARD; englischer Seeoffizier; Maynard brachte am 22. November 1718 den berüchtigten Kapitän Edward Teach genannt »Schwarzbart« um.

MONTBARS der RÄCHER; stammte aus der Languedoc, hatte sein Hauptquartier in Saint Bartholomew, wohin er die spanischen Gefangenen bringen ließ, um sie eigenhändig hinzurichten. Er hatte sich vorgenommen, sich an den Spaniern für die an den Indianern ausgeübten Grausamkeiten zu rächen. Sein Schatz wurde nie gefunden.

Sir Henry MORGAN; westindischer Piratenkapitän; leitete jahrzehntelang die Strafexpeditionen der von England finanzierten Flibustiere gegen die spanischen Kolonien in der Karibik und an der mittelamerikanischen Küste; 1672 brandschatzte er die Stadt Panama. Als er selbst zum Gouverneur von Jamaica ernannt wurde, verfolgte er die Flibustiere mit unerbittlicher Härte.

Jean-David NAU genannt l'Olonnais (auch Francis Nau); französischer Pirat, gefürchtet wegen seiner Grausamkeit; er fand im Golf von Darien (im Perlen-Archipel vor der Küste Panamas) den Tod, wo er von karibischen Indianern zerstückelt und gefressen wurde.

Pierre LE PICARD (auch unter dem Namen Pierre Le Grand bekannt); geboren in Dieppe in der Normandie. Nachdem er selbst das Opfer einiger Überfälle geworden war, wurde er unter den Flibustieren seiner Zeit zu einer lebendigen Legende. Er fügte den Spaniern schmerzliche Niederlagen zu und raubte ihnen beträchtliche Mengen Gold und andere Kostbarkeiten. Pierre Le Picard war klug genug, sich rechtzeitig vom Geschäft zurückzuziehen, und verbrachte seinen Lebensabend friedlich und von seiner »Rente« zehrend in Frankreich. Der Großteil seines Schatzes ist nie gefunden worden.

SWAN; Kapitän der NICHOLAS; begegnete auf der Insel Juan Fernandez Kapitän Dampier und segelte mit ihm und einem neuen Schiff, THE CYGNET, um das Kap Hoorn in den Pazifik. Er wurde später von seiner Besatzung auf den Philippinen ausgesetzt, gelangte in einem erbarmungswürdigen Zustand nach Madagaskar und verschwand dann spurlos.

Edward TEACH genannt *SCHWARZBART;* wohl der grausamste Seeräuber aller Zeiten. Daniel Defoe schildert ihn in seiner *HISTORY OF THE MOST NOTORIOUS PYRATES* als fürchterliche Gestalt, die aus der Hölle gekommen sei, um auf den Meeren Angst und Schrecken zu verbreiten: *Sein Bart war pechschwarz, und er hatte ihn bis zu den Knien wachsen lassen; das Haar fiel ihm in die Augen, er pflegte es in kleine Zöpfe zu flechten und zu Schnecken zu rollen; während der Schlachten befestigte er zwei brennende Fackeln an der Krempe seines Hutes, die sein finsteres Gesicht unheimlich beleuchteten.* Kurz bevor er ermordet wurde, hatte Schwarzbart erklärt, *daß nur er und der Teufel das Versteck kannten, und nur wer von ihnen beiden länger lebte, werde ihn besitzen.*

Kapitän TRISTAN; französischer Bukanier; begleitete nach einer erfolgreichen Kampagne im Pazifik Kapitän Dampier und Kapitän Sharp durch den Golf von Darien.

Nicholas VAN HORN; holländischer Flibustier, der seine Zelte auf der Insel Hispaniola aufgeschlagen hatte (heute Haiti und die Dominikanische Republik). Er verbündete sich mit sechs anderen Flibustieren, um Veracruz einzunehmen. Seine Beute bestand aus viertausend achtfachen Reales. Er starb an Wundbrand. Van Horn war ursprünglich vom Gouverneur von Hispaniola bezahlt worden, damit er Jagd auf die Piraten machte, die die Küsten verunsicherten.

Lionel WAFER; Schiffsarzt und Bukanier; wurde um 1660 geboren. Er segelte mit berühmten Piraten wie Linch, Cook und Sharp und begleitete Dampier in die Südsee. 1699 veröffentlichte er in London ein Buch über seine Seereisen, *UN NOUVEAU VOYAGE ET UNE DESCRIPTION DE L'ISTHME DE L'AMÉRIQUE ET LIEUX FRÉQUENTÉS PAR L'AUTEUR,* das er mit abenteuerlichen Kupferstichen illustrieren ließ. Darin beschreibt er minutiös die Fauna und Flora der tropischen Länder, die er in seinem langen Leben zusammen mit Bukanieren und Freibeutern bereist hatte. Er wurde schließlich vom König begnadigt und beschloß seine Tage in Philadelphia.

[Flibustiere; westindische Seeräuber im 17. Jhdt., so benannt nach ihren leichten, schnellen Schiffen (*flibots* bzw. *flyboats*).
Amerikanische Abenteurer, die im 19. Jhdt. in den benachbarten lateinamerikanischen Ländern Revolutionen auslösen wollten, nannten sich ebenfalls Flibustiere.
Die Flibustiere ließen sich auf der Insel Hispaniola nieder, wo sie die zahlreichen wilden Rinder jagten – und ausrotteten – und mit dem getrockneten Fleisch und den Häuten Handel trieben. Daher die Bezeichnung *Bukanier* von *boucanieren,* der bei den Indianern Nord- und Südamerikas gebräuchlichen Art der Fleischkonservierung.
Pirat ist der Oberbegriff für Seeräuber und Meeresabenteurer.]

DIE FLAGGEN DER GEFÜRCHTETSTEN FLIBUSTIERE

Jeder Piratenkapitän hatte seine eigene Flagge, damit die Seefahrer gleich wußten, mit wem sie es zu tun hatten. Man bediente sich beim Entern zweier Flaggen: einer schwarzen und einer roten. Solange die schwarze Flagge gehißt war, konnte man zum Feind hinüberwechseln und so sein Leben retten. Wenn die Kämpfe länger andauerten, zog der Angreifer die rote Flagge hoch, was bedeutete, daß keinerlei Rücksicht auf Gefangene oder Verletzte genommen wurde. Blieb nur noch, sich mit dem Mut der Verzweiflung bis aufs Blut zu schlagen.

TOMAS LEW

STEDE BONNET

BARTHOLOMEW ROBERTS

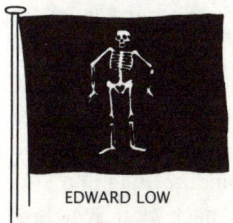

EDWARD LOW

EDWARD ENGLAND

BLACKBEARD

JACK RACKAM

DIE GEHEIMNISSE DER KOKOSINSEL

Wer eine Insel sucht, die sozusagen aus Piratenschätzen besteht, der findet sie im Pazifischen Ozean in 5° 33' 01.3" nördlicher Breite und 87° 02' 41.7" westlicher Länge, etwa sechshundert Kilometer von der Küste Costa Ricas entfernt, eines kleinen, friedlichen Landes in Zentralamerika. Ohne Radar oder andere moderne, satellitengesteuerte Instrumente ist sie nicht leicht zu finden, denn sie ist ständig in eine dichte Wolkenschicht gehüllt. Generationen von erfahrenen Seeleuten sind an ihr vorbeigefahren, ohne sie zu sehen. Doch wenn sie vor einem auftaucht, glaubt man sich in die Kindheit zurückversetzt, als man mit heißen Ohren den Spuren Long John Silvers folgte, Stevensons Pirat mit dem Holzbein und dem weichen Herzen, oder Edgar Allan Poes Goldkäfer: Ein tiefgrüner, abgeflachter Kegel, von dessen Höhe Wasserfälle wie silberne Mähnen ins Meer stürzen. Mit ihren zwei Buchten wirkt sie vom Flugzeug aus wie der Totenschädel auf der berüchtigten Jolly Rogers, der Angst und Schrecken verbreitenden Piratenflagge zur Zeit der Flibustiere, wie ein leicht plattgedrückter Kopf ohne Unterkiefer. Die Insel liegt abseits der stark befahrenen Seerouten; für Piraten, die sich nach einem erfolgreichen Überfall ein bißchen erholen wollten, bot sie daher einen idealen Unterschlupf, denn vitaminreiche Kokosnüsse, Wild und Süßwasser sind in Hülle und Fülle vorhanden. Die Ziegen und Schweine, die nach alter Seefahrertradition auf der Insel ausgesetzt wurden, haben sich in der jungfräulichen Natur üppig vermehrt. In den verborgenen Buchten ließen sich zudem die in einer blutigen Schlacht havarierten Schiffe in aller Ruhe überholen und kalfatern. 1685 vergruben die Piraten John Davis und Lionel Wafer ihre beträchtlichen Schätze auf der Insel, und später auch Bennet Grahame, der fahnenflüchtige britische Kapitän Seiner Königlichen Majestät, der unter den Pseudonymen Bonito Benitez, Don Pedro oder »die Blutige Säbelklinge« meeresweite Berühmtheit erlangte, sowie Kapitän Thompson, der erfolgreichste von allen, dem niemand ein abenteuerliches Seeräuberschicksal vorausgesagt hätte. Pessimisten behaupten, auf der Insel lägen Schätze im Wert von über zweihundert Milliarden Dollar! Natürlich profitierte keiner der Piraten von dem angehäuften Reichtum, aber alle waren vor ihrem Tod – meistens am Galgen – eifrig bestrebt, der Nachwelt ausführliche Angaben über komplizierte Verstecke zu hinterlassen.

Jede Menge Landkarten, geheimnisvoller Kryptogramme, hinterher erstellter Pläne und Informationen vom Hörensagen sind im Umlauf und haben dazu beigetragen, aus dieser Insel das Mekka der Schatzsucher zu machen. Seinen Namen auf einer Klippe dieses vergangenheitsträchtigen Eilands einzuritzen, ist das zweite, leicht zu bewerkstelligende Ziel eines jeden Schatzsuchers; das erste Ziel hingegen, etwas zu finden und spurlos zu verschwinden, ist etwas schwieriger zu erreichen. Angesichts der vielen Inschriften fühlt man sich fast ein bißchen beschämt, wenn man an die Tausenden denkt, die die Gefahren des Ozeans auf sich genommen haben, um Blut und Tränen schwitzend auf einer ungastlichen Insel zu graben. In jenen Breitengraden regnet es während zehn von zwölf Monaten vierundzwanzig Stunden am Tag; Verderbliches fault innerhalb kurzer Zeit. Nach spätestens fünf Tagen ist man mit Pilzen und Flechten bewachsen.

Die Insel hatte Franklin Delano Roosevelt, den nachmaligen Präsidenten der Vereinigten Staaten, beschäftigt, den Autorennfahrer Malcolm Campell, den berühmten Piloten des Blue Bird, eines Testwagens, der damals der schnellste der Welt war, und natürlich auch die allgegenwärtige Mannschaft Jacques Cousteaus im Zeichen der CALYPSO. Alle hatten gesucht, gewühlt, durchgekämmt, hatten sich geschworen, einen Schatz zu finden – nur einen! –, und hatten schließlich aufgegeben. In Anbetracht des Dollaraufwandes ein reines Verlustgeschäft. Viele hatten am eigenen Leib bitter erfahren müssen, daß die kleine, nichtssagende Insel (sie ist knapp vier Kilometer breit und sieben Kilometer lang und wirkt auf dem Papier winzig) aus lauter unbezwingbaren

Hindernissen besteht: steilen Felswänden, einer wuchernden, undurchdringlichen Vegetation, giftigen Ameisen und einem Dauerregen, der nur im Januar und im Februar nachläßt, dem besten Zeitpunkt für eine Expedition.

Der Ruf dieser Insel ist so unwiderstehlich, daß viele meiner Leser mich immer wieder baten, doch eine Expedition zu organisieren, und zwar je schneller, desto besser. Ich wurde von jungen Schatzsuchern bestürmt, die nach dem Wehrdienst zu etwas Geld kommen wollten, um auf eigene Faust arbeiten zu können. Daß sie keine hohe Teilnehmergebühr bezahlen konnten, lag auf der Hand. Ich schlug ihnen daher einen Handel vor: Fahrkarte gegen Neuabonnenten. Um auf meine Kosten zu kommen, hatte ich einen Minimalansatz von zweihundertfünfzig Abonnements festgelegt, die innerhalb einer bestimmten Frist geworben werden mußten, wollte man sich für den Posten des Expeditionskochs, des Manns für alles oder sonst um ein Amt bewerben. Meine Zeitschrift erschien zwar nur sporadisch, aber meine Bilanz war einigermaßen ausgewogen, denn mein »Schatzconsulting« lief recht gut. Die Abonnentenzahl entwickelte sich zufriedenstellend, und es gab Tage, an denen Sylvie, meine damalige Mitarbeiterin, schimpfte, sie tue nichts anderes, als Schecks auf die Bank bringen oder komplette Jahrgänge unserer Zeitschrift verschicken, die wir zu einem stattlichen Preis nachlieferten.

Durch unsere Erfolge ermutigt, gründeten wir einen SCHATZSUCHER-KLUB 2; der Großteil der Mitgesellschafter setzte sich aus Abonnenten zusammen. Mit Hilfe zweier Mitarbeiter, die Jura studierten, setzten wir einen Vertrag bzw. eine Vereinbarung auf, die den Verteilungsmodus für eventuelle Schatzfunde festlegte. Alle an der »Neuen Gesellschaft zum Zwecke gemeinsamer Schatzexpeditionen« beteiligten mußten das Papier vor der Abreise unterzeichnen. Ich lud die künftigen Expeditionsteilnehmer in ein historisches Lokal in der Nähe der Champs-Élysées ein und forderte sie auf, sich einzeln kurz vorzustellen und zu bestätigen, daß sie bereit waren, durch dick und dünn zusammenzuhalten.

In der Vereinbarung wurde zudem festgehalten, daß die Leitung der Expedition mir übertragen wurde und daß ich im Fall eines Fundes Anspruch auf drei Anteile hatte: einen für mich als Kapitän und Organisator, einen für die Redaktion der Zeitschrift, den dritten als Entschädigung für vorangehende, erfolglose Gruppen. Schätze von großem historischem Wert würden unter Berücksichtigung der in Costa Rica geltenden gesetzlichen Bestimmungen aufgeteilt werden. Kleinere, unbedeutendere Piratenschätze standen vollumfänglich dem glücklichen Finder zu, was sehr wichtig war für die Förderung der persönlichen Initiative. Der Vormittag, vor allem die Zeit der Morgenebbe, würde der kollektiven Suche gewidmet sein, der Nachmittag stand zu freier Verfügung – es sei denn, ein wichtiger Fund erfordere den Einsatz aller Expeditionsteilnehmer. Jean-Pierre übernahm das Amt des Expeditionskochs, Albert das des Maats, wobei auch das Geschirrspülen zu ihren Aufgaben gehörte. Sie hatten Anrecht auf einen gleich großen Teil eventueller Funde, obwohl sie nicht gleich viel bezahlt hatten; aber es sollte sich niemand benachteiligt fühlen, das war für das gegenseitige Einvernehmen sehr wichtig. Das Protokoll wurde auf Pergament gedruckt, und jeder bekam einen Abzug, den er einrahmen und über das Bett hängen konnte. Der Preis für die Teilnahme an der Expedition betrug dreißigtausend Franc pro Person; inbegriffen waren das Flugticket, die Verpflegung und das Chartern eines Schiffes. Der Betrag mag hoch erscheinen, doch in Anbetracht der im pazifischen Raum üblichen Preise (für ein Schiff bezahlt man mehrere tausend Franc je Tag), war die Gewinnspanne sehr gering. Ich hatte äußerst knapp gerechnet, denn ich war überzeugt, daß es auf der Insel jede Menge Schätze gab. Wenn nur meine Kosten gedeckt waren, mehr verlangte ich nicht.

Albert hatte sich bei seiner Akquisitionstätigkeit als sehr geschäftstüchtig erwiesen, und da er zudem auch noch Spanisch sprach, betraute ich ihn mit der Aufgabe, ein Schiff mit zehn Kojen zu einem vernünftigen Preis aufzutreiben, möglichst für den ganzen Monat Februar. Er konnte bei einem meiner Freunde auf Contadora wohnen, einer paradiesischen Insel im Golf von Panama, einem beliebten Yachthafen für Millionäre. Er würde dort bestimmt ein geeignetes Schiff finden, denn es kam immer wieder vor, daß jemand den letzten Cent beim Roulette verlor – das dortige Spielkasino war weiterum berühmt – und froh war, wenigstens die Reede bezahlen zu können.

Die Insel Contadora war vom starken Mann Panamas, General Omar Torrijos, als Residenz gewählt worden. Die Panamaer verehrten ihn als den »Vater der Nation«, weil er es gewagt hatte, den Amerikanern die Stirn zu bieten. Auf der Insel herrschte seither ein reger Yachtverkehr mit prominenten Gästen aus aller Welt. Resa Pahlawi, der Schah von Persien, zog sich dort in den Ruhestand zurück, was den internationalen Ruf der Insel untermauerte. Mit fünfzehntausend Dollar in Travellerschecks in der Tasche würde Albert bestimmt ein Schiff finden. Die offizielle – fiktive – Währung Panamas ist die Balboa, bezahlt wird aber in amerikanischen Dollar.

Von Panama aus sind es rund tausend Kilometer bis zur Kokosinsel, weiter also als von Golfito in Costa Rica aus. Da wir die Neugierde der costaricanischen Nationalgarde nicht auf uns lenken wollten – wir hätten sonst den Sold eines Begleittrupps berappen müssen, den das Gesetz einem aufzwingt –, hielten wir es für klüger, die längere Route zu wählen. Je weniger Zeugen, desto besser. Einen Monat später reiste Albert mit meinen Dollar und unseren Hoffnungen im Gepäck nach Panama. Die Expeditionsteilnehmer begleiteten ihn vollzählig mit erwartungsfroh glänzenden Augen zum Flughafen, denn – kein Schiff, keine Schatzinsel.

Ich verteilte einen vervielfältigten Plan, auf dem die Lage der verschiedenen Schätze eingetragen war; jeder konnte ihn zu Hause in aller Ruhe studieren und eine persönliche Strategie festlegen. Um die Erfolgschancen zu erhöhen, verlangte ich, daß man sich in die Mentalität eines Piraten versetzte, wie ein solcher dachte, in die Haut des Jägers schlüpfte, die wir übrigens nie hätten ablegen dürfen. Daß man versuchte, die letzten Minuten des schlaff an der Rahe baumelnden Bonito Benitez' zu rekonstruieren, die Verblüffung des guten Kapitän Thompsons nachzuempfinden, als er im Morgengrauen vom schrecklichen Massaker erfuhr, das aus ihm einen Piraten machen sollte.

Bennet Grahame genannt Bonito Benitez, »die Blutige Säbelklinge«, war bis 1815 ein ergebener Diener der Krone gewesen. Er befehligte auf einer langen Mission im Pazifik die Brigg H.M.S. DEVONSHIRE und hatte Admiral Horatio Nelson treu gedient, der am 21. Oktober 1805 in der Schlacht bei Trafalgar zwar umgekommen war, aber dennoch die Franzosen und Spanier besiegt und England die Herrschaft über die Weltmeere gesichert hatte. Die letzten Worte britischer Glorie hatten sich Grahame für immer eingeprägt: *England expects every man to do his duty* – und seither verfolgte er die Spanier mit unerbittlichem Haß.

Ein paar Jahre später erwarb er das englische Sklavenschiff LIGHTNING, das er in EL RELÁMPAGO – der Blitz – umbenannte. 1818 griff er zwei spanische Galeonen an, die goldbeladen von den Philippinen kamen; um den Kriegsschiffen zu entkommen, die hinter ihm her waren, flüchtete er sich auf die Kokosinsel, wo er seinen Schatz – über sieben Tonnen Gold – in einer Schlucht vergrub, in der Nähe eines kleinen Kokospalmenhains, zwischen zwei Wasserfällen, die man nur von einer vorgelagerten Klippe aus sehen konnte. *Wir haben den Schatz südlich der Mündung des Wasserlaufs vergraben, siebenhundert Fuß westlich, dreißig Fuß von einer Kokospalme entfernt, die wir mit einem B markiert haben.* Seine Verbündeten versteckten ihre Beute in Felshöhlen oder unter Felsblöcken auf dem Plateau. Kurze Zeit später wurden sie von englischen Schiffen gefangengenommen und ohne viel Federlesens an der Rahe gehängt. Mary jedoch, Bonitos Maitresse, wurde nach England gebracht, wo man sie ins Gefängnis sperrte und später nach Tasmanien deportierte. Sie war beim Vergraben des Schatzes dabeigewesen und erinnerte sich aufs genauste an die Stelle: zwischen zwei Wasserfällen, direkt einer kleinen, zuckerhutförmigen Klippe gegenüber.

1854 ankerte das Dampfschiff FRANCIS L. STEEL auf der Kokosinsel. Es war von der Cocos Islands Prospecting Co. gechartert worden, die im Besitz von Main and Winchester war, millionenschweren Versicherungsmaklern aus San Francisco. Und an Bord waren, nebst einer Menge Pickel und Schaufeln, John Welch ... und seine Frau Mary, nun Mary Welch, achtundvierzig Jahre alt und eine unwiderstehliche Geschichtenerzählerin. Sie schwärmte von den alten Zeiten, als sie einen »richtigen« Mann gekannt habe, den berühmten Bennet Grahame, der sie auf sein Kriegsschiff entführt und sich, um ihr gefällig zu sein, auf das Plündern von spanischen Galeonen spezialisiert habe. O ja, sie erinnerte sich an die wunderbaren Tage auf der Kokosinsel, als sei es erst gestern gewesen; die

Stelle, wo die Piraten einen Graben ausgehoben hatten, um das Gold und die Juwelen der *Flota de Oro* zu verstecken, habe sich für immer in ihrer Erinnerung eingeprägt, sie würde sie jederzeit wiedererkennen. In Anbetracht eines solchen Goldsegens hatten die Versicherungsmagnaten keinerlei Mühe, für ihren *pool* Aktionäre zu finden, die sich geradezu prügelten, um sich an der Cocos Islands Prospecting Co. beteiligen zu dürfen. Es kommt in der Tat höchst selten vor, daß man sich bei der Suche nach einem Schatz von so gewaltigem Ausmaß auf einen Augenzeugen stützen kann. Als sie nun aber an Ort und Stelle waren, erkannte Mary nichts mehr, weder die Wasserfälle – es waren mittlerweile mindestens zweihundert, die alle genau gleich aussahen – noch die zuckerhutförmige Klippe, denn auch die hatte sich vermehrt. Die einst so zahlreichen Kokospalmen waren verschwunden, vom Wind entwurzelt oder vor Altersschwäche gestorben. Die tropische Landschaft hatte sich in den dreißig Jahren vollkommen verändert. Die Erinnerung kann einem bekanntlich üble Streiche spielen, bauscht unbedeutende Einzelheiten auf und radiert nach und nach die unerschütterlichsten Überzeugungen aus. Entwurzelte Bäume hatten natürliche Dämme gebildet und die Wasserläufe umgeleitet, neue Wasserfälle waren entstanden, die alten waren versiegt, und das wuchernde Grün hatte das alte Flußbett verwischt. Mary ließ an verschiedenen Stellen graben, doch schließlich gaben die Versicherungsleute auf und segelten unverrichteter Dinge nach San Francisco zurück. Mary besuchte später mit jedem ihrer drei folgenden Ehemänner die Insel nochmals, aber sie konnte den richtigen Wasserfall einfach nicht mehr finden. Ihre konfusen Aussagen waren für uns dennoch nützlich, denn unsere hochempfindlichen Detektoren würden die große Menge Metall, die »die Blutige Säbelklinge« vergraben hatte, ganz bestimmt nicht übergehen.

Es gibt verschiedene Leute, die sich eingehend mit dem Schatz der Kokosinsel befaßt haben und die behaupten, nie auf Dokumente gestoßen zu sein, die die Verurteilung und Deportation der berühmten Mary Welch bestätigen. Sie ist übrigens auch in keinem Einwanderungsregister aufgeführt, was den Schluß nahelegt, daß sie die Geschichte mit Bonito schlicht erfunden hatte. Um ganz legal der Deportation nach Tasmanien zu entgehen, brauchte sie nur zu heiraten; sie war wahrscheinlich unter ihrem Mädchennamen verurteilt worden, und nur durch lange, geduldige Nachforschungen in englischen Archiven würde man vielleicht eine Antwort auf die Fragen finden, die Mary Welchs Identität betreffen. Sie hatte keinerlei schriftliche Dokumente über ihre Begegnung mit dem strammen Kapitän hinterlassen, und über die näheren Umstände ihrer Entführung war ebenfalls nichts bekannt. Bennet Grahame war ziemlich sicher mit einem anderen berüchtigten Piraten namens Don Pedro identisch; das einzige, was ich über seine Schandtaten hatte in Erfahrung bringen können, stammte aus der einschlägigen Schatzliteratur und nicht aus den englischen oder spanischen Seefahrtsannalen.

Thompsons Schatz – der Schatz von Lima, wie er häufig bezeichnet wird – ist bei weitem der umfangreichste. 1806: Südamerika erträgt das unmenschliche Joch der Spanier nicht länger; der Widerstand erwacht, überall bilden sich Unabhängigkeitsbewegungen. General San Martin befreit zuerst Chile, führt dann mit Hilfe von Admiral Thomas Lord Cochrane Peru in die Unabhängigkeit. Worauf ihm Simon Bolivar klipp und klar zu verstehen gibt, daß ein Libertador vollauf genügt, und sich anläßlich der Geheimkonferenz von Guayaquil im Jahre 1822 selbst zum Oberbefehlshaber aller republikanischen Armeen ernennt. 1824, nach der Schlacht von Ayacucho, werden die Spanier endgültig entmachtet.

Die herrschenden unruhigen Zeiten hatten den Küstenverkehr zwischen Callao, dem Hafen von Lima, und Panama zum Erliegen gebracht. Die Gelder und Juwelen häuften sich an, und 1821, als die Aufständischen vor den Toren Limas standen, saßen der Vize-König und die Jesuiten auf einem beträchtlichen Vermögen, mit dem sie nicht wußten, wohin. Die Schätze mußten in Sicherheit gebracht werden, schnellstens, was aber nur auf dem Seeweg möglich war; im Hafen von Callao lag jedoch keine einzige spanische Galeone mehr. Das einzige anständige Schiff war die MARY DEAR, die einem Schotten gehörte, einem Kapitän Thompson, der bei den Hafenbehörden einen ausgezeichneten Ruf genoß. Der Vize-König und die kirchlichen Würdenträger flehten ihn an, die

Schätze um Himmels willen an Bord zu nehmen und in sicherer Entfernung vor der Küste zu warten, bis die königstreuen Kräfte die Ordnung wiederhergestellt hätten oder bis ein spanisches Kriegsschiff die Fracht auf hoher See übernehme. Thompsons Besatzung bestand, wie bei Handelsschiffen üblich, aus dem Kapitän, dem ersten Offizier, einem Maat, einem Zahlmeister, einem Zimmermann, einem Koch und fünf in Bristol geheuerten Matrosen. Der erste Offizier, ein gewisser Forbes – er stammte aus einer alten schottischen Familie –, konnte angesichts der Juwelen, Golddublonen und Edelsteine, die die reichen Limeños in die Frachträume der MARY DEAR kippten, der Versuchung nicht widerstehen; er nutzte eine kurze Abwesenheit des Kapitäns, um die Besatzung aufzuwiegeln, versprach seinen Gefährten einen Teil der Beute, wenn sie ihm helfen würden, sich der Ladung zu bemächtigen. Das Dutzend bewaffnete Soldaten, die man mit ein paar Priestern an Bord zurückgelassen hatte, würden keinen großen Widerstand leisten, vor allem nachts, wenn das Schiff die Küstengewässer hinter sich gelassen hatte ... man brauchte ihnen bloß die Gurgel durchzuschneiden. Der erste Offizier übernahm es, den »guten Kapitän« zu überreden, denn man war im Pazifischen Ozean auf seine Seefahrtskenntnisse angewiesen. Als Thompson am frühen Morgen aufwachte und glaubte, ein kaltes Messer an der Kehle zu spüren, leistete er, wie erwartet, keinen Widerstand.

Thompson war entsetzt beim Anblick des blutüberströmten Decks und konnte nur noch von der schrecklichen Tatsache Kenntnis nehmen, daß sämtliche Passagiere am Abend vorher kurzerhand über Bord geworfen worden waren. Wenn er dem Galgen entgehen wollte, blieb ihm nur eins übrig: sich sofort aus dem Staub zu machen, denn es war nicht auszudenken, was passieren würde, wenn ein königstreues Schiff oder eines der Aufständischen sie aufgreifen und Rechenschaft verlangen sollte. Sein erster Offizier hatte sich bereits einen Plan zurechtgelegt, mit ein bißchen Glück würden sie es vielleicht schaffen. Sie mußten den Schatz so schnell wie möglich vergraben, das Schiff anzünden, es versenken, irgendwie an die Küste Kaliforniens oder Mexikos gelangen und dort zu Protokoll geben, sie seien die einzigen Überlebenden. Thompson machte sich wohl keine allzu großen Hoffnungen; die Leichen waren in der Zwischenzeit bestimmt an Land geschwemmt worden und längs der südamerikanischen Küste würde man bereits nach ihnen Ausschau halten. Hochseepiraterie wurde in allen Ländern der Welt mit Tod durch Erhängen bestraft. Sie steuerten also die nächstgelegene und unzugänglichste Insel weit und breit an – die Kokosinsel. Eine Woche später warfen sie die Anker, hoben mitten in einer Bucht einen Graben aus und versteckten die Ladung, die ein Dutzend Schaluppen gefüllt hätte: Kisten voller smaragd- und topazgeschmückter Reliquien, Dublonen, goldener und silberner Kandelaber, kostbarer Stickereien sowie eine Madonnastatue aus massivem Gold, die dreihundert Kilogramm wog und über und über mit riesigen, wasserklaren Smaragden verziert war. Diese minutiöse Liste ist der bürokratischen Präzision der kirchlichen Beamten zu verdanken, die ein Inventar der auf der MARY DEAR verschifften Reichtümer erstellt hatten. Einzig der Inhalt der eisernen Truhen der vornehmsten peruanischen Familien war nicht näher präzisiert, doch es ist anzunehmen, daß es sich dabei nicht um Glasklunker handelte. Tonnen von Gold und Edelsteinen lagen nun also in der Bucht und warteten geduldig darauf, exhumiert zu werden, wenn Gras über die Geschichte gewachsen sein würde.

Die Brigg lichtete die Anker, und noch bevor sie versenkt werden konnte, wurde sie von einem spanischen Kriegsschiff entdeckt, das sie bis nach Panama eskortierte. Dort machte man kurzen Prozeß: Die Besatzung wurde gehängt – mit Ausnahme von Thompson und seinem ersten Offizier, die ihre Haut durch das ihnen unsanft abgenommene Versprechen retteten, das Versteck des Schatzes preiszugeben. Sie wurden unter strengster Bewachung auf die Insel gebracht ... und tauchten im dichten Dschungel unter. Die sofort eingeleitete Verfolgung blieb erfolglos, die zwei waren wie vom Erdboden verschluckt. Nach zehn Tagen hatten die Soldaten vom unerträglichen Klima genug, das Schiff hißte die Segel, die Bordkanonen gaben ein paar warnende Schüsse auf den Dschungel ab. Ein paar Monate später legte ein englisches Walfangschiff an, nahm Süßwasser an Bord ... und zwei Männer, die behaupteten, Schiffbrüchige zu sein.

In Punta Arenas angelangt, starb der erste Offizier Forbes am Gelben Fieber. Kapitän William Thompson war nun der einzige Überlebende, der das schreckliche Geheimnis kannte. Er kehrte nie wieder auf die Kokosinsel zurück. Er hatte sich nach Kanada geflüchtet und war von einem gewissen John Keating auf Saint-Jean in Neufundland unter dramatischen Umständen aufgenommen worden. Thompson wußte wahrscheinlich, daß es mit ihm zu Ende ging, und hatte nicht mehr die Kraft gehabt, aus reiner Habgier eine so mühsame Expedition auf sich zu nehmen. Daß er aus lauter Dankbarkeit auf dem Totenbett John Keating seine herzzerreißende Geschichte zuflüsterte, ist nur verständlich; er vertraute ihm die Seekarte mit den Peillinien an, die direkt zum Schatz führten. 1844 beschloß Keating, zusammen mit einem Kollegen namens Boag nachzusehen, ob am »Geschwätz des Alten« vielleicht nicht doch etwas dran war. Er mietete ein Schiff, die EDGECOMBE, die unter dem Kommando von Kapitän Gault stand, fuhr um das Kap Hoorn und gelangte sechs Monate später zu der Insel. Sie fanden den Schatz auf Anhieb – und weckten bei der Besatzung böse Gelüste. Die Geschichte wiederholte sich. Keating und Boag konnten jedoch fliehen; sie hielten sich versteckt, bis die EDGECOMBE unter Böllerschüssen die Anker lichtete wie seinerzeit das spanische Kanonenboot. Die beiden mußten lange warten, bis endlich ein Schiff anlegte, und um sich die Zeit zu vertreiben, transportierten sie den Schatz in eine schwer zugängliche Grotte.

Doch wie in die zivilisierte Welt zurückkehren, ohne die Begierde der Menschen zu wecken? Sie bauten ein Floß ... und Boag verschwand unter nie geklärten Umständen. Keating war der einzige Zeuge des Vorfalls gewesen. Er sagte später aus, Boag sei ertrunken, in die Tiefe gezogen vom Gewicht der Münzen, die er auf sich getragen habe. Er kaufte sich einen Schoner, die RED GAUNTLET, kehrte ohne Begleitung auf die Kokosinsel zurück, holte sich einen Teil des Schatzes, nur gerade genug, um zu Hause ein blühendes Fischereiunternehmen aufzuziehen. Er starb 1822. Seine Witwe, eine attraktive Frau, erbte seine alten Papiere, heiratete kurze Zeit später einen Mann ihres Alters, einen gewissen Brennan, der schon bald eines natürlichen Todes starb. Die Witwe besaß nur einen Teil der Pläne, der andere war im Besitz des engsten Freundes ihres verstorbenen ersten Mannes, Kapitän Thomas Hackett. Der war aber in Panama am Gelben Fieber gestorben, hatte jedoch vorher die ihm anvertrauten Dokumente seinem jüngeren Bruder Fred übergeben. Marie Brennan – sie war mittlerweile über sechzig – war noch immer eine schöne Frau und konnte dank ihrem Charme Fred Hackett mühelos davon überzeugen, daß sie sich zusammentun und nach dem Schatz suchen müßten. Leider waren die alten Pläne und Skizzen sehr ungenau, sie konnten die von Keating angegebenen Geländemarken nicht finden. Auf der Insel trafen sie einen Deutschen namens August Gissler, der sich offenbar dort niedergelassen hatte. Enttäuscht, physisch, psychisch und finanziell erschöpft, überließen sie die Pläne dem Deutschen, der ihnen einen vertrauenerweckenden Eindruck gemacht hatte. Er solle an ihrer Stelle weitersuchen. Fred versprach, von Zeit zu Zeit vorbeizuschauen, um zu sehen, wie weit die Sache vorangeschritten sei, und falls nötig, seinen Teil und den der Witwe Brennan zu behändigen. August Gissler, ein deutscher Matrose, hielt sich über zwanzig Jahre auf der Insel auf und freundete sich während dieser Zeit mit zahlreichen Expeditionen an. Er starb 1935 in New York.

Doch es gab noch mehr Schätze, die ich auf der Kokosinsel zu finden hoffte. Den des berüchtigten Piraten Kapitän Davis zum Beispiel, Exmelin nennt ihn John, das englische *DICTIONARY OF NATIONAL BIOGRAPHY* hingegen Edward. 1683 war er Maat auf dem Schiff von William Cook gewesen. Er kaperte das Schiff des französischen Bukaniers Kapitän Tristan und überfiel damit eine dänische Kogge, aus der er sein Flaggschiff machte. Er taufte es BACHELOR'S DELIGHT – des Junggesellen Lust – und verunsicherte damit im Verband mit anderen berühmten Flibustieren wie Lionel Wafer, William Knight, Swan, Townley, Brown, Cowley und Dampier, dem berüchtigtsten von allen, die Meere, brandschatzte zahlreiche spanische Küstenstädte, plünderte noch mehr spanische Karavellen. Dann setzte er sich auf Jamaika zur wohlverdienten Ruhe, wo ihn König Jakob II. begnadigte, was ihm erlaubte, seine erbeuteten fünfzigtausend Goldpiaster in aller Ruhe auszugeben – zum heutigen Kurs ungefähr 300'000 DM, ohne Berücksichtigung der Kaufkraft und des numismatischen Wertes. Vierzehn Jahre lang hörte man nichts mehr von ihm, bis er am 24. Juli 1702 mit Kapitän Brown, zwanzig Scharfschützen und neunundsiebzig Mann die spanische Stadt Tolu in Kolumbien einnahm und in Brand steckte. Von seinem Erfolg ermutigt und von den Indianern unterstützt, griff er gnadenlos die Spanier an, nahm sie gefangen, folterte sie und metzelte sie nieder. Er »inspizierte« die Goldminen, konnte sie aber leider nicht zu seinen Zwecken nutzen. In den Pazifik, wo er schon zu Lebzeiten zu einer Legende geworden war, kehrte er nie zurück. Robert Charroux behauptet in einem seiner Bücher, Davis habe einen Teil seines Schatzes – nur die sperrigen Gegenstände – an der höchsten Stelle der Kokosinsel vergraben, die Truhe mit dem ihm zustehenden Anteil an Gold und Edelsteinen habe er jedoch immer an Bord behalten, ein immerhin ansehnliches Vermögen, der achte Teil der Beute. Der Rest wurde redlich nach den Gesetzen der Flibustiere aufgeteilt, und es ist anzunehmen, daß dieser oder jener so klug gewesen war, seinen Teil auf der Insel zu vergraben, bevor er zu neuen, ungewissen Abenteuern aufbrach. Der Franzose Ravenau de Lussan schreibt in seinem Bordbuch, daß sich sein Anteil nach vier Jahren Piraterie in der Südsee auf dreißigtausend Dublonen belaufen habe – was zweihundertzehn Kilogramm Gold entspricht –, die er gegen Perlen und Edelsteine eintauschen mußte, weil die Fracht zu schwer gewesen sei. Und auch die mußte er irgendwo in Sicherheit bringen, denn er befürchtete, daß er auf dem Rückweg von seinen Gefährten umgebracht werden könnte, die ihr Geld beim Spiel verloren hatten oder die wußten, daß sie nie mehr auf die Kokosinsel zurückkehren würden. Die Insel mußte geradezu gespickt sein mit vergessenen Schätzen. Es war anzunehmen, daß Davis' Kumpane dem Beispiel ihres Anführers gefolgt waren; die »sperrigen« Gegenstände würden für unsere Detektoren eine leichte Beute sein. Petrus Bergmann, ein belgischer Matrose, hatte in einer Felsspalte eine goldene, etwa fünfzig Zentimeter hohe Figur gefunden, die er 1929 für die Bagatelle von elftausend Dollar in New York an einen Antiquitätenhändler verkauft hatte. Er soll wiederholt auf die Insel zurückgekehrt sein, jedoch erfolglos.

August Gissler hatte offenbar nie etwas gefunden, wenigstens ist nichts darüber bekannt, war aber dennoch über zwanzig Jahre auf der Insel geblieben. Zu seiner Entlastung muß allerdings gesagt werden, daß er noch nicht über die Segnungen der modernen Elektronik verfügte; hätte er einen anständigen Metalldetektor gehabt, hätte er in Anbetracht seiner sprichwörtlichen Hartnäckigkeit vermutlich mehr gefunden als die paar zufällig aufgelesenen Goldmünzen.

Ein Mitglied des INTERNATIONALEN SCHATZSUCHER-KLUBS war im Besitz von Gisslers Plänen und hatte sie mir geliehen. Die Unterlagen, auf die wir uns stützten, stammten direkt von Keating, der bekanntlich bereits ein bißchen im unermeßlichen Schatz gewühlt hatte, ohne ihn jedoch merklich abzutragen. Meine Reisegefährten jubelten: Unsere Metalldetektoren würden weit effizienter sein als hundert Deutsche zusammen. Ich jedoch studierte das Leben und die Papiere August Gisslers mit größter Aufmerksamkeit. Er war der einzige, der die direkten Nachfahren von Thompson, von Kapitän Hacket und die Witwe Keating gekannt und als offizieller Gouverneur der Kokosinsel Dutzende von Expeditionen in Empfang genommen hatte, die, auf mehr oder weniger zuverlässige oder obskure Dokumente vertrauend, an der Insel anlegten. Er hatte zwanzig Jahre lang jeden Spatenstich aus der Nähe verfolgt, hatte alle Felsen abgehorcht, hatte die meisten Inschriften entfernt, weil er aus einem mir unerklärlichen Grund die Felsen mit der ihm eigenen Verbissenheit sauberfegte und so das goldene Buch der Insel für immer zerstörte. Im Alter schrieb er seine Memoiren, denen er den schlichten Titel *ZWANZIG JAHRE AUF DER KOKOSINSEL* gab und in denen er alles festhielt, was er in den langen, einsamen, oft mühseligen Jahren erlebt hatte.

Ich hoffte, dank einem starken Spezialobjektiv und ein paar infrarotempfindlichen Filmen Keatings zwei »Ks« dennoch entziffern zu können, die die zweistöckige Grotte bezeichneten, wo dieser den Großteil der peruanischen Beute und Boags Leiche vergraben hatte. Ich war mittlerweile zur Überzeugung gekommen, daß der Plan, den ich in der ersten Nummer meiner Zeitschrift veröffentlicht hatte, der echte war, der richtige, jener, den James Alexander Forbes, Schotte und Multimilliardär in San Francisco, seiner zahlreichen Familie am Totenbett anvertraut hatte. Um dem »Geheimnis Forbes« auf die Spur zu kommen, hatte ich mich sogar ein paar Wochen in Kalifornien aufgehalten, hatte in den Archiven die Eintragungen der Jahre 1821–1863 studiert, des Zeitpunkts der Ankunft Forbes' auf dem nordamerikanischen Kontinent. Forbes war aller Wahrscheinlichkeit nach erster Offizier auf der MARY DEAR gewesen, obwohl das bloß eine Annahme ist. Sein Vermögen war suspekt, hinzu kam, daß er seinen angeblichen Beruf – er behauptete, Arzt zu sein – nie ausübte. 1833 hatte er Ana Maria Galindo geheiratet, eine reiche Erbin, eine Heirat, die ihre Familie niemals gutgeheißen hätte, wenn der schöne, geheimnisumwitterte James Alexander ihr in finanzieller Hinsicht nicht ebenbürtig gewesen wäre. Forbes war ein kluger Mann, er hatte dank seinen Einkünften aus den Zinnoberminen von New Almaden, die während des Goldrausches in Kalifornien das begehrte Quecksilber lieferten, eine große Mühle bauen lassen, die ebenfalls sehr einträglich war. Er war ein höflicher, allseits bewunderter und geachteter Mann, der sich durch seine Mildtätigkeit auszeichnete. Der Gemeindepfarrer wußte, daß er auf Forbes' uneigennützige Hilfe zählen konnte, wenn irgendwo Not am Mann war. Wollte Forbes für eine schreckliche Tat Abbitte leisten? Für den Mord an den Passagieren der MARY DEAR vielleicht? Thompson war Schotte, wahrscheinlich Mitglied einer Freimaurerloge, wie damals übrigens fast alle Kapitäne der Handelsmarine, und es ist durchaus denkbar, daß er auf seinem Schiff einen »Bruder« eingestellt hatte. Der Plan, in den ich so viele Hoffnungen setzte, war eine totenschädelförmige Landkarte; die Beschriftung war für einen gewöhnlichen Sterblichen unentzifferbar. Die Veröffentlichung in meiner Zeitschrift brachte eine Flut von Leserbriefen, von wirren Wünschelrutengängern, von Pendlern und Wahrsagern, aber auch von hochrangigen »Eingeweihten«. Diese kostbaren Dokumente bestätigten mir, daß der Schlüssel zur Entzifferung des Plans bei den Freimaurern gesucht werden mußte und daß die Runenzeichen eindeutig von einem englischen oder holländischen »Initiierten« stammten. Auch Keatings Plan war in meinem Besitz. Tony Mangel, Mitglied und Schatzmeister des INTERNATIONALEN SCHATZSUCHER-KLUBS, hatte ihn in den Archiven des Yachtklubs von Sydney aufgestöbert, einer Hafenstadt in Neuschottland auf der nordöstlichen Ka-Breton-Insel.

Die von Keating hinterlassenen Anweisungen lauteten ungefähr folgendermaßen:

Bei ungefähr zehn Yards Tiefe an Land gehen, Bucht Esperancia
zwischen zwei Klippen, dann dreihundertfünfzig Schritte den Bach
entlanggehen und achthundertfünfzig Yards nach Nordosten ab-
biegen: Gipfel. Im Licht der untergehenden Sonne zeichnet sich der
Gipfel wie ein Adlerkopf mit ausgebreiteten Schwingen ab. An der
Grenze zwischen Schatten und Sonne eine Grotte mit einem
eingeritzten Kreuz: dort ist der Schatz versteckt.

Ein anderes Dokument, das dem Maat Nicolas Fitzgerald zu-
geschrieben wird, der seinerseits Keating vor dem sicheren Tod
gerettet hatte, und das unter der Nr. 18 755 im Nautical and
Traveller's Club von Sidney archiviert ist, enthält ganz andere
Angaben: *Zwei Kabellängen südlich von der letzten Klippe, die*
Grotte befindet sich unter der dritten Landzunge in zwölf Faden
Tiefe.

Ich fand es seltsam, daß sich ein Matrose in Yards ausdrückt
oder daß man zwölf Faden tauchen mußte, das heißt in über
zwanzig Meter Tiefe, und ich konnte mir auch nicht erklären, wie
meine Piraten, so kräftig sie auch gewesen sein mochten, mit ihren
Schatztruhen derart tief tauchen konnten, um sie in einer
dämmrigen Meeresgrotte zu deponieren in der Hoffnung, sie eines
Tages wieder heraufzuholen. Doch ich durfte meinen Gefährten
gegenüber nichts von meinen Zweifeln verlauten lassen – die im
übrigen gar nicht auf mich gehört hätten. Wir hatten die besten
Pläne der Insel und ihrer Schätze zur Verfügung. Basta! Es verging
kein Tag, ohne daß nicht einer von uns den Anruf einer Hellseherin
oder eines Strahlers bekam, die, noch bevor sie ihren Tip verraten
hatten, einen Vertrag forderten, der ihnen für die geleisteten
Dienste zwischen zwanzig und fünfzig Prozent künftiger Funde
zusicherte.

Alberts Nachricht war lakonisch: Er habe ein Schiff gefunden,
etwas kleiner und teurer als vorgesehen, das sich aber für unsere
Zwecke bestens eigne, es liege im Yachthafen von Balboa, wir
könnten jederzeit kommen, wann es uns paßte. Dieses »wann es
uns paßte« machte mich etwas stutzig, denn ich kannte die
Habgier der Yachtbesitzer. Auch wenn sie sich monatelang nicht

von der Stelle gerührt hatten, brauchte man nur das kleinste Interesse zu bekunden, und ihre Zeit wurde plötzlich unglaublich knapp, während ihre Taschenrechner rasendschnell zu addieren begannen. Üblicherweise nutzten sie das unverhoffte Manna, um das Schiff ganz überholen zu lassen – auf Kosten der Passagiere versteht sich – und sich die Auslagen für eine einjährige Weltumseglung ohne Zwischenhalt für drei Personen vergüten zu lassen.

Jeder der Teilnehmer hatte sich einen Detektor angeschafft, Zelt und Spitzhacke besorgt, und um den 15. Januar herum landeten wir frohen Mutes in Panama. Albert holte uns ab; das Schiff wartete tatsächlich im Hafen. Es war eine 15-m-Kreuzeryacht modernster Bauart. Der Besitzer war in seiner Liebenswürdigkeit sogar so weit gegangen, das Schiff Alberts Obhut anzuvertrauen, denn er mußte ganz dringend für mehrere Monate in die Staaten zurück, geschäftlich. Er hatte die Gelegenheit ergriffen, sein schönes Boot diesem netten Franzosen zu überlassen, der so höflich auftrat und nicht lange gefeilscht hatte. Ich gratulierte Albert zu seinem einmaligen Glück und erkundigte mich nebenbei, warum das Schiff vor dem Polizeirevier vertäut sei. Er erklärte mir, er habe sich mit dem *coronel* angefreundet, dem allmächtigen Polizeichef, der ihm freundlicherweise geraten habe, vor der Wache anzulegen – aus Sicherheitsgründen, man wisse ja nie. Die polizeiliche Hilfsbereitschaft kam mir suspekt vor, denn sie wird niemals ohne Gegenleistung gewährt, vor allem, wenn es sich bei den Nutznießern um Ausländer handelt. Hatte Albert einen Anteil an eventuellen Schatzfunden in Aussicht gestellt? Wenn dies der Fall war, würden wir uns bei unserer Rückkehr auf Schwierigkeiten gefaßt machen müssen, denn die Polizei würde sich auf die eine oder andere Weise für ihr Wohlwollen entschädigen lassen: Gefälligkeiten, die in jenen Breitengraden sehr teuer veranschlagt werden. Wer einem einen heißen Tip gab, war zu allem fähig, zum Besten wie zum Schlimmsten. Ich war eher auf das Schlimmste gefaßt.

Albert hatte im Nachtklub des Kasinos von Contadora die Tochter des Polizeichefs kennengelernt und sich bestens mit ihr unterhalten. Aber der treubesorgte Vater wachte über den Umgang seiner Sprößlinge. Als Albert ein paar Tage später nebenbei erwähnte, er suche ein Schiff, um mit der hübschen Maria-Gabriella auf Kreuzfahrt zu gehen, war der Vater fast zu Tränen gerührt gewesen über die altmodischen, romantischen Gefühle des kleinen Jurastudenten – und hatte dabei auf die fünfzehntausend Dollar in Travellerschecks geschielt. Ein Schiff chartern, das war eine ganz heikle Angelegenheit. In den Augen des Polizeichefs war es absolut überflüssig, geradezu idiotisch, so viel Geld auszugeben für einen Ausflug aufs Meer oder eine vorübergehende Laune. Wenn Albert sein Vermögen verdoppeln könnte, würde er sich höchstpersönlich um ein gutes Schiff bemühen – das er übrigens so lange behalten könne, wie es ihm passe, da es ja ihm gehöre. Der Polizeichef war diese Art von Dienstleistungen gewohnt, er war es nämlich, der die Yachten für seine Vorgesetzten aussuchte. Die Gehälter in den lateinamerikanischen Ländern reichen meist nicht aus, um eine Familie standesgemäß durchzubringen, es ist daher keineswegs ungewöhnlich, daß hohe Beamte zwei sehr verschiedenartige Berufe ausüben. Der Polizeichef trug daher einmal eine Beamten-, einmal eine Schiffsmaklermütze. Albert hatte hinsichtlich des ihm anvertrauten Vermögens keine falschen Hemmungen, er zeigte im Einverständnis mit den lokalen Behörden den Diebstahl seiner Travellerschecks an, ging dann mit den Schecknummern und dem Polizeirapport zur nächsten American-Express-Agentur und ließ sich den gestohlenen Betrag vergüten. Nichts einfacher als das. Der *coronel* zeigte ihm anschließend ein paar Yachten – sie gehörten alle amerikanischen Staatsbürgern –, die im Hafen sanft in den Wellen schaukelten und auf die Durchfahrt durch den Kanal warteten.

Der Polizeichef schilderte uns übrigens offen und in allen Einzelheiten, wie man sich das begehrte Objekt aneignet. Unabdingbare Voraussetzung ist, daß es einem Amerikaner gehört, einem möglichst jungen. Die Fahrt durch den Panamakanal an Bord eines Segelschiffes ist ein unvergeßliches Erlebnis. Die Schiffe werden einzeln durch die riesigen Tore geschleust, unabhängig von der Tonnage. Segelyachten allerdings dürfen neben den großen Frachtern fahren, vorausgesetzt, sie nehmen in den Schleusen nicht zu viel Platz ein, und unter der Bedingung, daß vier

Mann an Bord sind, die beim Manövrieren helfen können. Die
Kanalbehörde gibt jedem Schiff einen Englisch sprechenden einheimischen Lotsen mit. Die Durchfahrt dauert mehrere Stunden,
man hat also reichlich Zeit, Kontakte zu knüpfen und über dieses
und jenes zu plaudern. Der Lotse ist ein braver Mann, der Gott und
die Welt kennt. Er kann alles besorgen, erstklassiges Gras zum
Beispiel, *sensemilla,* Topqualität, zu konkurrenzlosen *duty-free-*
Preisen. Wenn der Kapitän daran interessiert sei ... könne er ihm
noch am gleichen Abend zwei kleine Ballen zu je zehn Kilo für
sieben Dollar das Kilo anliefern lassen – genug, die Kreuzfahrt auf
den wunderbaren Wassern des Pazifiks zu einem paradiesischen
Erlebnis werden zu lassen. Angesichts des mehr als bescheidenen
Preises ein überaus verlockendes Angebot; ein Joint in Ehren hat
noch niemand geschadet. Die Übergabe am Hafen von Balboa wird
vereinbart; im Schutz der Dunkelheit überbringt ein Kumpan ein
Bündel »Heilkräuter«, die unverzüglich auf dem Schiff versteckt
werden, todsicher: im Maschinenraum, im Ballastkiel, im Gaff-
segel, in einem Aluminiummast ... Kurz vor der Weiterfahrt findet
eine Routinekontrolle statt; der Polizeilabrador schnüffelt gleich
auf die Verstecke zu. Drogenschmuggel wird in den produzie-
renden Ländern besonders hart geahndet, bringt er doch die
betreffenden Demokratien weltweit in Mißkredit. Die Strafen sind
exemplarisch. Verurteilung, Beschlagnahmung des Schiffes und
saftige Geldbußen in Höhe des Neuwertes – ganz zu schweigen
von den langen Jahren, die einen in verpesteten Gefängnissen
erwarten, wo ein junger, naiver Gringo ein Fressen ist für die
Pensionäre. Der Besitzer, seine Reisegefährten – sie werden alle
dem Polizeichef vorgeführt, der seine Untergebenen beglückwünscht und sie gleichzeitig ersucht, sofort eine Pressekonferenz
einzuberufen, um die verruchten Drogenhändler vorzuführen
mitsamt ihrer verwerflichen Schmuggelware. Angesichts der Tränen und des aufrichtigen Bedauerns der Angeklagten läßt er sich
schließlich dazu erweichen, die Sache »in Ordnung« zu bringen:
Das Schiff wird unverzüglich konfisziert, die Sünder werden nach
Tocumen gebracht und in das nächste Flugzeug gesteckt. Ein
gentleman agreement, das jedermann zufriedenstellt, endlose
kostspielige Gerichtsverhandlungen und einen demütigenden

Prozeß mit bösen Folgen vermeidet. Große Eile ist also geboten. Die erforderlichen Blankodokumente werden hastig unterschrieben. Der Polizeichef hält Wort: Vor der Tür wartet bereits ein Auto, das mit heulenden Sirenen zum Flughafen rast. Dort ergeben sich keine weiteren Probleme, Ausweisungen haben immer Vorrang, auch wenn die Maschine ausgebucht ist. Unsere Segler versuchen beim Abflug einen letzten Blick von ihrem herrenlosen Schiff in der Tiefe zu erhaschen, überzeugt, daß es verfaulen oder aufgrund des institutionalisierten Verbrechens geplündert werden wird. Freiheit hat keinen Preis, und bei der Landung wird man sich eine plausible Erklärung zurechtgelegt haben, Havarie, Schiffbruch, Brand ...

Der Polizeichef verstand sein Geschäft. Bereits am nächsten Tag unterschrieb Albert gegen Vorlage seines Reisepasses gewissenhaft die neuen Travellers, einen nach dem andern: Er war soeben Besitzer einer Hunderttausend-Dollar-Yacht geworden, die er für ein Drittel ihres Preises erworben hatte, ohne einen Cent ausgeben zu müssen. Seine Seefahrerkarriere ließ sich gut an, obwohl er sein Lebtag nie auf dem Meer gewesen war und ihm der Ozean Schrecken einjagte.

Zweifellos, der junge, vielversprechende Albert hatte eine glänzende Zukunft vor sich. Was hingegen seine Seemannsfähigkeiten anging, hatte ich meine Zweifel. Eines Morgens überraschte ich ihn auf dem Deck eines anderen Schiffes, wo er sich die Handhabung des Sextanten erklären ließ. Seine Freundin – und Mitbesitzerin des Bootes – hingegen kannte sich auf dem Meer bestens aus. Um auf die Insel zu gelangen, mußte man die Küste entlang nach Punta Mala in Costa Rica segeln, von da aus Kurs auf 293 halten, ohne von der Richtung abzukommen. Wir hielten es für vorsichtiger, auf dem offenen Meer mit Hilfe des Motors zu fahren. Das Schiff verfügte bloß über ein kleines Echolot, zwei Kompasse, darunter ein Fluidkompaß, die an der Pinne befestigt waren, und ein Handlog, war aber weder mit einem Navigationssystem noch mit Radar ausgerüstet. Kurs auf 293 halten ... nichts einfacher als das! Die Bordwachen würden einiges zum Lachen haben. Wir verstauten acht Hundertliterfässer Dieseltreibstoff Perkins an Bord, die für die fünfundsiebzig Pferdestärken der TRÉSOR I. bestimmt waren –

Albert hatte das Boot entsprechend umgetauft. Ferner zwanzig Kilo Zwiebeln, sechzig Kilo Reis, massenweise Konservenbüchsen, kiloweise Cornedbeef, reichlich Salz und Pfeffer, dreißig Dutzend frische Eier, Mehl, Teigwaren, Öl, Essig, Zucker, Kaffee, Tee, drei große Kochkisten, Früchte, Orangen und Zitronen, um dem gefürchteten Skorbut vorzubeugen, und natürlich Coca-Cola, Perrier und Rum in Hülle und Fülle. Nichts wurde vergessen. Wir lichteten im frühen Morgengrauen die Anker, begleitet vom frenetischen Applaus der ganzen Polizeibrigade und der Familie Maria-Gabriellas, die vollzählig erschienen war. Der *coronel* hatte uns seine Tochter anvertraut, es aber nicht unterlassen, uns vielsagend zu bedeuten, er hoffe, daß ihr nichts Unangenehmes zustoße. Albert wußte, woran er war – und wir ebenfalls.

Wir segelten mit weniger als fünf Knoten die Küste entlang und waren guter Dinge. Das Meer war ruhig, wir kreuzten die Schiffe, die zur Mündung des Kanals unterwegs waren. Jedermann hielt sich für Sindbad, und das Schnurren des Motors wirkte beruhigend auf die Ängstlichen. Maria-Gabriella hatte die Kombüse in Beschlag genommen und einen schmackhaften Salat zubereitet. Die Kojen waren zugeteilt worden, das Plicht war für die Bordwache reserviert. Die erste Nacht wäre uns beinahe zum Verhängnis geworden. Albert hielt Wache. Wir näherten uns der Punta Mala, als uns ein Frachtschiff mit schrillen Hupsignalen und einem mächtigen Scheinwerfer vor dem Untergang rettete, wir steuerten nämlich geradewegs auf eine Klippe zu. Ich warf im letzten Moment das Ruder herum und konnte in letzter Sekunde das Schlimmste verhindern, worauf ich beschloß, persönlich auf Deck zu bleiben; ich machte die ganze Nacht kein Auge zu und schimpfte über die Galeere, auf die ich mich einmal mehr eingelassen hatte. Am frühen Morgen sichteten wir die Punta Mala; am Mittag nahmen wir endlich Kurs auf 293 und kamen mit knapp sieben Knoten voran. Ich hatte für die Überfahrt von der Landzunge aus drei Tage eingeplant. Nichts störte unseren Frieden. Eine gutgelaunte Herde Schwertwale begleitete uns; die mächtigen Tiere übten sich offensichtlich im Hochspringen. Die Wendigkeit dieser riesigen Meeressäuger ist verblüffend, keiner verfehlte seinen Sprung und klatschte geräuschvoll haarscharf neben unserem Schiff auf dem Wasser auf. Wir waren starr vor Angst, klammerten uns an die Taurollen oder an den Giekbaum; ich hatte den Motor stoppen lassen, damit sich keine dieser gigantischen Cetaceen an der Schiffsschraube verletzte. Vier volle Stunden lang rührten wir uns nicht vom Fleck und beteten zum Himmel, daß die Wale nicht auf den Gedanken kämen, sich näher mit uns einzulassen. Was dazu führte, daß wir ziemlich vom Kurs abkamen. Ich bestimmte unsere Position aus dem Handgelenk und startete den Motor. Vom Morgen des dritten Tages an lösten wir uns auf dem Vorderschiff ab. Wann würden die Umrisse der Insel endlich am Horizont auftauchen? Nichts, nicht einmal Wolken, hinter denen sie sich verstecken könnte. Am Mittag des vierten Tages nahm ich das Besteck und stellte fest, daß wir uns dummerweise um fünf Grad geirrt hatten. Wir mußten zurück. Am sechsten Tag entdeckten wir sie – endlich! – in der Ferne und brachen erleichtert in laute Hurrarufe aus. Leider überwachte inzwischen niemand den Motor, und der Treibstoff ging aus; eine Dieselpumpe anzukurbeln ist ein schwieriges Unterfangen. Während wir den Motor reparierten, trieb das Schiff noch weiter vom Kurs ab, und als er endlich ansprang, hatten wir die Insel wieder aus den Augen verloren. Es dauerte zwei weitere Tage, bis wir sie erneut sichteten. Zum Glück war der Himmel klar und das Wetter strahlend. Zehn Tage für dreihundertsechzig Seemeilen – eine eher klägliche Leistung. Die Landung in der Waferbay verlief problemlos. In weniger als sechs Stunden stand das Camp. Überall auf der Insel lagen Bretter und Wellblech herum, die vorangehende Expeditionen zurückgelassen hatten und die uns gute Dienste leisteten. Niemand wollte an Bord schlafen, denn das Meer war ziemlich stürmisch. Wir hatten daher das Schiff doppelt verankert und zusätzlich mit einem gut vertäuten Treibanker gesichert. Wir waren gerade rechtzeitig angekommen, denn der Seegang in der Nähe der Insel war so heftig gewesen, daß wir alle krank geworden waren. Ich stellte mein Zelt unter einem wilden Zitronenbaum auf, ganz in der Nähe der Mündung des größten Wasserlaufes auf der Insel. Ich wußte, daß die Moskitos den Duft dieses Baumes nicht mögen. Meine Gefährten lagerten neben der Küche oder dem Mannschaftsraum, der aus einer großen Plane auf vier

Pfählen bestand. Ich schlief zum ersten Mal seit Tagen friedlich. Maria-Gabriella hatte das Frühstück zubereitet und sogar frisches Brot in der Kochkiste gebacken, auf das wir uns gierig stürzten. Ein Schatz, dieses Mädchen. Das Schiff war noch da. Die Flut zog sich zurück. Wir machten uns gleich mit unseren Detektoren an die Arbeit und untersuchten im Gänsemarsch die offene Bucht. Die Detektoren heulten alle zehn Zentimeter auf: Der Strand war eine einzige Mülldeponie aus Bierflaschenkapseln und sonstigen metallischen Abfällen. Unsere Begeisterung kühlte merklich ab; eigentlich hatten wir andere Funde erwartet. Wir hielten es daher für klüger, am nächsten Tag vorwiegend in den kleinen Buchten am Fuße der Wasserfälle zu suchen. Am Nachmittag ging jeder in eine andere Richtung, ausgerüstet mit ein paar Dosen Coca-Cola, dem unentbehrlichen Detektor und einer Trillerpfeife für Notfälle.

Das Innere der Insel ist schwer zugänglich. Um auf das Hochplateau in der Mitte zu gelangen, muß man mühsam senkrechte Felswände erklimmen. Die Stiche der unzähligen, winzigen Ameisen sind sehr schmerzhaft. Je tiefer man in das dornige Dickicht eindringt, dem kein Gewebe widersteht, desto offensichtlicher schwindet die Begeisterung der Teilnehmer. Das Bedürfnis, im Ozean zu tauchen, wird immer stärker, und nach einer gewissen Zeit macht einer nach dem andern kehrt und nimmt sich vor, es am nächsten Tag nochmals zu versuchen.

Eines Tages – draußen regnete es Bindfäden – beschloß ich, die höchste Stelle der Insel zu erkunden, allein. Im Regen kommt man schneller vorwärts, denn das Gelände ist glitschig wie eine Rutschbahn, zudem setzen einem die Ameisen und Dornen nicht mehr zu. Nach vier Stunden konnte ich das Camp noch sehen und die Stimmen meiner Gefährten deutlich hören – und war noch weit von meinem Ziel entfernt. Also kehrte ich um, denn ich zog es vor, in meinem trockenen Zelt zu schlafen. Ich würde diesen von der Mutlosigkeit, von der Erschöpfung oder einem offensichtlichen Mangel an Motivation diktierten Entschluß noch lange bereuen. Zwei Jahre später meldeten die Zeitungen in Costa Rica den sensationellen Fund einer Kompanie der Nationalgarde, die auf die Insel geschickt worden war, um Costa Ricas Anspruch auf die Fischereigewässer Nachachtung zu verschaffen, die sowjetische und japanische Trawler schlicht annektiert hatten. Der Kommandant wollte die Nationalflagge an der höchsten Stelle der Insel hissen – und entdeckte ein Flugzeugwrack, das 1947 im Krater zerschellt war. Das Flugzeug war gut zugänglich und von der Vegetation noch nicht überwuchert. In den Trümmern fanden sie außer den Skeletten der zwei Piloten vier Säcke, die je dreitausend Zwanzigdollarmünzen enthielten, und vier Säcke mit je dreitausend Goldpesos. Und dabei handelte es sich lediglich um die offiziell deklarierte Summe. Die tatsächlich gefundene Menge Geld war zweifellos viel höher. Ich hatte aus lauter Trägheit vierhunderttausend Kilogramm Gold verpaßt. Und wenn ich daran denke – was mir öfter passiert –, habe ich schlaflose Nächte.

Ich war gegen fünf Uhr abends im Lager zurück, gerade rechtzeitig zum Nachtessen, das aus warmem Cornedbeef bestand. Es herrschte eine niedergeschlagene Stimmung, alle waren von den Anstrengungen des Tages erschöpft und wahrscheinlich auch etwas enttäuscht. Nachts wurde ich von einer Herde wilder Schweine geweckt. Am Morgen machten wir Bestandsaufnahme: Zucker, Mehl und Reis waren auf dem nassen Boden verstreut, nur die Konservendosen waren noch ganz. Die Eier hatten die Viecher ganz geschluckt. Alle hatten den Radau gehört, aber niemand hatte es für notwendig gehalten, das Bankett zu unterbrechen. Magere Zeiten waren angesagt. Wir hatten keine Gewehre mitgenommen; Schweine und Hirsche ließen sich nicht mit der Unterwasserharpune erlegen. Jean-Pierre wurde zum Fischen geschickt, denn in der Bucht wimmelte es von Fischen. Dann folgte ein zweiter Schicksalsschlag, ein bitterer. Die Metalldetektoren rührten sich nicht mehr. Die feuchte, salzige Meeresluft hatte die Elektronik korrodiert und tödliche Kurzschlüsse verursacht. Wir begriffen allmählich, warum so viele vor uns gescheitert waren, und machten uns keine großen Illusionen mehr. Jeder vertraute nur noch auf seine Eingebung, die ihn zufällig zu einer Markierung oder einem sonstigen Anhaltspunkt führen würde, der auf der »echten« Karte eingezeichnet war, die der INTERNATIONALE SCHATZSUCHER-KLUB jedem Expeditionsteilnehmer zur Verfügung gestellt hatte. Jean-Pierre heiterte die Stimmung mit zwei Dutzend Langusten auf, die sich auf dem felsigen Grund am

Ausgang der Bucht mühelos fangen ließen. Die Morgen, die Nachmittage lösten sich trübselig ab; die individuellen Expeditionen ins Innere der Insel waren alle ebenso erfolglos. Wir aßen im Durchschnitt drei Langustenschwänze zum Frühstück, vier zum Mittagessen und nochmals drei am Abend. Der bloße Anblick der Crustaceen nahm uns den Hunger. Einmal versuchte ich, aus dem Hinterhalt mit der Unterwasserharpune ein Schwein zu erlegen, doch ich gab auf, denn das markerschütternde Geschrei des Tieres war nicht auszuhalten.

An einem der letzten Tage nahm ich mir vor, den höchsten Punkt zu besteigen, um nach »Indizien« Ausschau zu halten. Drei schneeweiße Gygis begleiteten mich, drei zierliche Feenseeschwalben, die mich offensichtlich adoptiert hatten. Eine legte jeden Morgen einen kleinen silbernen Fisch vor den Eingang meines Zeltes, während mich die anderen zwei – *ti ti ta ta tiii* – mit ihrem eigentümlichen Lied weckten. Die Vögel flatterten vor mir her, als wollten sie mir den Weg zeigen, setzten sich auf die Steine im Bach, warteten, bis ich auf den glitschigen, moosigen Felsen nachkam. Ich bereute es nicht, auf die Insel gekommen zu sein, denn ich hatte die Schönheit dieser wunderbaren Vögel entdeckt: Sie sind zart, leicht und luftig und wahre Flugkünstler, sie können sogar rückwärts fliegen und in der Luft schweben wie die großen Raubvögel. Ihr Gefieder ist schneeweiß, der Schnabel schwarz, lang und dünn, und sie haben kräftige gekrümmte Krallen an den Schwimmhäuten. Die drei Gygis begleiteten mich überall hin, tauchten, wenn ich im Meer schwamm, setzten sich auf einen Baum in der Nähe meines Zeltes, wenn ich schlafen ging, mieden aber meine Gefährten. Diese waren übrigens felsenfest davon überzeugt, daß ich die Vögel früher einmal dressiert hatte. *Ti ti ta ta tii, ti ti ta ta tii,* die drei Gygis saßen nebeneinander auf einem Felsen und beobachteten vergnügt, wie ich ungeschickt über das Geröll kraxelte – als ich zwischen zwei großen, runden Felsbrocken etwas Glänzendes entdeckte. Die schweren Steine zu verschieben nahm eine gute Stunde in Anspruch, ich glitt immer wieder auf dem nassen Boden aus. Aber – es handelte sich um ein Goldstück, ein *ocho escudos*, der von den Felsen zermalmt worden war. Was aber das Erstaunlichste war: ich verdankte den Fund

meinen geliebten Feen. Mein Fund war der eindeutige Beweis, daß
es auf der Insel Gold gab. Ich war ganz in der Nähe der berühmten
Felswand. Hatte vielleicht ein Felssturz den Schatz freigelegt? Es
ging jedoch bereits auf den Abend zu, und da ich die Nacht nicht
im Freien verbringen wollte, verzichtete ich darauf, das Gelände
näher unter die Lupe zu nehmen.

Im Lager wurde ich mit Jubel begrüßt; man verlangte, daß die
Münze in gleich große Stücke aufgeteilt werden müsse wie ein
Kuchen. Albert schwamm zum Schiff, um eine Blechzange zu
holen. Das Goldfieber hatte alle gepackt, sogar die kleine Maria-
Gabriella, die am liebsten im Schein der Taschenlampen weiter-
gesucht hätte. Am frühen Morgen warteten die anderen bereits
aufgeregt vor meinem Zelt und hatten natürlich meine Gygis
verjagt. Von da an war es aus mit meinem kleinen, silbernen
Morgenfisch. Kein *Ti ti ta ta tii* mehr, das mir den Weg zeigte. Ein
schlechtes Omen, dachte ich schlechtgelaunt, denn ich hatte das
erzwungene Teilungszeremoniell vom Abend vorher noch nicht
verdaut. Einer der Expeditionsteilnehmer vertrat sich den Fuß, wir
mußten ihn tragen, denn der Fuß schien verstaucht oder gar
gebrochen zu sein. Die Geröllhalde war tatsächlich durch einen
Felssturz entstanden, der wahrscheinlich ein Münzendepot mitgerissen hatte. Der Schatz selbst lag wohl unter Tonnen von
Gestein begraben. Trotz unserer verzweifelten Anstrengungen
konnten wir keine weiteren Funde freilegen. Den Felsen hinaufzu-
klettern war zu gefährlich, wir waren dafür nicht ausgerüstet. Die
senkrecht zum Meer abfallende Wand mußte eine regelrechte
Goldmine sein, denn für die Piraten, die es gewohnt waren, in den
Rahen oder im Takelwerk herumzuturnen, war es ein Kinderspiel
gewesen, ihren Schatz dort zu verstecken. Bestimmt war noch
niemand auf den Gedanken gekommen, an einem Seil schwebend
die mit Höhlen gespickte Klippe zu rekognoszieren. Das Stöhnen
unseres Kameraden unterbrach unsere Betrachtungen. Wir waren
schon seit drei Wochen auf der Insel und mußten langsam daran
denken, die Zelte abzubrechen. Zwei Tage vor unserer Abreise
entschloß sich unser Metalldetektor Modell Gemini B & B, der
stärkste, den wir mitgenommen hatten, wieder zu funktionieren;
nach Angaben des Herstellers war er in der Lage, einen Metall-

körper in mehr als sieben Meter Tiefe zu orten. Die Bucht entsprach genau Mary Welchs Beschreibung. Als ich eine größere Geröllmasse abhorchte, die sich vor einem fünf Meter langen, zwei Meter breiten Sandstreifen auftürmte, der übrigens wie ein zugeschütteter Graben aussah, gab das Instrument ununterbrochen an. Ich fuhr immer wieder vor unseren ungläubigen Augen und Ohren mit dem Detektor darüber, in alle Richtungen – und er schlug immer an der gleichen Stelle aus. Eine große Menge Metall mußte darunter liegen. Wir begannen fieberhaft zu graben. Der verstauchte Fuß war plötzlich vergessen, tat überhaupt nicht mehr weh. Gegen Abend stießen wir auf die im Plan erwähnte rote Erdschicht. Wir buddelten große, runde Kiesel heraus, die ganz eindeutig von Menschenhand dort vergraben worden waren, aber das vom Bach her eindringende Wasser erschwerte die Arbeit. Je tiefer wir gruben, desto mehr Wasser sammelte sich an. Wir hatten keine Pumpe, und die uns zur Verfügung stehende Zeit war beschränkt. Wir konnten den Bach nicht umleiten und erst recht nicht den Wasserfall, der ihn aus hundert Meter Höhe speiste. Es blieb uns nichts anderes übrig, als das Loch zuzuschütten, alle Spuren sorgfältig zu verwischen und uns vorzunehmen, im kommenden Jahr zurückzukehren, alle zusammen, mit einer geeigneteren Ausrüstung. Wir kehrten zur Waferbay zurück, wo sich jeder in das goldene Buch der Kokosinsel eintrug, wie es die Tradition verlangte.

Wir sammelten Kokosnüsse und verstauten sie an Bord, füllten alle verfügbaren Behälter mit Süßwasser, stapelten die Langustenschwänze auf Deck, ein idealer Köder für die Goldbrassen, die wir unterwegs fischen wollten.

Die Rückreise verlief ohne Zwischenfälle.

Albert entschloß sich, in Panama zu bleiben, um die kleine Maria-Gabriella zu heiraten, schließlich teilten sie nicht nur ein Geheimnis, sondern auch ein Schiff; vielleicht hatte er auch vor, mit seinem Schwiegervater einen Abstecher auf die Insel zu machen. Ich hatte mich nicht geirrt; ein paar Monate später erzählte mir Jean-Pierre, daß es sich beim Metall, das den Detektor zum Aufheulen gebracht hatte, um einen riesigen, rostigen Metallreifen gehandelt habe. Seltsam! Albert ließ sich in Paris nie mehr blicken; er hatte die panamaische Staatsbürgerschaft angenommen und leitete eine große Druckerei, die ihm sein Schwiegervater als Morgengabe geschenkt hatte, sowie eine Agentur für Hochsee-angeltourismus, die regen Zulauf hatte, vor allem von Japanern und reichen Gringos.

Hin und wieder begegne ich einem meiner damaligen Gefährten, der es sich nicht verkneifen kann, auf die schnelle Einbürgerung und den erstaunlichen Erfolg Alberts anzuspielen, er habe sogar seinen Namen geändert, hieß es.

Ich bin sicher, daß das alles nur Verleumdungen sind, bloßer Neid auf einen glücklich verheirateten Mann. Man muß im Leben immer positiv eingestellt sein, muß immer heiter in die Zukunft blicken. Albert hat sicher nicht »alles« bergen können. Also ... die nächste Expedition wird bestimmt klappen.

AUTHENTISCHER LAGEPLAN EINES SAGENHAFTEN SCHATZES
AUF DER KOKOSINSEL VOR DER KÜSTE COSTA RICAS

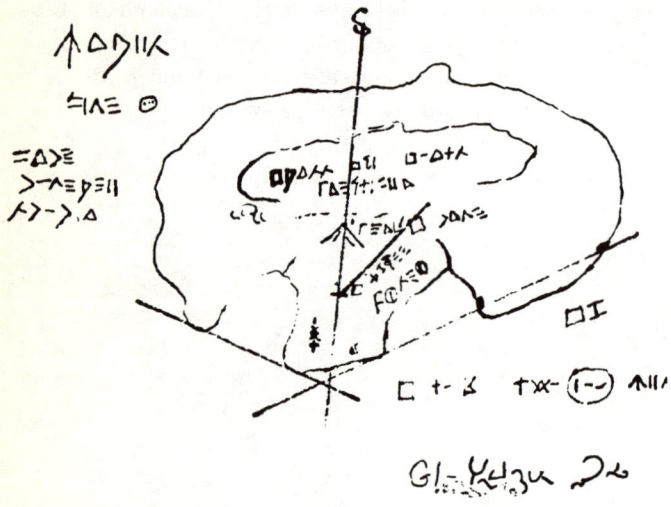

DIE GEHEIMNISUMWITTERTE ISLA DE COCOS

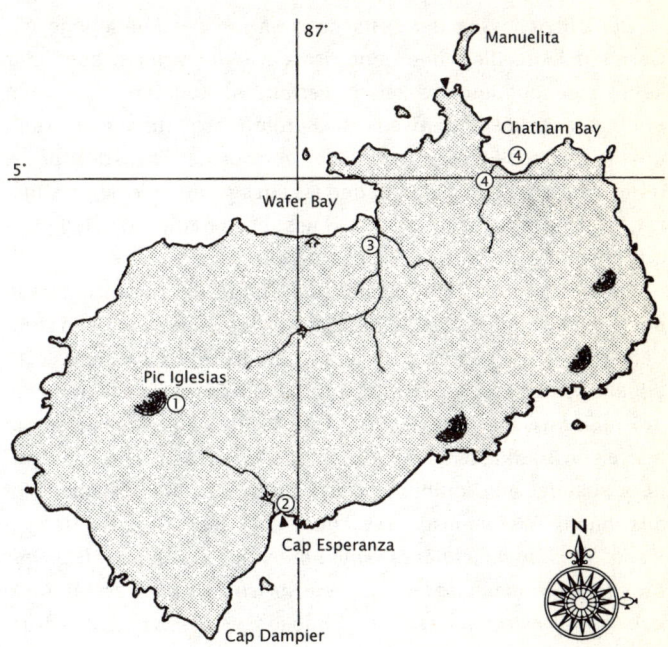

1. Flugzeugabsturzstelle. Im Wrack soll man mehrere mit Goldstücken gefüllte Säcke gefunden haben.
2. Schatz des Bonito Benitez, zwischen einem Wasserfall und einer Grotte.
3. Davis' Schatz. Der kleine Kokospalmenhain, der als Geländemarke diente, wurde abgeholzt.
4. Thompsons Schatz. Der kostbarere Teil wurde am Strand vergraben, der andere weiter landeinwärts.

WIRBEL UM RENNES-LE-CHÂTEAU

Der offizielle Sitz der Zeitschrift war an der Rue Monge 42. Geschäftsleute, die schnell eine Firma gründen wollten, aber über keine eigenen Räumlichkeiten verfügten, konnten dort einen Briefkasten und stundenweise die Büroinfrastruktur mieten. Rund um die Champs-Élysées wimmelt es von solchen Dienstleistungsunternehmen, denn viele Kunden lassen sich durch eine prestigeträchtige Adresse beeindrucken. Meist besteht die Firma lediglich aus einem Schild an einer Mansardentür.

Die Miete für das Büro an der Rue Monge war für mich gerade noch erschwinglich. Das Sekretariat wurde mit eiserner Hand stundenweise von Madame Gausseran geführt, einer fülligen, sechzigjährigen Elsässerin, der einst die große Ehre widerfahren war, in Straßburg General de Gaulle auf die Wange küssen zu dürfen. Sie leerte den Briefkasten, holte die eingeschriebenen Sendungen auf dem Postamt ab, komplimentierte unerwünschte Besucher hinaus, nahm Telefonanrufe entgegen – *der Herr Direktor ist auswärts, er ist in geheimer Mission unterwegs, hinterlassen Sie mir bitte Ihren Namen und Ihre Adresse, er wird Sie nach seiner Rückkehr ganz bestimmt anrufen* –, ohne jemals die Nerven zu verlieren. Nach außen wurde dadurch der Eindruck erweckt, als sei das Sekretariat des INTERNATIONALEN SCHATZSUCHER-KLUBS ständig besetzt. Ihr unverkennbarer Akzent, ihre Strenge, ihre Verfügbarkeit, ihr sicheres Urteil und ihre unersättliche Neugierde, gepaart mit unglaublicher Arglosigkeit, machten sie zu einer unersetzlichen Redaktionsmitarbeiterin. Niemand kam an ihr vorbei, der bei uns nichts zu suchen hatte. Sie nahm die Beschwerden der Abonnenten entgegen, beschwichtigte Neuabonnenten, die eine Zahlungsaufforderung, aber noch keine Zeitschrift erhalten hatten. Sie hatte eine Engelsgeduld, war stets liebenswürdig, besänftigte die Gemüter, trieb das Geld ein und war um Ausreden nie verlegen.

Sie war mit der Zeit die Vertraute vieler unserer Abonnenten geworden, und wenn es darum ging, Geheimnisse aus den Leuten herauszuholen, war sie unschlagbar. Leser, die auf der Redaktion aufkreuzten, wollten meist nur eins von mir: näheres über einen Schatz erfahren. Da ich meist von den Vorbereitungen einer »wichtigen« Expedition voll in Anspruch genommen war, hatte man volles Verständnis dafür, daß ich mich durch meine Sekretärin vertreten ließ. Sie mußte vor allem herausfinden, warum man mich sprechen wollte, und sie leitete nur jene Anliegen weiter, die ihr erfolgversprechend erschienen. Sie stellte für mich die Unterlagen zusammen, versah sie mit den notwendigen Anmerkungen und behielt die Angelegenheit im Auge.

Madame Gausseran hatte eine ganze Woche lang hartnäckig darauf bestanden, daß ich einen Elsässer empfange. Unbedingt. Der Mann – ein sehr gepflegter Herr, wie sie betonte – wolle mir ein ungewöhnliches Dokument zeigen und lege größten Wert auf meinen Rat, bevor er sich in kostspielige Nachforschungen stürze; er bekleide ein höheres Amt in der Regionalverwaltung und wolle höchstpersönlich nach Paris kommen, um mich zu sprechen; ich könne ihr das nicht antun, ihn abzuweisen – und im übrigen gehöre die fachmännische Beratung unserer Leser zu meinen Pflichten als Präsident des exklusivsten Klubs der Welt und Redakteur einer ebenso exklusiven Zeitschrift.

Sie hatte mich am Vormittag angerufen, um mich nochmals an die Verabredung zu erinnern, und hatte mir gleichzeitig ans Herz gelegt, in einem korrekten Anzug zu erscheinen, es sei wichtig, daß ihr Protegé einen guten Eindruck von mir habe. Roger Apfeulle war offensichtlich ein mißtrauischer Herr. Er hatte drei- oder viermal Robert Charroux angerufen, um sich von ihm bestätigen zu lassen, daß man mir wichtige Geheimnisse anvertrauen könne. Robert, der es gewohnt war, von zudringlichen Leuten belästigt zu werden, die sich mit göttlichen oder außerirdischen Offenbarungen an ihn wandten, verwies alle mit herzlichen Empfehlungen an mich, schließlich hatte er mich zu seinem Nachfolger ernannt. Roger Apfeulle hatte sich zudem ausführlich mit Madame Gausseran unterhalten, die ihn vollends von meiner Vertrauenswürdigkeit überzeugt hatte, und so war er guten Mutes nach Paris gereist.

Nachdem er mich auf Madame Gausserans Bibel hatte schwören lassen, daß unsere Unterhaltung vertraulich bleiben würde,
erzählte er mir, er sammle alte Architekturbücher.

Sammeln bedeutet, von einer unheilbaren Krankheit befallen
sein, die jegliche kritische Vernunft ausschließt. Ein Sammler lebt
in ständiger Angst, eine günstige Gelegenheit zu verpassen – ein
Berufsspieler, der im Kasino oder beim Poker das Glück herausfor-
dert, ist nichts im Vergleich dazu.

Sammeln bedeutet, beständig auf der Lauer zu sein, um, koste
es, was es wolle, ein Stück zu ergattern, das in der Sammlung fehlt.
Wenn möglich zweifach, damit kein anderer das gleiche besitzt,
oder um es als Druckmittel oder Tauschobjekt zu benützen.

Kurz: Herr Apfeulles Sammelwut war seine Leidenschaft und
gleichzeitig auch der Grund seiner Sorgen. Er wollte mich hinsichtlich eines alten Dokuments konsultieren, das er unter ziemlich
seltsamen Umständen erworben hatte.

Er war auf einer Auktion in Clermont-Ferrand gewesen, wo das
Mobiliar und die Bibliothek eines berühmten, kürzlich verstorbenen Architekten versteigert worden war. Direkte Nachkommen
waren keine da, und die Erben hatten es eilig gehabt, so daß man
mit günstigen Angeboten rechnen konnte.

Alles hatte sich bestens angelassen, wenig Liebhaber, wenig
Kenner, keine bekannten Antiquare.

Herr Apfeulle wartete gelassen, bis der Gegenstand ausgerufen
wurde, dessentwegen er sich nach Clermont-Ferrand bemüht
hatte: eine Originalausgabe von Vitruvs *DE ARCHITECTURA*, die
erstaunlich gut erhaltene Farbtafeln enthielt. Einband und Schuber
waren zwar ziemlich beschädigt, der Inhalt jedoch war sehr gut
erhalten, wies weder Stockflecken noch Wurmfraß auf, nur der
Deckel war in schlechtem Zustand und bedurfte einer fachmänni-
schen, also teuren Restauration. Es würde sich wohl niemand für
das unscheinbare Buch interessieren. Er hatte dem Auktionator
vorgängig ein schriftliches Angebot unterbreitet und würde sich
erst zu Wort melden, wenn jemand mehr bieten sollte. Herr
Apfeulle hatte als Ablenkungsmanöver bei Romanen und Reise-
berichten mitgesteigert, was ihn in seiner Annahme bestätigte,
daß nicht mit ernsthaften Konkurrenten zu rechnen war.

Als das begehrte Buch an der Reihe war, mußte er zu seiner größten Bestürzung aus dem Mund des Auktionators vernehmen, daß ein Herr in der vordersten Reihe dreitausend Francs geboten hatte, was sein eigenes Angebot deutlich überstieg. Er geriet in Panik, und aus lauter Angst, daß der Hammer das Buch einem andern zuschlagen könnte, ließ er sich auf ein gefährliches Überbietungsmanöver ein: dreitausendfünfhundert … viertausend … fünftausend … achttausend Francs … Er hatte doch nicht etwa die Reise unternommen, um sich von einem undurchsichtigen Liebhaber von Architekturskizzen aus dem Feld schlagen zu lassen? Dieses Buch, er wollte es haben – und er würde es haben! Um jeden Preis! Die Auktion ging weiter: zehntausend Francs … elftausend Francs … dreizehntausend … fünfzehntausend … zwanzigtausend Francs … Bei sechsundzwanzigtausend Francs – von Apfeulle geboten – gab der Herr in der vordersten Reihe auf, das Publikum applaudierte dem glücklichen Besitzer, der Experte beglückwünschte ihn zu seinem Erwerb und rieb sich vor Freude über den unerwarteten Erfolg die Hände.

Monsieur Apfeulle bezahlte, ließ sich Schlußschein und Echtheitszertifikat aushändigen, und als man das Buch einwickelte, kam sein erfolgloser Mitanbieter auf ihn zu und flehte ihn an, ein letztes Mal im Buch blättern zu dürfen. Was ihm Herr Apfeulle mit der Großmut des Siegers erlaubte. Doch das Benehmen des Mannes war mehr als seltsam. Er schaute weder die Pläne noch die Kupferstiche, noch den Text an: Er blätterte hastig vor- und rückwärts, als ob er etwas zwischen den Seiten suche, eine Notiz vielleicht. Als der ungehobelte Mensch gar Anstalten machte, das Buch auszuschütteln, griff er ein. Teufel noch mal, was fiel dem Kerl eigentlich ein …? Auf Herr Apfeulles barsches *genug jetzt* entschuldigte sich der Mann nicht einmal; er hatte ihm schließlich das mißhandelte Buch geradezu aus den Händen reißen müssen.

Der Unbekannte bestand darauf, ihn zum Bahnhof begleiten zu dürfen. Aus seinen wirren Erklärungen ging hervor, daß er weder Architekt noch Bauunternehmer sei, nicht einmal Sammler. Aber er ließ nicht locker: Er wolle sich das Buch nur gründlich ansehen und es ihm so zurückgeben, wie er es gekauft habe, er würde sogar dafür bezahlen, unter der Hand … Herr Apfeulle hielt den Griff der

Aktenmappe mit dem wertvollen Buch fester, denn man wußte ja nie ... das schwachsinnige Schlitzohr an seiner Seite hätte sie ihm entreißen und sich damit aus dem Staub machen können.

Die Rückreise verlief ohne weitere Zwischenfälle, aber Apfeulle war verstimmt; dank dem Vorfall mit dem »Verrückten« hatte er einen sehr hohen Preis für das Buch bezahlt, in einer Fachbuchhandlung hätte er es – vielleicht – viel günstiger erwerben können. Das machte ihn wütend; er versuchte zwar, den Vorfall zu verharmlosen, aber das Ganze war noch nicht ausgestanden, denn er wußte nicht, wie seiner Frau die massive Budgetüberschreitung beibringen.

Er schloß sich in seinem Arbeitszimmer ein, um den kostbaren Erwerb näher unter die Lupe zu nehmen. Es war der einzige Ort im Haus, wo er seine teure Gattin nicht gegen seine Unvernunft schimpfen hörte.

Der Einband war ziemlich beschädigt. Der Rücken wies eine Unebenheit auf, als sei ein Fremdkörper zwischen Karton und Leder geschoben worden. Neugierig löste er behutsam den Einband – und entdeckte ein zusammengefaltetes Stück Papier, das mit einer matten, in Wachs gepreßten, abgegriffenen Münze versiegelt war. Er entfaltete das beschriebene Stück Papier sorgfältig, konnte aber weder die enge Schrift noch die Sprache entziffern. Bloß die Unterschrift war einigermaßen leserlich: *Guinard Simon,* dann ein Ort, *Rennes-les-Bains,* und eine Jahreszahl, *1802.* Auf der Rückseite war eine Skizze, ein Plan vielmehr, mit ein paar unleserlichen Angaben und einer angedeuteten Windrose.

Am nächsten Tag ging er zu einem Numismatiker-Philatelisten am Ort, der ihm bestätigte, bei der Münze handle es sich um einen grob geprägten Louisdor aus der Zeit von Ludwig XV., er biete ihm tausendfünfhundert Francs dafür. Herr Apfeulle zog es vor, die Münze zu behalten. Fieberhafte Erregung hatte ihn gepackt. Er zog die Schrift behutsam ab und zeigte die eine Hälfte des Abzugs einem Paläographen, der das Textfragment problemlos übersetzte; es war in der sogenannten Langue d'Oc geschrieben, dem alten Provenzalischen, vermischt mit Kirchenlatein.

Es handelte sich um eine Art Geständnis, in dem von einem Mann die Rede war, einem Pfarrer und Klosteraufseher während der Revolution, der eine große Menge Gold gefunden, es seinen rechtmäßigen Besitzern entwendet und sich dann einem unsittlichen Lebenswandel hingegeben hatte. Von Reue geplagt, habe er später auf irdische Güter verzichtet und die über fünfzigtausend Louisdor an zwei verschiedenen Stellen vergraben. Wer das Gold fände, solle eine Kapelle für sein Seelenheil bauen lassen.

Ein Assistent an der Universität von Chartres übersetzte die zweite Hälfte des Abzugs, die Herr Apfeulle dem Universitätsprofessor vorsichtshalber nicht gezeigt hatte. Sie enthielt die Angaben, die zu den Verstecken führten. Im ersten, in der Altarsäule der Kirche von Rennes-le-Château, hatte er Pergamentrollen versteckt sowie zehntausend Louisdor, im zweiten, unter dem Südhang des »Roco Bruno«, den Rest, vierzigtausend Louisdor. Der Plan gab die Richtung an, in die man gehen mußte, und die Anzahl Schritte von einem bestimmten Felsen aus, den er am Fuß mit einem nach unten zeigenden Stern markiert hatte.

Apfeulle verstand nun, warum der Mann so hartnäckig geboten und den Preis für das Buch in die Höhe getrieben hatte: Er hatte davon gewußt. Der Kauf war ein Glückstreffer gewesen, was seine Gattin dazu auch sagen mochte.

Der allseits geachtete Staatsbeamte Apfeulle stürzte sich nun also mit fünfundvierzig in die Schatzsuche; seine Abenteurerseele erwachte, die Bücher, die er als Knabe gelesen hatte, tauchten wieder vor ihm auf: *DIE SCHATZINSEL, DER GOLDKÄFER, KÖNIG SALOMOS SCHATZKAMMER ...*

Herr Apfeulle faßte sich ein Herz und erklärte seiner Frau, eigentlich sei es unsinnig, auf Urlaub nach Ägypten zu fliegen, wo man doch Frankreich und seine Provinzen nicht einmal richtig kenne – und annullierte schlicht und einfach die gebuchte Reise. Er ziehe es vor, im Sommer das Departement Aude in den südlichen Pyrenäen zu besuchen, man habe ihm erzählt, es sei dort wunderschön.

Seine Gattin war empört, beugte sich aber schließlich dem Willen ihres Mannes, der keine Vernunft annehmen wollte; es blieb ihr nichts anderes übrig, als anhand eines ausgeklügelten Planes, den er ihr in die Hand gedrückt hatte, die notwendigen Vorbereitungen zu treffen.

Ein paar Tage vor der Abreise stattete er sie mit einem Paar festen Wanderschuhen und einer Thermosflasche aus. Er selbst kaufte sich einen Kompaß, einen Feldstecher und einen eisenbeschlagenen Spazierstock; er hatte ganz offensichtlich vor, die Pyrenäengipfel zu bezwingen.

Rennes-le-Château war traumhaft gelegen. Monsieur Buthion, der charmante Hotelbesitzer, empfing sie auf das liebenswürdigste und wies ihnen das schönste Zimmer in der VILLA BÉTHANIE zu. Hinter seiner Zuvorkommenheit verbarg sich jedoch eine ganze Reihe familiärer Dramen, die über ihn hereingebrochen waren, als er sich in den Kopf gesetzt hatte, den Schatz des Pfarrers von Rennes-le-Château zu suchen, eines gewissen Béranger Saunière, der seinerzeit die Villa hatte erbauen lassen, die mit einer Orangerie versehene Gartenanlage und einen ungewöhnlichen Turm – »Tour Magdala« genannt –, der auf das Tal hinabschaute.

Wie hatte ein armer Dorfpfarrer sich solche Ausgaben leisten können? Wo hatte er das Geld hergehabt?

Auf der Gartenterrasse konnte man an den Tischen Belgier, Deutsche, Franzosen beobachten, die sich aufgeregt stundenlang leise miteinander unterhielten, es war von Pergamentrollen die Rede, von Geländemarken, von vergrabenen Schätzen – sagenhaften! –, vom Schatz der Französischen Könige, dem von den Galliern und Römern geplünderten Schatz von Delphi. Es war auch von seltsamen Landausflügen die Rede, die Pfarrer Béranger ohne ersichtlichen Grund wiederholt unternommen hatte. Der Teufel, der das Weihwasserbecken auf den Schultern trug, hatte ganz bestimmt eine besondere Bedeutung, denn der Pfarrer selbst hatte ihn in Auftrag gegeben.

In Frankreich gibt es eine ganze Menge Legenden über den Schatz der Könige von Frankreich. Die berühmteste hat Maurice Leblanc als Vorlage für einen Roman genommen, in dem der berühmte Arsène Lupin den Schatz findet. Die TELEMAQUE, die auf dem Grund der Seine liegt, soll den Schatz Ludwig des XVI. enthalten. Laut »historischen« Quellen versteckte Blanka von Kastilien, die Gattin Ludwigs des Löwen, ihren Schatz in der Nähe von Rennes-le-Château, wie übrigens auch die Gattin Pippins des Kleinen und Mutter Karls des Großen, genannt

»Bertha mit dem großen Fuß«. Delphi wiederum war für seinen Apollo-Tempel berühmt; das Heiligtum zog viele Pilger an, die wertvolle Gaben opferten und dadurch die Begehrlichkeit des einfachen Volkes weckten. Die Stadt wurde im Zweiten Heiligen Krieg, 356–346 v. Chr., geplündert, später von den Kelten erobert, schließlich waren es aber die Römer gewesen, die das Heiligtum ausgeraubt hatten.

Je greifbarer der Schatz wurde, desto glücklicher wirkte Herr Apfeulle, und desto verdrossener war Frau Apfeulle. Ihr Mann hatte sich buchstäblich verwandelt: Er hatte sich in dieses langweilige Kaff verliebt, wo am Tag tropische Hitze und nachts arktische Kälte herrschten. Er hatte, ohne sie zu fragen, beschlossen, ein ruhig gelegenes Grundstück zu kaufen und ein Haus für seine alten Tage zu bauen. Er hatte sein Augenmerk auf einen felsigen Hügel gerichtet, direkt der Burg gegenüber, den man »Roco Bruno« nannte und der dem Gemeindesekretär gehörte; dieser wollte jedoch das Grundstück um keinen Preis verkaufen. Seine Familie würde ihm Vorwürfe machen, ein Bauer verkaufe sein Land nie, selbst wenn es sich um Ödland handle ...

Apfeulle ließ nicht locker; er hatte in Erfahrung gebracht, daß eine Parzelle dem letzten Abkömmling der merowingischen Könige verkauft worden sei. Verglich man jedoch die Katasterkarte mit dem Lageplan auf dem Pergament, so lag der Schatz eindeutig auf dem Grundstück, das der Bauer nicht verkaufen wollte. Eines Abends gab der Gemeindesekretär bei einem Pastis im Schatten des Turmes endlich nach, unter der Bedingung allerdings, daß Apfeulle auch die restlichen fünfzehn Hektar mit übernahm, denn er wollte die Parzelle nicht aufteilen. Er verlangte einen stattlichen Preis dafür – fünfmal höher als die in der Gegend üblichen Grundstückpreise –, aber nur so könne er den Familienrat dazu bewegen, die bittere Pille zu schlucken, und etwaige Vorkaufsrechtsansprüche seitens des Staates oder des Gemeinderates abwenden.

Madame Apfeulle versuchte vergeblich, sich der Transaktion zu widersetzen, sie drohte sogar mit Scheidung; ihr Gatte ließ sich jedoch nicht umstimmen und begleitete sie noch am selben Tag zum Bahnhof.

Bevor er sich in die Verkaufsverhandlungen stürzte, hatte Herr Apfeulle, der von Natur aus ein vorsichtiger Mann war, lange, seriöse Nachforschungen angestellt. Er wurde in den Friedhöfen der umliegenden Dörfer gesehen, wie er die Gräber inspizierte und Namen in ein schwarzes Notizbuch eintrug. Etliche Stammgäste von Rennes-le-Château waren ihm im Staatsarchiv von Carcassonne und von Limoux begegnet. Und er hatte tatsächlich im Buch des Kanonikus Sabarthes, *DIE GESCHICHTE DES KLERUS DES DEPARTEMENTS AUDE,* die Spur des abtrünnigen Pfarrers Guinard gefunden, der während der Revolution das Franziskanerkloster von Limoux gehütet hatte und, wie der Kanonikus schreibt, mit *sämtlichem lichtscheuen Gesindel Umgang* gehabt habe. Der Unterpräfekt von Limoux erwähnt ihn sogar namentlich: *lebt in Espéraza, mittel- und sittenlos, vom Volk geächtet.*

Herr Apfeulle war nicht klar, warum der Pfarrer seinen Schatz in Rennes-le-Château versteckt hatte, wo er wahrscheinlich nur Vikar gewesen war. Aber er war Pfarrer von Rennes-les-Bains gewesen, einer Ortschaft in der Nähe, was seine topographischen Kenntnisse erklärte. Alles fügte sich logisch zusammen. Die Armut, in der er gestorben war, war auf sein Bedürfnis zurückzuführen, nach einem ausschweifenden Leben Buße zu tun, seine Zeitgenossen hatten ihm jedoch nicht verziehen. Die Louisdor, die er in der Kirche von Rennes-le-Château versteckt hatte, waren später von Béranger Saunière entdeckt worden, was die verschwenderischen Ausgaben und die architektonischen Exzesse erklärte. Die Lage des »Roco Bruno« entsprach genau der Skizze auf der Rückseite des Pergaments. Die wiederholten Landausflüge des Pfarrers ließen darauf schließen, daß er das zweite Versteck nicht gefunden hatte. Vitruvs Plan wies in die richtige Richtung.

Das Grundstück des Gemeindesekretärs war teuer, gewiß, aber schließlich lag ein Schatz von vierzigtausend Louisdor unter dem Hügel ... vierzigtausend Louisdor zu, mindestens, tausendfünfhundert Francs das Stück, eine astronomische Summe: sechs Milliarden alter Francs. Und dieser Schatz würde bald ihm gehören. Herr Apfeulle konnte sich finanzielle Opfer leisten.

Ein Freund, den er in dieser Sache konsultierte, ein Rechtsanwalt, hatte ihn gewarnt: Die Entdeckung des Schatzes mußte

»zufällig« erfolgen, das Gelände mußte als sein Eigentum im Grundbuch eingetragen sein, ganz legal gekauft. Vor allem aber: kein Wort über den Schatz, denn sonst könnte im Kaufvertrag eine Klausel eingebaut werden, die den ursprünglichen Besitzer begünstigte. Das sei alles schon dagewesen, solche Dinge sprächen sich schnell herum und er müßte mit einer Invasion von Termiten rechnen, die sein Land durchwühlten. Ganz zu schweigen von den unmöglichsten Komplikationen, die in einem solchen Fall auf ihn zukommen könnten.

Er mußte also kaufen, schweigen, möglichst nicht auffallen, auf der Hut sein. Den unschuldigen Naturfreund spielen, damit niemand Verdacht schöpfte, seine Stellung sicherte ihm den Respekt der einheimischen Bevölkerung.

Und er hatte gekauft.

Als ich ihn kennenlernte, war er seit vier Jahren stolzer Landbesitzer – den Felsen mit dem eingeritzten Stern, der ihn zu den sechs Milliarden führte, hatte er noch immer nicht entdeckt. Seine Frau hatte die Nase voll, die Scheidung würde demnächst ausgesprochen werden. In Rennes-le-Château galt er als verrückt.

Er organisierte Ferienlager für bedürftige Elsässerkinder, die er jeweils in Pfadfinderuniform empfing und die er jeden Morgen zum Jäten aufs Feld schickte, jeden Tag an einer anderen Stelle. Um die Neugierde der Leute nicht zu wecken, hatte er darauf verzichtet, den dichtbewachsenen Hügel – Ziel seiner Sehnsüchte – zu besteigen. Da aber alle Felsen mehr oder weniger gleich aussahen, erwies sich die Suche als viel schwieriger, als er es sich vorgestellt hatte.

Ein Geologe hatte ihm erklärt, sein Grundstück liege auf einer geologischen Spalte, es sei daher unmöglich, dort eine moderne Villa zu bauen. Hinzu kam, daß in den mehr als zwei Jahrhunderten Erdrutsche stattgefunden hatten. Jeden Stein auf seinen vierzehn Hektar zu untersuchen, war ein Ding der Unmöglichkeit. Das Gelände war voller Erdrisse; ein paar Kinder waren in dornenüberwachsene Spalten gefallen und hatten sich verletzt.

Er war daher nach Paris gekommen, um mich zu bitten, eine diskrete, aber gründliche Untersuchung seiner Parzelle vorzunehmen, mit den leistungsfähigsten Detektoren, die dem Klub zur Verfügung standen. Im Fall eines Erfolgs stünden mir zwanzig Prozent zu. Seine Geschichte klang zwar sehr abenteuerlich, aber dennoch irgendwie glaubwürdig. An seiner Aufrichtigkeit bestand kein Zweifel; er schien auch nicht geistesgestört zu sein und versuchte nicht, mich mit esoterischen oder übersinnlichen Argumenten zu überzeugen, was oft der Fall ist.

Er war ganz offensichtlich verzweifelt, und das hatte ihn veranlaßt, mir seine Geschichte anzuvertrauen. Ich bat ihn, das ominöse Schriftstück untersuchen zu dürfen. Es handelte sich um ein vergilbtes Stück Pergament, das, soweit ich es beurteilen konnte, aus der Zeit stammte. Das Wachssiegel wies den Abdruck des Louisdor auf. Auf der Rückseite war der Plan, den Apfeulle mit einem Millimeterraster und Koordinaten versehen hatte.

Ich hatte bereits früher von dem berühmten Schatz von Rennes-le-Château gehört. Robert Charroux hatte mir als erster davon erzählt, und es gab auch ein sehr kontroverses Buch darüber: *DAS GOLD VON RENNES ODER DAS UNGEWÖHNLICHE LEBEN DES BÈRANGER SAUNIÈRE, PFARRER VON RENNES-LE-CHÂTEAU,* das seinerzeit viel Erfolg gehabt hatte und eine Welle fantastischer Literatur ausgelöst hatte. Das Buch hatte eine ganze Anzahl Schatzsucher aus allen Himmelsrichtungen auf den Plan gerufen. In der mythischen Schatzliteratur wimmelt es von Bilderrätseln, von Geheimschriften und Kryptogrammen, die nur mit komplizierten Schlüsseln dechiffrierbar sind. Solche Geschichten gehören zur Folklore eines jeden Landes, Rennes-le-Château machte da keine Ausnahmen. Der Pfarrer von Rennes-les-Bains, Abbé Boudet, hatte ein kompliziertes Buch in einer kodierten Sprache voller Anspielungen darüber geschrieben, in dem der Autor offensichtlich beweisen wollte, daß Englisch die Wurzel aller Sprachen sei.

Für Eingeweihte verbargen sich hinter dieser in der Lingua Doctus geschriebenen Posse – einem sehr bildhaften, kodierten Latein, das Gelehrte untereinander verwendeten, um der Inquisition zu entgehen – viel wichtigere Hinweise, die sich auf die Schätze und die Genealogie der Französischen Könige beziehen, auf die Mutter von Ludwig dem Frommen, Blanka von Kastilien, deren Schloß nicht weit von Rennes-le-Château entfernt war. Boudets historische Erkenntnisse, die als Belehrung gedacht waren, hätten manche europäische Regierungen in arge Verlegenheit gebracht. Der Schatz von Rennes-le-Château war ein heikles Thema. Ich fische nicht gern in trüben Gewässern, also erklärte ich Herrn Apfeulle, ich würde mich gelegentlich in Rennes-le-Château umsehen, sobald die Mikro-Gravimeter Texas-Worden geliefert seien. Ohne dieses Instrument sei ich nicht in der Lage, eine Abweichung im gravimetrischen Feld zu messen. Wir vereinbarten, daß wir uns an Ostern des folgenden Jahres treffen wollten – vorausgesetzt, ich sei im Lande.

Meine Expeditionen auf die Schildkröteninsel und in Neuguinea hatten mich mein Versprechen vergessen lassen; ich dachte überhaupt nicht mehr an Frankreichs Schätze, die mir nur Ärger bereitet hatten. Eine Front von Archäologen hatte mit Unterstützung des Kulturministers eine Schlacht ausgelöst, die das Verbot von Detektoren zum Ziel hatte, unter dem Vorwand, daß Amateursucher den archäologischen Stätten irreparable Schäden zufügten. Die Profanen würden die Erdschichten aufwühlen und die Funde – seltsamerweise fanden nur die Amateure etwas – würden nicht mehr in die Museen gelangen, sondern in die Vitrinen von Privatpersonen. Ein souveräner Staat könne sein historisches Erbe nicht gemeinen Plünderern überlassen. Seltsam an der ganzen Geschichte war, daß der Minister sich keine Sekunde gefragt hatte, warum die offiziellen, diplomierten, akkreditierten Archäologen nie auch nur die kleinste Goldmünze finden, wo sie doch die amtlich ernannten Zulieferer berühmter Numismatiker sind, und darunter gibt es etliche, deren Sammlung den Konservator des Staatlichen Münzkabinetts vor Neid erblassen läßt.

Ich hatte, wie gesagt, Herr Apfeulle vergessen, doch eines Tages meldete mir Madame Gausseran den Besuch der Gattin eines Chirurgen aus Toulouse, die eigens nach Paris gekommen war, um mich in einer Sache um Rat zu fragen, die unbedingt geheim bleiben mußte. Mein Zerberus beharrte darauf, daß ich sie empfange.

Die Dame sammelte alte Puppen; ihr Gatte hatte für sie auf einer Auktion in Montauban ein sehr kostbares Stück erworben, eine Puppe aus dem 19. Jahrhundert. Als sie die Perücke hatte restaurieren wollen, hatte sie festgestellt, daß im hohlen Puppenkopf ein kleines Stoffpäckchen versteckt war. Darin war ein mehrfach gefaltetes Stück Papier, das mit Wachs und einem Louisdor versiegelt war; bei der abgegriffenen Münze handelte es sich um einen sogenannten Louisneuf von großem numismatischem Wert.

Sie hatte die Schrift ohne fremde Hilfe entziffern können, denn sie hatte Kunstgeschichte studiert und kannte die alten Schriften. Es handelte sich um das Geständnis eines Priesters, der sich während der Revolution den Schatz eines Klosters angeeignet hatte, das man ihm während der Wirren anvertraut hatte. Er hatte den Schatz an zwei verschiedenen Stellen versteckt: in der Altarsäule einer Kirche in Rennes-le-Château und unter einem Felsblock neben einem großen »bröckelnden« Felsen. Dieser »bröckelnde« Felsen war ein wichtiges Indiz. Abbé Boudet erwähnt in seinem Buch, daß man drei Kreuze suchen und deren Form und Ausrichtung deuten müsse. Meine Besucherin hatte dank dem Plan auf der Rückseite des Dokuments die Stelle ohne weiteres gefunden. Rennes-le-Château befand sich etwa hundert Kilometer von Toulouse entfernt. Sie war wiederholt mit ihrem Mann dort gewesen und hatte entsprechende Nachforschungen angestellt: Um die Jahrhundertwende hatte ein Priester anläßlich der Renovation seiner Pfarrkirche in der Altarsäule einen Topf voller Goldstücke gefunden.

Ihr Mann sei vom Schatzfieber gepackt worden, und um in aller Ruhe suchen zu können, habe er zehn Hektar Ödland gekauft, das sich für den Ackerbau nicht eignete. Er hatte das Grundstück vom Vetter des Gemeindesekretärs von Rennes-le-Château erworben. Dieser hatte sich nicht zweimal bitten lassen, denn das Grundstück war voller Erdrisse, man konnte nicht einmal eine Herde darauf weiden lassen.

Das war vor drei Jahren gewesen – und sie hatten immer noch nichts gefunden. Sie war verzweifelt; sämtliche Wochenenden, sämtliche Ferien mußte sie im Dornengestrüpp oder in Erdspalten verbringen. Die Kinder weigerten sich inzwischen strikt, die Eltern zu begleiten, und sie hegte inzwischen ernsthafte Befürchtungen, daß ihr Mann, der sogar seine Arbeit in der Klinik vernachlässigte, langsam den Verstand verliere. Sie hatte vom Klub gehört, also war sie gekommen, um mich, den Präsidenten, um logistische Unterstützung zu bitten. Verfügten wir nicht etwa über superpotente Detektoren? Sie würden selbstverständlich alle Kosten übernehmen, meine und die meiner Mitarbeiter, würden sich zudem verpflichten, mir aufgrund eines notariell beglaubigten Vertrages zwanzig Prozent an einem eventuellen Fund zu überlassen.

Ich bat, das im Puppenkopf versteckte Pergament sehen zu dürfen. Es sah genau so aus wie das, das Herr Apfeulle mir vor einem Jahr gezeigt hatte. Die Unterschrift war die gleiche, auf dem Plan jedoch waren Felsen eingezeichnet mit einem Bach, der an einem Kreuz vorbeifloß.

Ein erstaunlicher Zufall – wenn es sich um einen Zufall handelte.

Meine Neugier war geweckt: An der Geschichte war etwas faul. Ich vermutete ein geniales Gaunerstück dahinter. Um ein ruhiges Gewissen zu haben, würde ich mich an Ort und Stelle umsehen.

Ich sicherte der Arztgattin meine Unterstützung zu. In vier oder fünf Wochen würde ich nach Rennes-le-Château fahren und mich dann gleich mit ihr in Verbindung setzen.

Der Ort war wirklich bezaubernd: ein Dorf auf einem Gebirgsvorsprung, ein Paradies für Schatzsucher und Romantiker. Am Dorfeingang war an gut sichtbarer Stelle eine Tafel mit einer unmißverständlichen Inschrift angebracht: *Rennes-le-Château – Schatzsuche verboten*. In meiner Eigenschaft als Präsident des INTERNATIONALEN SCHATZSUCHER-KLUBS hatte ich jedoch keine große Mühe, mit den Leuten ins Gespräch zu kommen. Unser Gründermitglied war schließlich der erste gewesen, der den »Schatz des ruchlosen Priesters« erwähnt und dadurch zum Wohlstand der Gemeinde beigetragen hatte, die, wie viele Ortschaften im Süden Frankreichs, nur einen Reichtum aufzuweisen hat: eine wundervolle Rundsicht.

Das Dorf war arm, und es fiel schwer zu glauben, daß es in früheren Zeiten die Hauptstadt der Grafschaft Razès gewesen war mit dreißigtausend Einwohnern zur Zeit der Wisigoten. 1709 zählte es rund fünfzig Familien, 1850 noch fünfhundert Einwohner. Abbé Saunière dürfte bereits kaum mehr als zweihundert Pfarrkinder gehabt haben, und 1978 waren noch fünfundsiebzig Personen im Wahlregister eingetragen.

Das Schloß hatte zwei nicht sehr hohe, abgeflachte Türme, einen runden und einen viereckigen, und sah eher aus wie ein stattliches Landgut als wie eine bemannte Burg, die einen Landstrich überwachte, der sich im Süden bis zu den spanischen Pyrenäen erstreckte, im Norden bis nach Carcassonne, im Westen an die mächtige Grafschaft Foix grenzte und im Osten an das Reich der Keltiberer.

Rennes-le-Château, im Altertum Rhedae, wurde 1250 von Limoux überflügelt, das zur Hauptstadt wurde.

Die trutzigen Mauern sind verschwunden, und auch von den alten Gebäuden ist nichts mehr übriggeblieben.

Herr Buthion, der Hotelbesitzer, erklärte mir, wie er in den Besitz von Abbé Saunières »Landsitz« gekommen sei, der früher einem Herrn Corbu gehört habe, einem Geschäftsmann, der es seinerseits 1953 aufgrund eines handschriftlich verfaßten Testaments von der ehemaligen Köchin des Abbé geerbt habe, einer gewissen Marie Denarnaud. Sie sei unerwartet an einer Hirnblutung gestorben und habe keine Zeit mehr gehabt, ihrem Neffen das schreckliche Geheimnis des Abbé anzuvertrauen. *Glaub mir, mein Sohn,* habe sie ihm immer wieder gesagt, *eines Tages werde ich dir das schreckliche Geheimnis verraten. Du wirst nicht wissen, was mit dem vielen Geld anfangen, du wirst es mit vollen Händen ausgeben können.*

Der Herrgott hatte ihr keine Zeit gelassen, aber Noel Corbu glaubte unerschütterlich an die vielsagenden Andeutungen der treuen Seele. Obwohl ihr der Pfarrer einen Berg Schulden hinterlassen hatte, hatte sie nie an den Schatz gerührt, ja, sie hatte es vorgezogen, ihre Möbel, eines nach dem andern, zu verkaufen.

Herr Corbu war ein geschäftstüchtiger Mann; er war zwar nicht in den Besitz des Schatzes gelangt, aber er beschloß, ihn dennoch zu nutzen und aus dem Gut einen gastronomischen Tempel zu machen. Er inszenierte romantische Son-et-Lumière-Spektakel, die die Felsen überfluteten und die Herzen der Gäste entflammten, die sich bei Bezahlung der Rechnung *in petto* schworen, das Milliardenvermögen des verstorbenen Pfarrers zu finden.

1956 veröffentlichte die *DÉPÊCHE DU MIDI* drei Artikel über den geheimnisvollen Schatz von Rennes-le-Château; Robert Charroux trat auf den Plan; seine Nachforschungen fielen zur größten Zufriedenheit von Noel Corbu aus, denn für ihn war das Ganze eine gewaltige PR; die Anwesenheit von Henry de Monfreid und von ein paar anderen großen Namen bedeutete für ihn die Bestätigung seiner Genialität.

Er ließ auf dem Wall an der südwestlichen Seite einen Wintergarten bauen mit einem Panorama-Restaurant, der Abbé Saunière zu Ehren gereichte. Dieser mußte übrigens ein kultivierter Mann gewesen sein, denn Mitglieder der französischen Krone waren wiederholt bei ihm zu Gast gewesen; zudem soll er eine Affäre mit Emma Calvet gehabt haben, einer der berühmtesten Sängerinnen ihrer Zeit und Freundin von Debussy, die ihre Karriere in Gounods Faust begonnen hatte und viele Jahre lang Saunières Geliebte gewesen sein soll. Eine seltsame Gestalt, dieser Pfarrer von Rennes-le-Château, und zudem ein sehr attraktiver Mann. Seine Köchin Marie Denarnaud war, entgegen der herrschenden Sitte, bereits als junges Mädchen, mit achtzehn, in seinen Dienst getreten; sie hatte sich nie entschließen können zu heiraten, obwohl sie eine hübsche Person war und gute Manieren gelernt hatte. Ihr Dienstherr hatte sich erkenntlich gezeigt und ihr sein ganzes Vermögen hinterlassen, ein gerechter und verdienter Lohn in Anbetracht der Kalamitäten, die sie in all den Jahren von Seiten der katholischen Obrigkeit über sich hatte ergehen lassen müssen. Es gab keinen Grund, warum sie ihr Glück mit dem Bischof hätte teilen sollen.

Die meisten Familien im Dorf lebten von Béranger Saunières Großzügigkeit, der ihnen Arbeit gab und sie anständig bezahlte. Undankbarkeit gegenüber Wohltätern war damals noch verpönt. Aber die ausgesprochene Vorliebe für Weiberröcke stieß der älteren männlichen Bevölkerung immer noch sauer auf; es war daher klüger, im Gespräch mit den Dorfältesten das Thema zu meiden, wenn ich etwas erfahren wollte.

René Descadeillas, Konservator der Stadtbibliothek von Carcassonne, empfing mich mit offenen Armen. Endlich hatte er jemand gefunden, mit dem er über seinen Verdacht reden konnte – einen Verdacht, den ich übrigens teilte: Der Schatz war eine Chimäre. Der gute Pfarrer war ein Erbschleicher gewesen und hatte durch den Handel mit bezahlten Messen ein Vermögen gemacht, einem der schwersten Amtsmißbräuche in den Augen der kirchlichen Obrigkeit, nur vergleichbar mit dem Verkauf von geweihten Gegenständen und geistlichen Ämtern aus bloßer Profitgier. Allein für das Jahr 1904 hatte Abbé Saunière – der Tag für Tag seine Einnahmen und Ausgaben sorgfältig in ein Heft eintrug – elftausend Messen in Rechnung gestellt, obwohl er nur zwei Messen am Tag lesen durfte. Zudem war er sich nicht zu schade gewesen, nachts Friedhöfe zu schänden, Gräber zu plündern und den Schmuck zu verkaufen. Béranger war ganz eindeutig ein geschäftstüchtiger Mann. Er unterließ es nie, an den Todestagen die Hinterbliebenen eindringlich zu ermahnen, Messen für das Seelenheil der lieben Verstorbenen lesen zu lassen. Wie konnte man einem Angehörigen den Eingang ins Paradies verwehren, wenn sich ein so dienstfriger Priester anerbot, als Vermittler zu wirken? Er verkaufte seine Messen zu absolut konkurrenzfähigen Preisen, von drei bis dreihundert Francs, und ließ zudem mit sich reden. Sein Bruder, der im Ausland predigte, setzte das Gerücht in die Welt, daß die französische Revolution mit allen Mittel danach trachte, den katholischen Glauben in Frankreich und insbesondere in Rennes-le-Château auszurotten, wo sein Bruder Béranger unter Lebensgefahr in einer vom Einsturz bedrohten Kirche unerschrocken Widerstand leiste. Das Geld unschuldiger Gläubigen, die sich bereitwillig schröpfen ließen, traf von überallher ein. Der Postbote brach fast zusammen unter der Last der Säcke, die er täglich in der VILLA BÉTHANIE ablieferte, aus denen Zahlungsanweisungen quollen und mit zahllosen Marken beklebte Ansichtskarten, die der Pfarrer gleich weiterverkaufte.

Nach Ansicht von René Descadeillas glich Béranger Saunière eher dem »fetten Ekel« des Karikaturisten Reiser als Don Bosco, eine Ansicht, die ich vollauf teilte. Die Beweise, die er aus den Archiven des Kirchentribunals zusammengetragen hatte, ein ganzes Paket erdrückender Anschuldigungen, sprachen eine deutliche Sprache: Béranger Saunière war eine traurige Gestalt gewesen, eine dieser Ausgeburten, die die Geschichte von Zeit zu Zeit hervorbringt. Dennoch, ich fand es seltsam, daß der Pfarrer im Alter alles getan hatte, um möglichst viele Spuren zu hinterlassen, die sein Andenken beschmutzten. Für den Präfekten handelte es sich um eine riesige Betrugsaffäre, die von Hintermännern insze- niert worden sei mit dem einzigen Ziel, die Geschichte Frankreichs in den Schmutz zu ziehen. Man brauche bloß die Geheimdienst- akten zu studieren.

Ich war mittlerweile zur Überzeugung gelangt, daß die mut- maßlichen Hintermänner gefährlicher waren als sämtliche Falsch- münzer, weil sie echte falsche Dokumente in Umlauf setzten. Durch die intelligente Nutzung gesetzlicher oder reglementarischer Lücken kann man es überall auf der Welt relativ leicht schaffen, Fälschungen höchst offiziell als echt beglaubigen zu lassen und Historiker hinters Licht zu führen. Schriftsteller, die gierig nach publikumswirksamen Themen sind und sich nicht die Mühe neh- men, Fakten zu überprüfen, gibt es zu genüge. Ganz zu schweigen von anderen prädestinierten Opfern wie meine frischgebackenen Landbesitzer zum Beispiel. Auf allen Kontinenten sind die vom Amtsschimmel verlangten Prozeduren seit je ein Segen für Gauner und Betrüger gewesen.

Bei meinen Nachforschungen bin ich auf etliche Werke gesto- ßen, die auf Abbé Béranger Saunières Schatz hinweisen, unter anderem auch auf ein Buch von Eugène Stublein, einem Meteo- rologen und Astronomen aus dem 19. Jahrhundert, der sich eingehend mit der Region Limoux befaßt hatte. Sein Werk wurde später von einem Abbé Courtauly wiederaufgelegt. Im Geheim- archiv des Klosters Sion werden die Schriften eines gewissen Lobineau aufbewahrt, die seltsamerweise nach seinem Tod ge- schrieben worden sind, ferner ein Text mit dem Titel *LE SERPENT ROUGE* – die rote Schlange –, dessen drei anonyme Autoren sich praktisch gleichzeitig erhängt haben sollen. Hinzu kommen Dut- zende von Machwerken, wobei sich seltsamerweise keiner der Autoren, der sich ernsthaft mit dem Dossier Rennes-le-Château befaßt hatte, über die plötzliche Lawine wunderte.

Aus gewissen Unterlagen geht eindeutig hervor, daß der Pfarrer sich mit mächtigen Geheimgesellschaften eingelassen hatte und daß er selbst Mitglied der *Cagoule* gewesen war, einer einflußrei- chen politischen Bruderschaft, die um die Jahrhundertwende die Macht in Europa an sich reißen wollte.

So vermochte es nicht zu verwundern, daß in die »Affäre Béranger« auch Leonardo da Vinci verwickelt war, Jean Cocteau, Isaac Newton, Blanka von Kastilien, die letzten Merowingerkönige, Alarich und die Volken Tectosagen, ein alter keltischer Volksstamm, und natürlich auch die Katharer, die Templer, die Freimaurer, die alle mit den Rosenkreuzern zusammenhingen, ferner der Vatikan (der überzeugt war, der Schatz enthalte den Heiligen Graal), der KGB, der den CIA überwachte, dieser war wiederum dem israelischen Geheimdienst auf den Fersen, der seinerseits darauf bestand, daß alles, was im entferntesten mit Salomos Tempel oder Christus zu tun hatte, Eigentum des Staates Israel sei. Und alles unter dem aufmerksamen Blick des Dalai Lama, der sich um nichts auf der Welt ein Geheimnis entgehen lassen wollte, das vielleicht die Menschheit hätte verändern oder gar vernichten können.

Die Dorfbewohner hatten mir alle etwas Wichtiges mitzuteilen, was mir bei meinen Nachforschungen hätte nützlich sein können. Ich mußte in Höhlen hinabklettern, die aus römischen Zeiten stammten und zu verlassenen Goldminen führten, die man vor dem Zugriff des Königs hatte verstecken wollen. Ich willigte ohne mit der Wimper zu zucken in Verabredungen auf Friedhöfen ein, wo man mir ein Indiz auf einem Grabstein zeigen wollte oder eine Steinplatte in einer Gruft, die von einem Geheimdienstagenten verschoben worden war.

Wenn ich am Abend auf mein Zimmer ging, fand ich Briefe, die man mir unter der Tür hindurchgeschoben hatte und die interessante Mitteilungen oder Drohungen enthielten, unterzeichnet mit »Großer Eber«, der Bezeichnung des luziferischen Königs, der im siebten Untergeschoß haust und der im direkten Kontakt mit den Weisen der Agartha steht, des unterirdischen esoterischen Reiches, das man in Tibet vermutet. Die Talismane mußten im Besitz der Eingeweihten bleiben, hatte doch Konrad Adenauer auf dem Sterbebett General de Gaulle eindrücklich darum gebeten, der das Dossier wiederum in André Malraux' Hände gelegt hatte.

Ich hatte eine Mitarbeiterin nach Rennes-le-Château mitgenommen; wir trafen uns jeden Abend zur Berichterstattung in Monsieur Buthions Restaurant, der uns bereits ungeduldig erwartete. Leute, die wir überhaupt nicht kannten, ersuchten ihn um einen Tisch in unserer Nähe und warteten mit der Bestellung, bis wir Platz genommen hatten. Zu Beginn war mir nicht klar, warum diese bunt zusammengewürfelte Gesellschaft mir so viel Aufmerksamkeit schenkte. Ich genoß es jedoch, auf Kosten anderer Leute meiner neuen Freundin zu imponieren, die eifrig die Direktionssekretärin spielte und jedes meiner Worte beflissen in ein schwarzes Wachstuchheft eintrug.

Herr Apfeulle hatte Werbung für mich gemacht. Er hatte überall herumerzählt, er habe den berühmten INTERNATIONALEN SCHATZSUCHER-KLUB, dessen Ruf über alle Zweifel erhaben war, um logistische Unterstützung ersucht. Er hatte großzügig eine Liste mit allen unseren erfolgreichen Interventionen verteilt samt der riesigen Vermögen, die wir den rechtmäßigen Besitzern zurückgegeben hatten. Ein Klub aus lauter Gentlemen, aus verschwiegenen Abenteurern, die sich unter dem Banner strengster Ehrlichkeit verbündet hatten. Der Präsident entsprach vielleicht nicht ganz dem Bild, das man sich von dem Inhaber eines solchen Amts machte, meine Wahl sei jedoch aufgrund subtiler Überlegungen erfolgt. Man dürfe sich nicht auf Äußerlichkeiten verlassen. Ich sei ein sehr kluger Mann, mein eher unauffälliges Wesen sei in diesem Geschäft ein nicht zu unterschätzender Vorteil. Ich verfüge über eine umfassende Bildung und sei mit allen Wassern gewaschen, es sei also zwecklos, etwas aus mir herausholen zu wollen, doch man brauche bloß die Ohren zu spitzen: scheinbar bedeutungslose Bemerkungen meinerseits seien oft doppel- oder dreisinnig; ich hätte Zugang zu vielen geheimen Informationen, die Unterlagen, die Robert Charroux mir anvertraut habe, seien bestimmt nicht lauter Papier.

Die vielen Tische in der Nähe des uns gleich am ersten Tag zugewiesenen Stammplatzes machten mich etwas nervös. Die meisten Gäste saßen stumm da und schauten zu uns herüber, man hörte nur mein Flüstern, während meine Gefährtin angespannt lauschend schrieb und schrieb.

Herr Buthion wußte, was sich gehörte. Obwohl wir Halbpension mit Tagesmenü gebucht hatten, schafften wir es nicht, die Riesenportionen zu bewältigen, die er uns vorsetzte: geräucherte

Entenbrust, Cassoulet, frische Gänseleber, Rehkeule, Trüffeln, Pasteten ... was unser Herz begehrte. Wir fragten uns in Anbetracht des bescheidenen Pensionspreises, wie er auf seine Rechnung komme.

Ich habe die schlechte Angewohnheit, Papiertischtücher zu bekritzeln, mit Lageplänen, Kartenskizzen, Strichmännchen ... Als ich eines Abends in den Speisesaal hinunterging, um eine Flasche Mineralwasser zu holen, wurde ich Zeuge einer heftigen Auseinandersetzung zwischen einem Holländer und einem Belgier, die ein Gedicht abschreiben wollten, das ich auf einen Zipfel des Tischtuchs gekrakelt hatte, denn die beiden waren überzeugt, daß es sich um ein kompliziertes Kryptogramm handelte, mit dem ich mich intensiv beschäftigte und das ich wahrscheinlich fast entziffert hätte.

Wenn ich frühmorgens joggen ging, rannten Touristen in brandneuen Trainingsanzügen hinter mir her, wollten mich um jeden Preis begleiten, überholten mich nicht und ließen sich vor allem nicht abhängen. Wenn ich zum Verschnaufen stehenblieb, konnte ich sicher sein, daß am Nachmittag ein Grüppchen von Spaziergängern die Stelle genauestens untersuchen würde.

Während des Frühstücks schauten unweigerlich der Bürgermeister, der Gemeindesekretär und die Küsterin vorbei, um sich zu erkundigen, ob ich gut geschlafen hätte und wo ich am Mittag zu essen gedachte ... sie würden eine ganze Menge kleiner Landgasthäuser kennen ... Geheimtips ...

Ich schwamm im Glück und trank den ausgezeichneten spritzigen Wein aus der Gegend. Pfarrer Guinards Pläne waren tatsächlich ein heißer Tip, ganz zu schweigen von Abbé Saunière, der sich darauf versteift hatte, Unmengen von Hinweisen und Indizien zu hinterlassen, aber aus unerfindlichen Gründen das Bilderrätsel etwas kompliziert hatte.

Meine Gefährtin war großartig, charmant und voller Humor. Es gefiel ihr ausgezeichnet im kleinen Dorf, das sich so rührend um sie kümmerte. Jeden Morgen fand sie einen frischen Blumenstrauß aus Abbé Saunières Rosengarten auf dem Frühstückstisch, und niemand schien von ihr erfahren zu wollen, was im schwarzen Wachstuchheft stand, das sie immer mit herumtrug.

Meine Nachforschungen kamen gut voran; ich arbeitete nach dem Muster alter Kriminalromane: Wem nützte das Verbrechen? Und siehe da, ein Besuch auf dem Grundbuchamt bestätigte mir, daß in den letzten zehn Jahren auffallend viele Handänderungen stattgefunden hatten. Privatpersonen, vor allem Ausländer – Engländer, Belgier oder Deutsche – hatten jeden verfügbaren Quadratmeter Ödland gekauft, wo selbst das Vieh nicht weiden wollte. Rennes-le-Château genoß internationalen Ruf. Das Gemeindearchiv war allerdings nicht sehr ergiebig, denn es war Anfang des Jahrhunderts durch einen wahrscheinlich willkommenen Brand zerstört worden.

Die Renault- und Peugeot-Vertretungen in Limoux rieben sich die Hände. Der Verkauf von Neuwagen war im goldenen Dreieck Rennes-le-Château, Rennes-les-Bains und Espéraza noch nie so hoch gewesen. Der Grundstückhandel florierte. Wenn der Name Saunière fiel, kullerten Tränen der Dankbarkeit über die geröteten Wangen der einheimischen Notare, und in den Kindergärten wimmelte es von kleinen Bérangères und pausbäckigen Bérangers.

Daß ein ganzes Dorf an der Geschichte beteiligt war, das war an sich schon unglaublich. Aber daß eine ganze Region darin verwickelt sein sollte, das schien mir unmöglich. Daß noch niemand Journalisten gegenüber aus der Rolle gefallen war ... Und dennoch, nirgends war ein Mißton auszumachen: Die Einheimischen waren fest überzeugt, in einer Gegend zu wohnen, die seit Urzeiten voller Geheimnisse war, und sie wiederholten die Partitur im Brustton der Überzeugung. Es mußte einen heimlichen Dirigenten geben. Jemand mit dämonischer Schlauheit, gepaart mit der südfranzösischen Neigung, gewaltig zu übertreiben, wenn es darum geht, vergessene Mythologien wiederaufleben zu lassen. Das Ganze war so genial eingefädelt, daß ich versucht war, Nachsicht walten zu lassen, meine Bewunderung für den genialen Drahtzieher, der seinen Schelmenstreich so erfolgreich auf dem gemeinsamen Erbgut aufgebaut hatte, wurde von Tag zu Tag größer. Ich mußte diese Person kennenlernen, koste es, was es wolle, nicht etwa um sie zu entblößen, sondern um ihr zu gratulieren.

Um zum Ziel zu gelangen, was mittlerweile zu einem persönlichen Anliegen geworden war, begann ich mit meinen Nachfor-

schungen von vorn und ließ nicht den kleinsten Anhaltspunkt
außer acht. Von den Grundstückverkäufen hatten mehrere Familien profitiert, die, soviel mir bekannt war, nicht untereinander
verwandt waren. Es handelte sich zudem durchwegs um alte
Familien, die schon sehr lange in der Gegend wohnten. Die Archive
der regionalen Freimaurerlogen brachten keine zusätzlichen Hinweise, doch das eventuelle Vorhandensein des Schatzes schien
auch sie nicht gleichgültig gelassen zu haben.

Béranger Saunière, Simon Guinard, Abbé Boudet und ein Dutzend weiterer in die Geschichte verwickelter Priester hatten tatsächlich existiert. Darunter waren welche, die selbst nach ihrem
Tod weitergeschrieben hatten, da es sich jedoch um kirchliche
Belange handelte, hatte sich niemand darüber gewundert. Anstatt
die Archive zu öffnen, die über das ungewöhnliche Benehmen des
ruchlosen Priesters hätten Aufschluß geben können, hatte sich die
katholische Kirche, wie meistens in solchen Fällen, hinter schuldi-
gem Schweigen oder wirren Protesten verschanzt. Ein Beweis, daß
es kein Rauch ohne Feuer gibt. Mein Dirigent mußte ein gelehrter
Mann oder ein guter Psychologe sein und mit keinerlei Gewissens-
konflikten belastet, was seinen Zynismus anging.

Ich begab mich ein weiteres Mal in die Stadtbibliothek von
Carcassonne und bat, die Ausleihzettel oder Besuchsregister der
Jahre 1954 bis 1966 einsehen zu dürfen. Ein reiner Zeitverlust,
denn die Besuchsregister waren vernichtet worden, jedenfalls
fand man sie nicht, und die Prüfung der wenigen noch vorhandenen Ausleihzettel ergab nichts Besonderes. Ich fand natürlich
die Namen meines Chirurgen aus Toulouse und von Herr
Apfeulle, notierte mir zudem die Adresse von zwei Deutschen,
einem Holländer, drei Belgiern und vier Engländern, die alle zu
Grundstückbesitzern geworden waren und die sich im Abstand
von ein paar Monaten für das lasterhafte Leben von Simon
Guinard interessiert hatten. Offensichtlich war den braven Leuten sehr viel daran gelegen, den Zorn des Herrn zu mildern und
die vom Sünder so sehnlich gewünschte Kapelle bauen zu lassen. Die göttliche Gnade würde ganz bestimmt nicht auf sich
warten lassen, wenn sie den Schatz des Klosteraufsehers gefunden haben würden, der sich in einen schelmischen Däumeling

verwandelt und seine Taler unter den Felsen verstreut hatte. Er schien diesen regelrechten Emmentalerkäse voller Verstecke wie seine Westentasche gekannt zu haben.

Was raten die Eltern, wenn die Kinder einem Vogel nachrennen? Ihm Salz auf den Schwanz zu streuen, um ihn leichter fangen zu können. In unserem Fall vergaßen vernünftige Erwachsene jede Vorsicht und stürzten sich in eine wilde Verfolgungsjagd hinter dem Gespenst eines Raben her. Vor meinen Augen entstand das Bild einer Soutane, die unter dem Gewicht der goldgefüllten Säcke fast zusammenbrach, während sie mühsam die Felsblöcke verschob, um die Beute darunter zu verstecken und dann heimlich Kreuze und Sterne in die Felsen zu meißeln. Es war zuviel Ungereimtes an der ganzen Geschichte; man mußte schon sehr geblendet sein, um es nicht zu bemerken. Erwachsene rannten hinter dem Lockvogel her, und irgend jemand hatte ihnen das Salz zugesteckt. Der Deutsche aus München bestätigte mir, er habe die geheimnisvolle Botschaft im Futteral einer Sammlerpistole gefunden. Ein Belgier aus Brügge hatte das Pergament mit dem obligaten Louisdor im Geheimfach eines antiken Sekretärs entdeckt, der aus einem Kloster stammte. Das gestohlene Vermögen des guten Pfarrers mußte gewaltig gewesen sein, wenn man die Verstecke mit je vierzigtausend Goldtaler mit der Anzahl glücklicher Besitzer multiplizierte, die auf ihrem unwirtlichen Grundstück eine Kapelle bauen lassen wollten. Das ergab ungefähr zwölf Verstecke bzw. zweiundsiebzig Milliarden neue Francs. Béranger Saunière hatte, nebst dem in der Altarsäule, vielleicht noch einen oder zwei Schätze gefunden, was seine häufigen Ausflüge über Land erklärte. Aber er hatte nicht alles gefunden. Also gab es weitere Verstecke, und jedermann hatte einen hieb- und stichfesten Beweis in der Hand, das Pergament nämlich, dessen Inhalt er seinem Nachbarn niemals verraten hätte, man wußte ja nie ...

Diese Schatzsuche hatte aber noch einen beträchtlichen pädagogischen Nebeneffekt: Geschichtswerke, Bibliographien berühmter Männer, Predigten, die Bibel, der Koran, der Talmud wurden gewissenhaft von Leuten studiert, denen man einen solchen Wissensdurst kaum zugetraut hätte. Werke über die Maler Nicolas Poussin, über David Téniers der Jüngere, über Van Dyck wurden von Leuten, die in der VILLA BÉTHANIE abgestiegen waren, auffallend häufig verlangt. Es stellte sich heraus, daß sich der Pfarrer von Rennes-le-Château am Maler von Arcadiens Hirten inspiriert hatte, das Studium der symbolischen Bedeutung seiner Werke brachte vielleicht Licht in die Geschichte. Das Gehirn der Operation, wahrscheinlich ein verbitterter Lehrer oder ein humorvoller Professor, hatte auf geniale Art und Weise die Spuren vervielfältigt, eine verschleierter als die andere. Die Untersuchung von Sumpfgelände und Treibsand war zu einem allgemeinen Anliegen geworden.

Alle, mit denen ich mich über den Schatz unterhielt, waren natürlich leidenschaftliche Anhänger von okkulten Lehren, von Magie und Symbolismus. Und sie fanden es sogar selbstverständlich, daß sie in einem Meer aus wilden Spekulationen ertranken. Ihre Unfähigkeit, zu begreifen oder gar zu verstehen, befähigte sie, die unmöglichsten, unlogischsten Hypothesen aufzustellen. Mein Magier mußte wohl nachts hin und wider von seinem eigenen dröhnenden Gelächter aufwachen.

Ich dachte, der Moment sei gekommen, Herr Apfeulle, den Arzt aus Toulouse und dessen Frau, den Deutschen, die zwei Belgier und das englische Ehepaar miteinander bekannt zu machen. Den denkwürdigen Abend werde ich nie vergessen, wir wurden beinahe verprügelt und mit Schimpf und Schande davongejagt, meine Mitarbeiterin und ich.

Was sei denn so ungewöhnlich an der Tatsache, daß sie alle unter verschiedenen Umständen das gleiche Dokument und die gleiche Goldmünze gefunden hätten, wo doch der abtrünnige Pfarrer Simon Guinard 1789 tatsächlich gelebt und man ihm während der Revolution das Franziskanerkloster von Limoux anvertraut habe? Er habe die steinreichen Mönche beraubt – ja und? –, die ihn wegen der herrschenden gefährlichen Zeiten nicht hätten anzeigen können, wollten sie nicht Kopf und Kragen riskieren. Ihren ungewöhnlichen Reichtum verdankten die Mönche Angehörigen der königlichen Familie, die sie mit einer heiligen Mission betraut hätten: der Wiederherstellung des Königreichs. Guinard habe die sechshunderttausend Goldtaler aufgeteilt, damit nicht alles den Revolutionären in die Hände falle, sollten sie den Schatz entdecken. Jedermann hätte an seiner Stelle so gehandelt, oder etwa nicht? Ich wolle sie warnen? Aber wovor? Vor was für einer Verschwörung? Vor was für einem Betrug? Vor einem zweihundert Jahre alten Gaunerstück? Unmöglich ... ich sei wohl nicht ganz richtig im Kopf ... Was wollte ich mit meiner blöden Vernunft gegen Boudets Buch ausrichten, das ich im übrigen kaum gelesen hatte, denn sonst hätte ich begriffen, zwischen den Zeilen gelesen, daß alles genau übereinstimmte ... Boudet könne unmöglich das Werkzeug von Halsabschneidern gewesen sein, er gebe ja die genaue Lage der Schätze an, ohne den abtrünnigen Guinard auch nur mit einem Wort zu erwähnen. Er habe um das Geheimnis gewußt, jawohl, habe es in einem Buch verschlüsselt enthüllt, um zu verhindern, daß der Schatz in unberufene Hände falle. Der Schatten des Pfarrers liege über jeder Zeile, das hätte ich sehen oder zumindest fühlen müssen. Nicht genug damit, Herr Apfeulle und die Arztgattin bedauerten offen, einen solchen Blödian zugezogen zu haben. Und im übrigen, wenn schon von Vernunft die Rede sei, sie seien alle überzeugt, daß ich ein paar Verstecke kenne und – nicht mehr und nicht weniger – versuche, sie zu entmutigen, um selbst abzusahnen; aus diesem Grund und nur aus diesem Grund habe ich diese hanebüchene Theorie entwickelt, die weder Hand noch Fuß habe. Das Beste, was ich tun könne, sei, meine dämlichen Instrumente einzupacken und schleunigst zu verduften, wehe, wenn ich meinen Fuß nochmals auf ihr Grundstück setze, sonst ... sie würden mir schon zeigen, aus was für Holz sie seien.

Es war unmöglich, vernünftig mit ihnen zu reden. Je mehr ich mich ereiferte, desto überzeugter waren sie, daß meine Skepsis nur vorgespielt sei und daß ich versuche, mich an ihrem Eigentum zu vergreifen. Wenn es in der ganzen Geschichte einen Betrüger gebe, so sei ich es!

Sämtliche Schatzsucher trugen eine Ausgabe von Henri Boudets *DIE WIRKLICHE KELTISCHE SPRACHE* wie ein Brevier mit sich herum: ein authentisches Dokument, auf das sie sich ständig beriefen. Sie behaupteten, das Werk enthalte alle Schlüssel zu allen Rätseln. Boudet habe sich wiederholt mit Saunière getroffen.

Es war tatsächlich schwierig, Boudets Thesen zu widerlegen. Ich hatte trotz aller Bemühungen keinen Hinweis auf die Verfehlungen des Klosteraufsehers gefunden. Nichts. Keine einzige

Anspielung auf das sagenhafte Vermögen der Mönche. Aus den Kirchenarchiven ging nichts darüber hervor. Der revolutionäre Wind hatte alles gründlich weggefegt. Es sei denn, es habe sich beim Kloster um den Treffpunkt der berüchtigten Cordeliers gehandelt, einer radikalen politischen Vereinigung unter Marat, die bestimmt auch in Limoux Anhänger gehabt hatte und die dort die Beute ihrer Raubzüge in Sicherheit brachten; die Bezeichnung »Cordeliers« stammte schließlich von den Franziskanern, die man im Volksmund die »Strickträger« nannte. Die Beute betrug immerhin sechshunderttausend Taler, was vier Tonnen Gold entspricht. War das wirklich so unwahrscheinlich? Fraglich, unmöglich, unwahrscheinlich, nicht nachprüfbar – das waren die empörten Antworten auf meine Einwände. Bis dahin hatte niemand mit auch nur einem Wort den sündigen Pfarrer erwähnt, der 1805 in größter Armut in Espéraza gestorben war. Simon Guinard war eine undurchsichtige Gestalt gewesen, bestens geeignet, die Geister zu verwirren.

Boudets Buch ins Spiel zu bringen war ein genialer Einfall, denn der Inhalt dieses Buches ist mehr als außergewöhnlich. Der Autor beschreibt, eine nach der andern, Szenen aus dem Alten Testament, Moses Wüstenwanderung zum Beispiel, das Leben von Adams Söhnen, von Noahs Kindern, was für einen Geistlichen auf den ersten Blick ganz normal scheint. Doch man stellt bald einmal fest, daß alle Ausführungen nur ein Ziel haben: unwiderlegbar zu beweisen, daß vor dem Turm zu Babel alle Sprachen der Welt nur einen Ursprung hatten – Englisch nämlich.

Boudet war vielleicht Englischlehrer gewesen, aber er war unbestritten ein vorzüglicher Latinist, Mitglied verschiedener Akademien. Sein kirchliches Amt hätte es nicht zugelassen, daß er sich zur anglikanischen Kirche bekannte. Er war auch kein abenteuerlicher Geist, der im Land der Katharer einen neuen Ketzerglauben einführen wollte.

Das Buch hat zweifellos einen verborgenen Sinn, der für den Uneingeweihten nicht erkennbar ist. Es hat die Fantasie vieler Autoren entflammt, doch bis heute hat noch niemand den seltsamen Diskurs des Abbé Boudet gedeutet. *DIE WAHRE KELTISCHE SPRACHE* ist in einem sehr ungebräuchlichen Idiom geschrieben, das sich auf Ausdrücke aus dem Altertum stützt; eine Sprache, die von berühmten Seefahrern benützt wurde, von den Matrosen im Ausguck, von allen, die vor dem Totalitarismus, vor der Diktatur oder ganz einfach vor der Inquisition flohen, die jede wissenschaftliche Neugierde vernichten wollte und die Stellung des Menschen innerhalb der Schöpfung in Frage stellte. Boudets Buch ist in der »phonetischen Kabbala« geschrieben, in der Lingua Doctus, einer Art Standessprache der Weisen und Gelehrten.

Im Altertum benützten die Menschen oft einen Kode, der auf Wortspielen beruhte und auf den Grundlagen, die im Mittelalter den Heraldikern erlaubten, die Wappenzeichen zu deuten. Die Texte konnten nur von Eingeweihten entziffert werden. Ein Autor konnte auf diese Weise unter scheinbar harmlosen Sätzen die Regeln eines Geheimbundes oder Anweisungen für die Mitglieder verbergen.

Ein Beispiel: In einem alten französischen Volkslied unterhält sich ein Wandergeselle mit einem Mädchen über belanglose Dinge, auf den ersten Blick zumindest, aber hinter den Worten verbergen sich die Losungsworte der damaligen Freimaurerloge.

Elle me répond: je crois qu'il gèle

[Sie antwortet mir: ich glaube, es friert]

Je lui dis: je crois pas ça, moi

[Ich sag' zu ihr: ich glaub' das nicht]

Je crois qu'il gèle muß man als *je crois saint Gille* verstehen, das war das Losungswort der Goliarden – oder Vaganten –, wie man die fahrenden Kleriker im 12. und 13. Jahrhundert bezeichnete, die damals von einer Schule zur anderen zogen, bis ihnen die Kirche den geistlichen Charakter aberkannte.

Auch die Griechen verwendeten im Alltag eine Geheimsprache. Sie fußte auf der Symbolik, der Mythologie und der Allegorie.

Die Regeln der Symbolik sind einfach: Das figürliche Symbol weist auf subtile Art auf eine moralische Eigenschaft hin; der Löwe zum Beispiel stellt die Kraft dar. In der antiken Symbolik wird er zu einer Hieroglyphe. Sein Name, Lis, bedeutete Tod oder Schwäche. Bei den alten Griechen war die Allegorie die Kunst, etwas in einem anderen Sinn zu interpretieren, als der Begriff ausdrückt. Es handelte sich also um eine Art Wortspiel. In Lydien waren Münzen mit einer Schildkröte auf der Vorderseite im Umlauf. Auf Griechisch heißt die Schildkröte *argouros* (die langsam rennt), die Münze nannte man *argyros,* das Wortspiel ist leicht verständlich. Die Griechen verstanden es, die Geheimschriften sehr geschickt einzusetzen. Abbé Boudet hat im Fundus dieser alten, komplexen Kommunikationssysteme geforscht, um sein Schlüsselwerk zu verfassen. Er versucht übrigens gar nicht zu verbergen, daß sein Werk doppelsinnig ist. Auf Seite 6 schreibt er: *Wir geben zu, diese auf den ersten Blick sehr nebensächlichen Einzelheiten, die aber in Wirklichkeit von beträchtlichem Nutzen sind, aus den mythologischen Allegorien entlehnt zu haben.*

Eine der bevorzugten Methoden des Abbés besteht darin, die alten Länder, die er beschreibt, mit der Geographie der Umgebung von Rennes-les-Bains in Zusammenhang zu bringen. Auf Seite 13 zum Beispiel beschreibt er den Süden Frankreichs zur Zeit der Gallier, in Wirklichkeit ist es aber die Karte der Gegend von Rennes, die sich vor einem abzeichnet. Auf diesem Umweg kann der hochgebildete Abbé gefahrlos sehr genaue Hinweise über die Lage eines vergessenen Bergwerks geben, das in seinem Buch eine wichtige Rolle zu spielen scheint. Durch diese Mine, die uns aus dem Anagramm »Nîmes« geläufig ist, soll ein unterirdischer Bach fließen, den er ebenfalls wiederholt erwähnt.

Gegen Ende des Buches stellt der Abbé vergleichende Tabellen der chemischen Zusammensetzung der verschiedenen Quellen auf dem Territorium von Rennes-les-Bains auf. Doch sämtliche angegebenen Werte sind ganz eindeutig falsch. Ein kurzer Satz klärt uns über den tatsächlichen Sinn der Tabellen auf. *Die Beobachtung der durch die Verwendung der verschiedenen Wasser erzielten Resultate ist viel sinnvoller.* Das »magische Quadrat« muß also bearbeitet werden, muß »auseinandergenommen«, muß »anders zusammengestellt« werden.

Zufällig ist nun aber der Fußboden der Kirche von Rennes-le-Château mit weißen und schwarzen Fliesen belegt, in denen man unschwer die Darstellung eines Schachbretts »erkennen« kann, ein »magisches Quadrat« also, dessen symbolische Bedeutung unübersehbar ist. Obwohl er sich der allgemeingültigen Regel nicht entziehen konnte, die den Entdecker dazu treibt, außergewöhnliche Dinge zu entdecken und der Nachwelt die Früchte seiner Arbeit zu hinterlassen, hütete sich Abbé Boudet, den von ihm eingeschlagenen Weg »genau und in allen Einzelheiten« zu verraten. Der Leser dringt auf eigenes Risiko und eigene Gefahr in die tiefe Nacht des Waldes von Hercynie, eines imaginären Ortes, den der Abbé ins Mittelalter versetzt. In Boudets Buch wimmelt es von Geheimnissen, Rätseln, Parabeln, man ist unweigerlich fasziniert davon, auch wenn einem der Text auf den ersten Blick verworren und inkohärent vorkommt.

Nicht nur der Schatz eines ruchlosen Landpfarrers kommt darin vor, sondern auch noch andere Schätze mystischen Ursprungs in einer verschlüsselten Welt. Die verschlungenen Erklärungen verfolgen nur einen Zweck, zu beweisen nämlich, daß man alles verstehen, alles herauslesen, alles sehen und sich alles vorstellen kann, ohne befürchten zu müssen, daß einem das Gegenteil bewiesen werden kann. Die Genialität des hinterlistigen Drahtziehers lag darin, dieses Buch vorgeschoben zu haben, damit jeder darin finden konnte, was er wollte. Für den Rest würde man sehen.

Ich suchte am nächsten Tag den Gemeindesekretär auf und verkündete ihm, ich würde in der nächsten Ausgabe meiner Zeitschrift die Aussagen der Deutschen, der Engländer, der Belgier, der Franzosen veröffentlichen, mit einer Fotokopie der Dokumente, die sie gefunden hatten, sowie einen Plan der von ihnen erworbenen Grundstücke, und natürlich auch den exorbitanten Preis, den sie dafür bezahlt hatten. Es würde mich wundern, wenn jemand Einspruch erheben würde. Er strahlte und meinte, ich sei der erste, der der Wahrheit auf die Spur gekommen sei, meine Veröffentlichung würde aber bloß das umfangreiche Dossier Rennes-le-Château um eine zusätzliche Information bereichern. Sie würde in der Menge neuer Spekulationen, die sie zwangsläufig auslöste, schnell untergehen. Ich pflichtete ihm bei und erzählte ihm von den Anschuldigungen, die ich hatte über mich ergehen lassen müssen, als ich jenen, die teuer für das Ganze bezahlt hatten, die Augen öffnen wollte. Ich sah ja ein, daß das Dorf langsam am Aussterben war, von der Welt vergessen, und daß diese Geschichte wie gerufen kam, um es wiederauferstehen und zu einem obligaten Abstecher für Touristen werden zu lassen. Bei den Geprellten handelte es sich keineswegs um arme Leute; sie hatten im Grunde eine Strafe verdient, die, alles in allem, milde ausgefallen war, denn keiner hatte das vermutete Vorhandensein eines Schatzes im begehrten Grundstück erwähnt, so, wie es das Gesetz verlangte, ein Beweis also, daß auch sie nicht über allen Verdacht erhaben waren.

Der Mann begleitete mich zu seinem Vater, der einst Steinmetz gewesen war. Dieser gestand ohne weiteres, daß er die verschiedenen Steinplatten mit Inschriften versehen und das Geständnis von Pfarrer Guinard geschrieben hatte. Sein Vetter habe das Pergament besorgt, er habe dafür die Vorsatzblätter aus alten, vor 1789 veröffentlichten Büchern herausgerissen und die Kleisterspuren sorgfältig entfernt. Als Tinte verwendeten sie Nußbeize oder Holundersaft mit Gummiarabikum vermischt, was es unmöglich macht, das Alter einer Schrift zu identifizieren. Ein schlichter, nach alter Väter Sitte gespitzter Gänsekiel tat das übrige. Die zitternde Schrift war die eines Greises, der vor dem Krieg Bibliothekar gewesen war und daher ziemlich belesen. Die Louisdor hatten sie günstig kaufen können, sie hatten ihren Zweck, die Neugierde Leichtgläubiger zu wecken und die Geschichte in Gang zu bringen, bestens erfüllt. Die Grundstücke gehörten Familien aus der Umgebung, die dringend Geld nötig hatten, aber ihr Land nicht verkaufen konnten, weil es niemand haben wollte. Ein Freund, der in Châtillon ein Trödler- und Antiquitätengeschäft besaß, habe es übernommen, die Botschaften geschickt zu »streuen«. Verdient hatten sie nichts an der ganzen Geschichte, ihre einzige Genugtuung bestand darin, das Dorf wiederaufblühen und internationalen Ruf erlangen zu sehen. Dann waren die »Gelehrten« gekommen, die mit ihren Büchern und zahllosen Erklärungen dazu beigetragen hatten, die Legende des steinreichen Abbés zu untermauern. Der Konservator der Stadtbibliothek von Carcassonne, René Descadeillas, der sich erlaubt hatte, die wirren Thesen eines Schriftstellers zu widerlegen, hatte unfreiwillig der Geschichte zusätzlichen Auftrieb gegeben, als er, leider etwas ungeschickt, im Interesse der Wahrheit und der Geschichte interveniert hatte. Wenn er in einem Vortrag versuchte, die Wahrheit wiederherzustellen, mußte er sich mit zahllosen Koryphäen herumschlagen, die ihm mit zahllosen Gegenbehauptungen zusetzten. Die Dorfbewohner hatten mit den Fälschungen nichts zu tun gehabt; sie waren das Werk eines fröhlichen Trios, das den Stammbaum eines ausgestorbenen Zweigs des letzten Merowinger- königs erfinden und damit zur Einführung einer neuen Monarchie beitragen wollte. Der Erfolg des Schatzes hatte alle Hoffnungen überstiegen; der Bürgermeister hatte verschiedentlich Bestim- mungen erlassen müssen, um dem grassierenden Schatzfieber und den unerlaubten Ausgrabungen Einhalt zu gebieten. Als selbst die Ruhe der Friedhöfe gestört wurde, war er außer sich gewesen, hatte aber auf eine endgültige Richtigstellung verzich- tet. Im übrigen hätte ihm auch niemand geglaubt, und das Theater wäre von neuem losgegangen. Das Dorf war mittlerweile wohlha- bend und hatte den Rang, den es in alten Zeiten als Hauptstadt der Region bekleidet hatte, wiedereingenommen. Einen Schafstall oder ein Grundstück in der Gegend zu besitzen, bedeutet, daß man »in« ist. Japanische Investoren haben alles aufgekauft, was noch zu verkaufen war. Das Buch von Abbé Boudet wird die Geister, die nach Geheimnissen suchen, auch in Zukunft beschäf- tigen, und der schwarze Schatten des Pfarrers wird ewig über den sonnigen Tälern der Aude schweben. Niemand wird jemals an das großartige Schelmenstück glauben wollen.

DIE INKAGRÄBER IN ELDORADO

In den exklusivsten Klub der Welt aufgenommen zu werden, dem Klub der Gentlemen-Abenteurer und berühmter Schatzsucher, ist ebenso schwierig wie einen Sitz im Jockey-Klub oder im Malteserorden anzustreben. Zu den Aufnahmebedingungen gehört, daß man einen echten Schatz gefunden haben muß, wobei zwanzig Prozent des Marktwertes dem INTERNATIONALEN SCHATZSUCHER-KLUB überlassen werden müssen.

Meine Zeitschrift erschien in einer Auflage von 15'000 Exemplaren, und ich war recht stolz auf die stattliche Zahl von Abonnenten; es handelte sich jedoch eher um »Verbündete«, denn es kam immer wieder vor, daß ich mich an meine Leser wandte mit der Bitte, aussichtsreiche Expeditionen zu sponsern. Verständlich, daß viele von ihnen überzeugt waren, ich wisse über eine sagenhafte Anzahl von Schätzen Bescheid. Da ich im Ruf stand, ein selbstloser Mensch zu sein, erwartete man ganz selbstverständlich, daß ich meine Geheimnisse großzügig mit meinen Anhängern teilte, denn die Archive, die mir meine illustren Vorgänger Henry de Monfreid und Robert Charroux vererbt hatten, bargen ganz bestimmt ungeahnte Informationen.

Viele Leser flehten mich an, mich auf meinen märchenhaften Expeditionen begleiten zu dürfen; daß sie außerordentlich erfolgreich waren, lag auf der Hand, denn ich fuhr einen fünfundzwanzig Jahre alten Bentley, der einst der Königin von England bei einem Staatsbesuch auf Malta als Staatskarrosse gedient hatte. Der rechtmäßige Besitzer war ein Freund von mir, der ihn mir bereitwillig lieh, wenn ich auf Vortragsreise in der Provinz unterwegs war. Robert Vergnes, ein Schatzsucher, der in den sechziger Jahren Schlagzeilen gemacht hatte, hatte mir seinen Film über die Schätze auf der Kokosinsel überlassen, was dazu führte, daß ich schließlich zu einem Experten für Schatzsuch-Expeditionen wurde.

Mein Programm beinhaltete eine ganze Zahl bedeutender Schätze: den Schatz der Jesuiten im amazonischen Dschungel, den Schatz der Inka auf dem Grund tiefer Seen in Zentralamerika – der ausschließlich geübten Tauchern und Bergsteigern vorbehalten war –, Morgans Schatz auf einer einsamen Insel, den Schatz von Montbars dem Rächer bzw. Bonito Benitez genannt »die Blutige Säbelklinge«. Es gab noch eine ganze Menge anderer Schätze, der zehnte Teil hätte genügt, die halbe Côte d'Azur zu kaufen.

Trotz meines Organisationstalents, meines unermüdlichen Einsatzes, meiner umfassenden Kenntnisse, meiner umfangreichen Archive, meiner unermüdlichen Ausdauer, meines sprichwörtlichen Optimismus und der kostspieligen Instrumente endeten die meisten Expeditionen kläglich. Meine Reisegefährten kehrten von Mal zu Mal fiebriger zurück, an Malaria erkrankt oder an der Ruhr. Kurz: Sie waren von der Reise bitter enttäuscht. Sie hatten zwar dank ihrer Kostenbeteiligung dazu beigetragen, meine Neugierde für ferne und sehr teure Länder zu stillen, waren jedoch nicht besonders darauf erpicht, sich nochmals einer unfreiwilligen, erschöpfenden, aber wirksamen Abmagerungskur zu unterziehen.

Die Enttäuschung, die sie bei ihrer Rückkehr vor ihren Angehörigen zu verbergen versuchten, schmerzte mich. In Anbetracht ihres jämmerlichen Zustandes und der Tatsache, daß sie mit leeren Händen aus dem Flugzeug stiegen, getraute ich mich nicht, sie um die Erneuerung des Abonnements zu bitten – und erst recht nicht um eine Spende für den INTERNATIONALEN SCHATZSUCHER-KLUB, in den sie immer noch nicht aufgenommen werden konnten. Obwohl sie beteuerten, mich sobald wie möglich – wenn sie sich erholt hätten – auf eine neue Expedition zu begleiten, fühlte ich, daß ihr Herz nicht mehr bei der Sache war.

Im übrigen, was nützt es, einen Schatz zu suchen, den man »ganz sicher« findet, um ihn nachher teilen zu müssen? Etwas mußte geschehen: Ich mußte dem Glück nachhelfen oder die Aufnahmebestimmungen ändern, denn sonst drohte mir der Konkurs. Erfolge waren also ganz dringend gefragt.

Ich beschloß nach reiflichen Überlegungen, unvorgesehene Faktoren einzubauen, an denen es auf diesem ganz speziellen Gebiet nie mangelt. Anläßlich meiner Reisen in den USA hatten mich die Professionalität und die Wirklichkeitstreue der Disneylands sehr beeindruckt; was lag näher, als mein eigenes »Treasureland« in Naturgröße zu bauen, um einerseits meinen Ruf zu untermauern, andererseits meine »Verbündeten« zufriedenzustellen? Eine Glanzidee.

Die Eroberung des Wilden Westens war ein Thema, das mich schon immer fasziniert hatte; ich hatte alle einschlägigen Klassiker gelesen und die Geschichte mit dem Trick der »Minenkleckser« war mir in lebhafter Erinnerung geblieben: Wenn man einem Gimpel eine Goldader verkaufen wollte, füllte man eine Patronenhülse anstatt mit Schrot mit Goldstaub und beschoß damit die Grubenwände. Mineralproben ergaben unweigerlich einen befriedigenden Mineralgehalt, den jede Laboratoriumsanalyse hoffnungsvollen Geldanlegern bestätigte.

Die Schwierigkeit bestand darin, einen »echten« Schatz für meine Expeditionsteilnehmer auszumachen, der nicht aus Gold bestand, denn Gold ist teuer. Das goldene Ei gewissermaßen. Wer Schatz sagt, meint Wertgegenstände, die den Finder zu einem reichen Mann machen. Ein Ding der Unmöglichkeit, denn Antiquitäten, die als echte Schätze hätten ausgegeben werden können, waren Mangelware; zudem hätte ich sie käuflich erwerben müssen: ein undurchführbarer Plan in Anbetracht meiner finanziellen Lage.

Da kam mir eine Nummer von *NATIONAL GEOGRAPHIC* in die Hand mit einem Artikel über präkolumbischen Keramik. Der Groschen fiel. Der fündige Archäologe – das war die Lösung. Ich brauchte bloß mit kleinen, leicht auffindbaren Gegenständen zu »kleckern«, deren Wert man jedoch spielend heraufsetzen konnte. Die präkolumbische Kunst mit ihrer großartigen Vielfalt und den zahlreichen, voneinander sehr verschiedenen Kulturen bot zudem das genau richtige historische Umfeld für die neuen Konquistadoren auf den Spuren des geheimnisvollen Eldorado, das wir gemeinsam entdecken wollten. Dank unseren superpotenten Detektoren würden wir mühelos alles entdecken, was der englische Seefahrer Sir Walter Raleigh oder der unglückliche Captain Fawcett vergeblich gesucht hatten. Im Gegensatz zu ihnen, konnten wir uns auf Satellitenaufnahmen stützen, die man sogar kaufen konnte, wenn man die Mittel dazu hatte.

Ich sichtete unzählige Negative von Infrarotaufnahmen, die am frühen Morgen gemacht worden waren, denn was ich suchte, waren versunkene Städte im unzugänglichsten Dschungel, die nur das elektronische Satellitenauge auszumachen in der Lage war. Die Bilder waren teuer, gewiß; üblicherweise wurden sie nur Institutionen angeboten, die sie in den Direktionsetagen ausstellten oder in Poster für Ministerien oder für Aufsichtsratvorsitzende multinationaler Konzerne verwandelten, die über eigene Spezialisten verfügten und die kleinste Schattierung entsprechend interpretieren konnten. Ich war davon überzeugt, daß ich dank der modernen Elektronik den Spuren Cailliés, des Entdeckers von Timbuktu, folgen konnte und daß ich Schliemann, den Erfinder von Troja, sogar überholen würde. Die ungeahnten Möglichkeiten erfüllten mich mit berechtigtem Ehrgeiz. Anläßlich einer Reise in Zentralamerika – in Costa Rica, um genau zu sein – war mir das große Interesse aufgefallen, das die einheimische Bevölkerung den Gringos entgegenbrachte, Polizei und Zollbehörden machten da keine Ausnahme. Die Touristen wurden von Dutzenden von Souvenirverkäufern bedrängt, die meist minderwertige Kopien präkolumbischer Gegenstände verkauften.

Der Konservator des *Museo de Oro* von San José in Costa Rica hatte mir bereitwillig die Adresse eines berühmten Fälschers gegeben. Er habe selbst ein paar seiner besten Stücke ausgestellt, beteuerte er. Gab es eine bessere Empfehlung für das handwerkliche Geschick dieses Künstlers, der begeistert einverstanden war, für mich zu arbeiten?

In Zentralamerika sind Zollbeamte und Ordnungshüter nicht auf Gold gebettet, daher sparen sie ihre Intelligenz, die sehr wach sein kann, für jeglichen einträglichen Nebenerwerb auf, der um so begehrter ist, wenn er der patriotischen Maxime entspricht: einen Gringo zu bestehlen ist nationale Pflicht, wobei mit Gringo nicht etwa nur Amerikaner gemeint sind, sondern alle Touristen heller Couleur.

Ich verhandelte mit dem Oberzöllner und dem Polizeioffizier eines kleinen Grenzdorfes – eines Bananenhafens, der infolge des Zusammenbruchs der internationalen Börsenkurse vor dem wirtschaftlichen Ruin stand – an der Grenze zu Panama, und die bei-

den versicherten mir – Hand aufs Herz –, sie würden ihre staats-
bürgerliche Pflicht erfüllen. Beim Frühstück legte ich ihnen meinen
Plan vor und verteilte die Rollen. Ich stieß auf keinerlei Widerstand,
im Gegenteil, man lieh mir ein aufmerksames Ohr und ergänzte
meine Ausführungen mit konstruktiven Vorschlägen.

Der Polizeioffizier begleitete mich zu einem Bauern, Don Pedro,
mit dem er in geschäftlichem Kontakt stand, und der Zollinspektor
anerbot sich seinerseits, den Meisterfälscher im Auge zu behalten,
damit dieser nicht etwa vor lauter Begeisterung seine präkolumbischen Scherben mit *Panama Hand Made* oder *Hecho en Costa
Rica* signierte.

Die echten Fälschungen wurden dann auf einem gerodeten
Grundstück sorgfältig auf zwanzig Fundstellen verteilt und in drei
bis vier Meter Tiefe vergraben. Don Pedro bepflanzte anschließend
die Gräber mit Bananenstauden. Die Bananen wachsen im tropischen Klima erstaunlich schnell. Das ungeübte Auge der Europäer
ist kaum in der Lage, das Alter der Pflanzungen zu bestimmen.

Ich muß noch hinzufügen, daß ich keinerlei Druck ausüben
mußte, um die Beamten zu überzeugen. Sie waren ganz begeistert
von meinem Vorschlag. Ich war ihre große Hoffnung, ich verkör-
perte den Toyota 4/4, vielleicht sogar den heißbegehrten Landrover.
Durch mich brach ein neues touristisches Zeitalter an, das sich
vielversprechend anließ.

In Frankreich zurück, setzte ich unter meinen Abonnenten das
Gerücht in Umlauf, ein berühmter Forscher habe zufällig einen
hochinteressanten Inkafriedhof entdeckt – Schande über die Archäologen –, wo man Unmengen Gold vermutete. Der Friedhof
sei auf den Satellitenaufnahmen als Flecken erkennbar; die
Spezialisten des Nationalen Weltraumforschungszentrums hätten sich aber nicht näher damit befaßt, denn die Stelle liege zu
nahe am Erdölterminal und an der transozeanischen Pipeline
längs der panamaischen Grenze. Die Frau meines Forscher-
kollegen sei eine erfolgreiche Hellseherin. Sie habe mir bestätigt,
daß es sich um einen sehr bedeutenden Friedhof handle und es
seien dort nie Ausgrabungen vorgenommen worden. Der Friedhof liege in einer kleinen Bucht einer Halbinsel namens Punta
Burica in der Nähe eines panamaischen Bananenhafens namens

Puerto Armuelles. Ein einmaliger Glücksfall: Es handle sich um einen abgelegenen, gottverlassenen Ort. Außer den riesigen Bananenpflanzungen, die dem amerikanischen Multi United Fruit gehörten, gebe es dort nichts: weder Tourismus noch irgendwelche sonstige Industrie – von den Aktivitäten abgesehen, die in jedem Bananenhafen der Welt anzutreffen sind: Dutzende von Bars, die Tag und Nacht mit jungen Prostituierten bevölkert sind, die auf der Flucht vor der unsäglichen Armut in den lateinamerikanischen Ländern dort landen; die armen Dinger lauerten auf Matrosen oder Fremde, um sich für zehn Dollar und eine Cola zu verkaufen. In einem Friedhof zu buddeln ist nicht eben eine edle Sache, aber der lockende Reichtum läßt alle Skrupel verstummen.

Präkolumbische Goldmünzen sind oft bis zu dreihundert Gramm schwer und haben einen beträchtlichen numismatischen Wert. Sotheby und Christie veranstalten New York regelmäßig Auktionen, wo sich Sammler aus der ganzen Welt mit Dollarbündeln überbieten, denn gute Stücke sind selten. Internationale Abkommen werden noch und noch abgeschlossen, um der Plünderung des archäologischen Erbes der Länder der Dritten Welt Einhalt zu gebieten, und die Sanktionen werden immer strenger: Konfiszierung der Gegenstände, die man den nationalen Museen der Ursprungsländer zurückgibt, Geldbußen in Höhe des Schätzpreises der beschlagnahmten Gegenstände multipliziert mit einem wirksamen Koeffizienten, sogar langjährige Gefängnisstrafen, wenn man sich *in flagranti* erwischen läßt.

Dieses Pech war kürzlich vier französischen Händlern widerfahren, darunter war ein bekannter Experte, die in Mexiko »auf Einkauf« gewesen waren. Sie waren von einem eifersüchtigen Konkurrenten angezeigt worden, waren während ihres Aufenthalts Tag für Tag von den mexikanischen Behörden überwacht worden, für die das Ganze Anlaß zu einer eindrücklichen öffentlichen Demonstration gewesen war.

Doch, wo wir hingehen wollten, riskierte man »praktisch« nichts, unter der Bedingung, daß man nicht unangenehm auffiel. Eine solche Gelegenheit würde sich nicht so schnell wieder ergeben.

Mein Werbeslogan war verlockend und einprägsam: *Kleine Investition – großer Schatz.*

Es meldeten sich ein Optiker, der sein Geschäft vergrößern wollte, ein Arzt, der Geld für eine Schlankheitsklinik benötigte, ein Blumenhändler, der in Scheidung stand, ein Gebühreneinnehmer aus der Provinz, der schon als kleiner Junge davon geträumt hatte, einen Schatz zu finden, ein leitender Angestellter in einem pharmazeutischen Labor, der in aller Ruhe über eine chemische Formel nachdenken wollte, ein Börsenmakler, der mit Sojakuchen spekuliert hatte, ein Bauunternehmer, dessen Mitarbeiter eine archäologische Fundstelle zerstört hatten, ein ehemaliger Berufssoldat, der jetzt einen Bewachungsdienst leitete, ein Professor für Handelsrecht in einer Privatschule für betuchte Afrikaner, ein Diplomat, der auf einen Auslandsposten wartete, ein Notar, ein Chefeinkäufer bei Renault, ein Versicherungs-Generalagent, ein Autowerkstattbesitzer, Freund eines berühmten Rennfahrers, der Chefredakteur einer Fachzeitschrift und der Besitzer einer kleinen Selbstbedienungs-Restaurantkette. Ich wollte nur schnellentschlossene, tüchtige Männer. Keine Zögerer, keine Schwächlinge, keine Memmen.

Nachdem ich meine künftigen Reisegefährten auf alle möglichen und unmöglichen Gefahren aufmerksam gemacht hatte, vor allem auf die Risiken, die eine solche Expedition beinhaltete, erklärte ich ihnen, sie müßten sich vorstellen, wie das wäre, wenn eine Horde von Lateinamerikanern nach Europa käme, um die Gräber der spanischen Granden auf dem Friedhof Père Lachaise zu besuchen unter dem Vorwand, diese seien mitsamt ihrem Schmuck begraben worden, der von großem archäologischem Wert sei und daher ihnen gehöre. Was niemand davon abhielt, sich anzumelden.

Es waren alles Draufgänger, die sich vor nichts fürchteten und der Ansicht waren, in einem ohnehin korrupten Land könne ihnen nichts zustoßen. Mein Forscher, der ebenfalls anwesend war und den selbstverständlich jedermann kannte, bestätigte, daß sämtliche Gräber vom Urwald überwuchert seien. Er möchte aber darauf hinweisen, daß es sich in Anbetracht des Alters der Fundstelle eher um eine archäologische Expedition handle. Im übrigen sei er sicher, daß wir mit dem Einverständnis des *huaquero* rechnen könnten – so bezeichnet man in Lateinamerika die Plünderer prä-kolumbischer Gräber –, dem das Grundstück gehöre. Unsere Dollar würden Wunder wirken; im übrigen sei es selbstverständlich und üblich, daß man das nicht besonders wertvolle Expeditionsmate-rial den Einheimischen überlasse, Schaufeln, Pickel und Eimer.

Er reichte einen prächtigen Halsschmuck aus massivem Gold herum, den er in der Schweiz für über hunderttausend Franken, Schweizerfranken natürlich, verkaufen werde. Er habe an einer Fernsehdiskussion über Schatzsucher teilgenommen und habe den gutbürgerlichen Franzosen, die staunend vor ihrem Fernseher gesessen hätten, erklärt, er würde keine Sekunde zögern, sein Messer zu zücken, wenn es darum ginge, sein Leben und sein Eigentum zu verteidigen, das er mühsam in den Mangroven ausgegraben habe, den heimtückischsten Mangroven auf der ganzen Welt.

Wir seien Abenteurer wie seinerzeit André Malraux, der lange Jahre Kulturminister gewesen sei und dessen Benehmen in Asien nicht über alle Zweifel erhaben gewesen sei ... Was Henry de Monfreid anbelangte, unseren Meister – war er vielleicht nicht in Frauen- oder Sklavenhandel verwickelt gewesen? Ganz zu schwei-gen von Schieber- und sonstigen Schmuggelgeschäften. Wer mit-wollte, mußte wissen, auf was er sich einließ. Abenteuer seien nichts für Weichlinge, die sich schicksalergeben dem Willen der Eroberer unterordnen. Wer sich nicht genügend auf die Gefahren vorbereitet fühlte, die uns erwarteten, oder mit persönlichen Verpflichtungen belastet sei, könne selbstverständlich zurück-treten, ohne sich schämen zu müssen, im Gegenteil, er könne unserer vollen Sympathie und Achtung gewiß sein. Doch wer mitkam, mußte aus gehärtetem Stahl sein.

Ein paar traten tatsächlich zurück, aber es war offensichtlich, daß sie es nur schweren Herzens taten – oder weil sie von ängstlichen Ehefrauen begleitet waren.

Ich ersuchte die Reisewilligen, mir zwei Schecks über je fünfzehn-tausend Francs auszustellen, den einen würde ich gleich einlösen, den anderen zwei Wochen vor unserer Abreise. Ich ließ zudem jeden Teilnehmer eine Vereinbarung unterzeichnen: Ich verlangte von allen vorbehaltlose Unterordnung und absoluten Gehorsam; ich war der Leiter der Expedition und hatte das Sagen. Zusätzlich zur Teilnehmergebühr von dreißigtausend Francs hatte ich Anspruch auf zehn Prozent vom Schätzwert jedes einzelnen gefundenen Gegenstandes. Robert V., der Entdecker des Friedhofs, beanspruchte für seine Informationen fünf Prozent. Der Briefkopf einer bekannten Anwaltskanzlei schmückte den Vertrag, was dem Ganzen einen offiziellen Anstrich verlieh. Eine neue *Discovery society* war soeben gegründet worden. Es war ein großer Augenblick, der aus meinen künftigen Kollegen neue Menschen machte; wir gingen einem neuen Schicksal entgegen wie seinerzeit Kolumbus und sein Steuermann Juan de la Cosa, als sie sich auf der SANTA MARIA einschifften ... wie die Kapitäne der PINTA und der NIÑA, die wohl einen ähnlichen Schauer verspürt haben mußten, als sie zu neuen Ufern aufbrachen ... Vielleicht erinnerte sich dieser oder jener auch an den guten Doktor Faustus, der das Pergament, das ihm Mephisto hinhielt, mit seinem Blut unterzeichnet hatte. Daß absolutes Stillschweigen gewahrt werden mußte, lag in Anbetracht des ganz besonderen Charakters unserer Expedition auf der Hand. Selbst die engsten Angehörigen durften keine näheren Einzelheiten erfahren. Irgendwelche Gerüchte hätten den ständig lauernden Steuerbehörden zu Ohren kommen können, was bei unserer Rückkehr unangenehme Folgen haben könnte; es wäre nicht das erste Mal. Ich empfahl den Teilnehmern, für persönliche Ausgaben zwei- oder dreitausend Dollar in Zwanzig-, Fünfzig- und Hundertdollarscheinen mitzunehmen, aber bitte keine Travellerschecks in Lokalwährung, da sie nur wertloses Papier seien. Ferner sollten sie sich Geldgürtel besorgen und Reisepaß und sonstige Dokumente immer in einem speziellen Beutel auf dem Bauch tragen. Die Diebe seien in Lateinamerika ausgezeichnet organisiert, richtige Profis.

Ich handelte mit einer Reiseagentur einen möglichst niedrigen Tarif für einen Charterflug mit fest gebuchtem Rückflugdatum aus und ein Open-Ticket – erste Klasse – für mich.

San José de Costa Rica. Wir kamen gegen Abend an, nach einem achtzehnstündigen Flug. Die Zwischenlandungen in Miami und in Kingston/Jamaika waren besonders lästig gewesen. Die Reisegesellschaft wurde von einem Gewährsmann Don Pedros gleich in ein kleines, typisch lateinamerikanisches Hotel geführt. Zuerst weigerten sich meine Begleiter glattweg, die Zimmer zu beziehen. Die Betten waren nur durch dünne furnierte Zwischenwände voneinander getrennt, und anstelle von Türen gab es bloß Vorhänge. Die Toiletten sahen ungefähr so aus wie die in einer Kaserne. Es wimmelte von riesigen Schaben, was zu weiteren Protesten Anlaß gab. Ich versuchte zu beschwichtigen, erklärte, das Hotel sei aufgrund der absoluten Verschwiegenheit der Besitzer gewählt worden. Daß eine Gruppe europäischer Touristen Costa Rica aussuchte, um unter freiem Himmel zu kampieren, sei eher ungewöhnlich; das sei daher der ideale Ort, um allfällige neugierige Fragen im Keim zu ersticken und zu beweisen, daß wir Liebhaber des unverfälschten Lokalkolorits seien und das Leben der Einheimischen teilen wollten. Diebe und Betrüger würden sich auf die teuren Hotels konzentrieren, hier würde uns niemand belästigen. Ich riet nochmal zu größter Vorsicht und kollektiver Wachsamkeit. Zudem empfahl ich ihnen, möglichst wenig zu reden, möglichst immer beieinanderzubleiben, um nicht die Aufmerksamkeit der *huaqueros* auf uns zu ziehen, die sich bestimmt an uns heranmachen würden, entweder um uns auszurauben oder um uns Fundgegenstände zu verkaufen; da heiße es aufpassen, man wisse nie, ob es sich nicht um Polizeispitzel handelte. Ich erinnerte sie nochmals eindringlich daran, daß der Kauf, ja, selbst der Besitz von archäologischen Gegenständen streng bestraft werde: mindestens sieben Jahre Gefängnis in einem schrecklichen Loch, wo man sich prügeln mußte, um zu überleben, bezahlen, um zu essen, bezahlen, um zu schlafen ...

Das Argument überzeugte, niemand wollte die Stadt kennenlernen, niemand wollte die Museen besuchen.

Wir wollten uns am nächsten Morgen um zehn Uhr vor meinem Hotel treffen: dem einzigen Fünfstern-Hotel in der Stadt, ganz in der Nähe des Regierungspalastes. Ich erwartete meine Kollegen in einem weißen Leinenanzug, denn ich mußte mit den Behörden verhandeln und, falls nötig, ihr vorbehaltloses Einverständnis erkaufen; ich mußte daher einigermaßen präsentabel sein, was jedermann einleuchtete. Gegen zwei Uhr mittags, als die Hitze am unerträglichsten war, durchquerten wir vollbepackt wie Söldner in Begleitung von Don Fernando, Don Pedros Abgesandtem, die Stadt in Richtung des Busbahnhofs.

Autobusreisen sind in jenen Breitengraden ein lebensgefährlicher Sport, die Fahrer veranstalten halsbrecherische Rennen, fahren auf zwei Rädern, überholen in den unübersichtlichsten Kurven. Bei jedem Halt beglückwünschen die aussteigenden Passagiere den Chauffeur zu seinen Künsten, während die einsteigenden sich bekreuzigen. Bis zur Grenze waren es acht Stunden Fahrt. Keiner sprach ein Wort. Meine Reisegefährten klammerten sich leichenblaß und verstört an ihren Sitz, getrauten sich nicht, den Mund aufzumachen.

Wir mußten die Grenze nachts überqueren, dann zu Fuß bis zum Meer hinuntergehen, von dort aus entlang der Küste ganz offiziell aus Costa Rica ausreisen und heimlich die Grenze zu Panama überschreiten. Das war der einzige Weg, der zum Friedhof führte.

Man hörte zwar ganz deutlich das Dröhnen der Lastwagen, die in etwa zweihundert Meter Entfernung auf einer asphaltierten Autobahn dahinrasten. Meine Männer lehnten sich jedoch nicht auf, tasteten sich durch die Dunkelheit, fielen in Wasserlöcher, versanken in stinkendem Schlamm, stolperten über klebrige Stämme, rutschten auf glitschigen Quallen aus ...

Don Pedro hatte seine Sache gut gemacht. Etwas zu gut, meiner Ansicht nach. Über dem Eingang zu seiner Finca war ein großes Schild angebracht: LAS TUMBAS – die Gräber.

Na ja, das war nicht gerade diskret, meine Begleiter aber waren beruhigt: Wir waren endlich angekommen! Ich war nach dem langen Marsch erschöpft. Ob wir ein paar Palmen fällen durften, damit wir uns nach einer schlaflosen Nacht auf einer zwar rudimentären Matratze hinlegen konnten, die aber immerhin vor Spinnen oder anderen Insekten Schutz bot?

Meine Männer machten sich mit frischer Energie an die Arbeit; die Müdigkeit war wie weggeblasen.

Don Pedro kam heraus, um uns zu begrüßen. Willkommen bei ihm zu Hause, Robertos Freunde waren auch seine Freunde. Außer seinen Peones verstand niemand ein Wort, von dem was er sagte.

Er klopfte jedem dröhnend auf die Schulter und reichte zur Erfrischung Gläser mit Rum, Kokosmilch und Limettensaft herum. Gegen Mittag herrschte euphorische Stimmung. Don Pedro, obwohl mißtrauisch und leicht reizbar, hatte auf meine Bitte hin und aus Freundschaft zu Roberto eingewilligt, die Mannschaft zu seinem persönlichen Friedhof zu begleiten und uns gegen einen zusätzlichen Hundertdollarschein ein Häuptlingsgrab (das waren die ergiebigsten) zuzuweisen. Aber jeder wollte ein Häuptlingsgrab.

Don Pedro nannte mich *Señor El Jefe* (dieses Herr Chef würde später noch böse Folgen haben) und schickte mich in sein klimatisiertes Haus, wo mich ein köstlicher Hummer erwartete. Er ließ meinen Begleitern an einem rohgezimmerten Tisch unter der prallen Sonne Pfannkuchen mit roten Bohnen auftischen, doch kaum war der Rum-Kokosmilch-Krug leer, wurde er sogleich durch einen neuen, gekühlten ersetzt, den seine Gattin höchstpersönlich herumreichte. Und ich muß schon sagen, *hombres,* sie ging nicht knausrig damit um.

Als ich nach dem Essen aus dem Haus trat, schliefen alle glückselig auf ihren Palmblattmatratzen, träumten bestimmt von einem sagenhaften Fund, der der wilden Gier der Konquistadoren entgangen war. Don Pedro sattelte mir ein Pferd, und ich ritt zufrieden zum zwei Kilometer entfernten Strand.

Als ich nach einem erquickenden Bad wieder nach Hause kam, waren alle eifrig mit dem Kauf von Spitzhacken aus amerikanischen Armeebeständen beschäftigt; jeder hatte meine Abwesenheit genutzt, um sich mit unserem Gastgeber unter vier Augen zu unterhalten, der sich verständnisvoll, rücksichtsvoll, aber zwischendurch etwas aufbrausend gezeigt hatte. Meine Freunde hatten aus strategischen Gründen wiederholt mit ihm angestoßen, und da er inzwischen etwas angeheitert war, hatten sie ihm problemlos die Würmer aus der Nase ziehen können.

Und er hatte geplaudert. Und wie!

Seine Pferde? Er verdankte sie einem dreihundert Gramm schweren goldenen Adler. Sein Stromgenerator? Einer bemalten Vase, obwohl er sie geradezu verschleudert hatte. Sein Lastwagen? Einem reich ausgestatteten Grab, er habe seine zahlreichen Vettern zuziehen müssen, um alles zu transportieren. Hatte er nicht etwa seinem Sohn Nelson eine Finca mit zweiundsiebzig Hektar Land geschenkt? Und das Haus für Olivia? Doña Maria nickte andächtig und bekreuzigte sich.

Bevor sich jedermann im Schuppen schlafen legte, der sonst als Pferch benutzt wurde, kamen meine Begleiter ans Fenster des kleinen, engen Zimmers, das man mir zugewiesen hatte, um mir gute Nacht zu wünschen; sie drückten mir kräftig die Hand und bedankten sich.

Am nächsten Tag war Don Pedro, der inzwischen seinen Rausch ausgeschlafen hatte, schlechter Laune. Er schimpfte, wir wollten ihn ausplündern, wir seien wie alle übrigen Gringos, wie die Amerikaner, und verlangte einen Aufpreis von hundert Dollar je Mann.

Ich mußte eingreifen, reden, verhandeln ... Schließlich war er mit fünfzig Dollar zufrieden, in Anbetracht der langen Reise und weil ihm die Gastfreundschaft heilig war. Ein Glück, daß seine Kinder, vor allem die kleineren, von unserer Anwesenheit begeistert waren; er wollte es nicht mit Don Roberto V. verderben. Die fünfzig Dollar waren als Entschädigung für den Ernteausfall gedacht, denn der Friedhof lag unter seiner Bananenplantage. Ein einleuchtendes Argument.

Der Marsch durch den Dschungel war lang und beschwerlich. Wir mußten mit der Machete den Pfad durch das Dickicht schlagen, Buschwerk stutzen, Wurzeln ausgraben. Don Pedro hatte es überhaupt nicht eilig. Die Zeit, die wir brauchten, einen anständigen Weg zu pfaden, würden wir in den nächsten Tagen wieder wettmachen. Wir bauten also eine regelrechte Straße durch den Busch.

Gegen ein Uhr mittags gelangten wir endlich zur Pflanzung. Wir waren erschöpft, Hände und Arme waren blutig zerkratzt, unsere Hemden waren von den Dornen zerrissen und vom Schwitzen patschnaß. Das schlimmste aber waren die Moskitoschwärme, die über uns herfielen, ganz zu schweigen von den *avispas,* einer Art bissiger Hornisse, vor der man sich in acht nehmen mußte.

Einige Bananenstauden wuchsen aus Vertiefungen, wahrscheinlich handelte es sich um eingestürzte Gräber, andere standen auf kleinen Erderhebungen, ein eindeutiger Hinweis auf das Vorhandensein eines Grabes, aber man mußte trotzdem sondieren.

Don Pedro suchte mit einem Eisenstab den Boden ab, ging auf dem Gelände hin und her, schüttelte den Kopf, sprach leise mit den Peones, die uns begleitet hatten.

– Hier, ein Grab!

Der Arzt wollte es haben. Und bekam es auch. Dann erwarb der Autowerkstattbesitzer ein vielversprechendes Häuptlingsgrab. Der Bauunternehmer hatte wohl eine Spezialvereinbarung getroffen, wie übrigens auch der leitende Chemiker, der Notar und der Apotheker, denn Don Pedro bedeutete ihnen zu warten. Die Gräber lagen etwa zwanzig Meter voneinander entfernt, so daß niemand sah, was die andern machten, denn der Bananenwald war ziemlich dicht. Don Pedro führte den Bauunternehmer, den Apotheker, den Notar und den Chefeinkäufer an eine entferntere Stelle. Er wies ihnen Gräber zu, die er eigentlich für seine Enkel aufgespart hatte, in Anbetracht des spontanen Aufgeldes in klingenden Dollar willigte er jedoch widerstrebend in das Opfer ein.

Um fünf Uhr nachmittags mußte die Arbeit unterbrochen werden, denn man hörte bereits die Brüllaffen, die in Rudeln von den Bergen herabstiegen; ihre Schreie ließen das Blut in den Adern erstarren.

Im Lager herrschte fröhliche Stimmung, die Wunden waren verarztet worden, der Apotheker erzählte Anekdoten und der Arzt Krankheitsgeschichten. Der Autowerkstattbesitzer gab seine Lebensgeschichte zum besten und sparte nicht mit schlüpfrigen Einzelheiten. Man bemitleidete mich heimlich, denn ich hatte einen schrecklichen Hexenschuß und konnte nichts anderes tun, als mich am Strand flach im heißen Sand hinzulegen. Die Sonne soll ein sehr gutes Analgetikum sein ... Morgen würde es mir bestimmt besser gehen. Man mußte sehr früh aufbrechen, denn am Nachmittag war die Hitze unerträglich.

Ernsthafte Unfälle hatte es bis jetzt noch keine gegeben. Der Optiker hatte jedoch mit seiner Spitzhacke etwas weit ausgeholt und in einen Schwarm Wespen gelangt, die sich wütend auf ihn stürzten. Er wurde von allen Seiten angegriffen; der Stich an der Oberlippe schmerzte am meisten und bewirkte ein riesiges Ödem unter dem linken Auge. Er sah trotz der sofortigen ersten Hilfe durch den Arzt wie ein Boxer nach einem harten Match aus.

Am Abend ging das Jammern los. Die Hände meiner Freunde, die es nicht gewohnt waren, mit Spitzhacken umzugehen, waren zerschunden. Offene Blasen sind sehr schmerzhaft, trotz der Jodtinktur des Apothekers und des neunzigprozentigen Alkohols des Arztes.

Einige zogen Doña Marias Behandlung vor: kochendheiße Tequila. Die entzündeten Insektenstiche juckten unerträglich. Ein Peon riet meinen Männern, das Gesicht und den ganzen Körper mit altem Rum zu sechs Dollar die Flasche einzureiben. Der Geruch, den sie nachher ausströmten, war so penetrant, daß ich mich übergeben mußte.

Eine Bananenstaude von bloßer Hand auszureißen ist kein einfaches Unterfangen. Die feuchte Erde ist voller Steine, was das Ganze noch erschwert. Die Gräber lagen sehr tief, und die Moral war auf dem Nullpunkt.

Dann ereignete sich der zweite Unfall: Der Professor für Handelsrecht war vor Erschöpfung auf einem Erdhügel eingeschlafen; er hatte nicht bemerkt, daß es sich um einen Ameisenbau handelte. Wir mußten ihn nackt ausziehen, um die Tausenden von Ameisen abzuklopfen, die ihn lebendigen Leibes auffraßen; dann desinfizierten wir ihn nach bewährter Methode mit altem Rum.

Meine Kollegen waren harte Aushubarbeiten nicht gewöhnt und zogen mittlerweile klägliche Gesichter. Sie beschwerten sich zudem über das Essen: am Mittag Tortilla mit mehligen roten Bohnen, am Abend Eintopf aus roten Bohnen und mehligen grünen Bananen.

Gegen acht Uhr abends erschien ein Missionar, der uns freundlich bat, ihm beim Bau einer kleinen Kapelle zu helfen. Er war überglücklich über unsere Anwesenheit, und als er erst noch erfuhr, daß die Europäer ihr Lager in *Las Tumbas* aufgeschlagen hatten, war er sicher, daß er auf tatkräftige Unterstützung zählen konnte. Die Indianer, die Peones, sind keine schlechten Kerle, doch wenn es um wohltätige Handlungen geht, die ihnen die Gunst des Himmels sichern könnten, zeigen sie sich störrisch, während die Franzosen als tüchtige Arbeitskräfte gelten. Wir konnten nicht nein sagen und anerboten uns einstimmig, ihm beim Bau der Kapelle zu helfen, die auch als Schule dienen würde. Das Baumaterial war in Puerto Limón gelagert, einem Dorf zehn Kilometer südlich; zur Missionsstation führte nur ein schmaler Pfad. Die Balken waren schwer, zudem regnete es in Strömen, der Boden war glitschig, und man mußte aufpassen, daß man nicht ausglitt, denn sonst wäre die Ladung in das dornige Unterholz gefallen. Als wir schließlich am Ziel anlangten, hatte der gute Padre eine kleine Stärkung vorbereitet: rote Bohnen und Wassermelonen, auf die wir uns gierig stürzten. Wir versenkten die Balken mit Hilfe von Seilen in vorbereitete Vertiefungen und verkeilten sie mit großen Steinen. Der Baumeister schlug vor, das Holz zu bitumieren, um es vor Verwesung zu schützen. Wir hatten keine Handschuhe mit und sahen nach kurzer Zeit wie ein getarntes Militärkommando aus. Was allerdings den Vorteil hatte, daß uns die Stechmücken endlich in Ruhe ließen. Und nachdem wir mit brennenden Zigarettenstummeln die Blutegel von unseren Beinen entfernt hatten, verabschiedeten wir uns von dem guten Missionar, der uns das Versprechen abnahm, am nächsten Tag vollzählig die Messe in Puerto Limón zu besuchen. Im übrigen zählte er auf uns, wir würden ihm bestimmt helfen, auf dem Missionsgelände einen Kreuzweg zu bauen – *wie in der Bretagne*, meinte er – der seine Schäfchen vor den Übergriffen amerikanischer Sekten beschützen sollte. Er erklärte uns empört, daß sich die Priester der amerikanischen Sekten aufführten wie lokale Potentaten; sie würden ihre Evangelisation unerbittlich auf Kosten der alten Indianerkulturen durchsetzen, wie seinerzeit der Inquisitor Diego de Landa ... Für die meisten Sekten ist die Nacktheit eine Todsünde. Man begegnet daher oft Indianerinnen, die so warm eingemummelt sind wie ein Europäer, der sich auf einen strengen Winter gefaßt macht. Wenn sie krank sind, werden sie aufopfernd von den Sektenmitgliedern gepflegt, aber meist mit ungeeigneten Medikamenten, von multinationalen Konzernen gespendet, die ihre Großzügigkeit als indirekte, aber unentbehrliche Entwicklungshilfe ansehen; auf diese Weise werden die Indianer nach und nach auf die Wonnen des Stadtlebens vorbereitet, bis sie dem Leben in Gottes freier Natur entsagen und schließlich irgendwo, von allen verachtet, auf der Straße an den Folgen von Alkoholismus oder Prostitution sterben. Die Sekten, der laizistische Arm großer Konzerne, haben nur ein

Ziel: die Ureinwohner aus den Tropenwäldern zu vertreiben, damit man sie abholzen oder ungestört nach Mineralien schürfen kann. Unser Padre war Salesianer, er gehörte der Katholischen Kirche an; sein Priesteramt war nicht auf Zerstörung oder Vernichtung ausgerichtet. In einem Land, wo die Korruption zum politischen und sozialen System gehört, waren er und seine Brüder das einzige Bollwerk gegen diese Hydra, die alles unterwanderte. Angesichts solch edler Motive schätzten wir uns glücklich, daß wir ihm hatten helfen können ... wenn auch nur im bescheidenen Rahmen. Unbewußt hatten wir gleichzeitig Buße getan für die schrecklichen Profanierungen, die wir vorhatten – in einem Land, wo die Bevölkerung unglaublich hatte leiden müssen. Etliche meiner Gefährten hatten schlaflose Nächte, nicht nur das Gewissen plagte sie, sondern auch der Magen: Wassermelonen und rote Bohnen vertragen sich schlecht. Ich konnte schließlich Doña Maria dazu bewegen, als Abwechslung gekochte grüne Bananen zum Frühstück aufzutischen, was für die Moral der Truppe segensreich war; der Bau der Kapelle und das Roden des Kreuzweges hatte alle ziemlich erschöpft. Die Hände meiner Gefährten waren voller Schwielen, so daß sie die Spitzhacke kaum mehr halten konnten. Petrol und Teer trugen das ihre dazu bei, und sich mit Sand zu waschen, davon wollte keiner etwas wissen.

Ich beratschlagte mich mit Don Pedro; er hatte volles Verständnis für unsere Situation und war bereit, uns ein paar Peones zur Verfügung zu stellen, seine tüchtigsten Arbeiter. Die Männer allerdings blieben ungerührt in ihren Hängematten aus Fischernetzen liegen. Diese einfachen Menschen leben in vollkommenem Einklang mit der Natur: ein an einen Baum gelehntes Brett als Liegestuhl, ein darüber gespanntes Stück Sackleinen als Sonnenschirm ... und sie sind mit sich und der Welt zufrieden – für uns Europäer eine Lektion in Bescheidenheit. Wir würden Don Pedro natürlich entschädigen müssen. Er schätzte den fünftägigen Produktionsausfall auf fünfzig Dollar, also zehn Dollar am Tag. Wir hüteten uns wohlweislich zu feilschen, denn wir wußten, daß es kein Honigschlecken war, bei vierzig Grad im Schatten zu graben. Wir waren nicht nur Grabschänder, wir waren auch noch Sklaventreiber. Don Pedro riet uns, die Augen gut offenzuhalten, uns nicht erweichen zu lassen, die Arbeit der Peones ständig zu überwachen, denn die meisten seien *ladrones*, Diebe, und wenn wir ihnen auch nur eine Sekunde den Rücken kehrten, würden sie mit dem Gold abhauen.

Jeder Peon war mit einem Taglohn von sechs Dollar für sechs Stunden Arbeit einverstanden – ein Trinkgeld. Ein Dollar die Stunde für schwere körperliche Arbeit, ein geradezu unmoralischer Betrag, aber für sie war es offensichtlich ein Vermögen, und sie machten sich fröhlich singend auf den Weg zum Friedhof.

In Anbetracht der gegebenen Umstände verstummte das schlechteste Gewissen. Der Inhaber der Selbstbedienungs-Restaurantkette schlug trotzdem vor, den Betrag zu verdoppeln. Das sei Inflation, protestierten die andern. Der Vorschlag wurde einstimmig abgelehnt. Schließlich durfte man nicht päpstlicher sein als der Papst. Wenn doch jedermann zufrieden sei ... also gut, wir würden aufgrund der Leistung Prämien auszahlen.

Ich hatte keinen Peon eingestellt. Der Hexenschuß machte sich schmerzhafter bemerkbar denn je; ich konnte mich kaum noch bücken, um den Fortgang meiner Ausgrabung zu verfolgen, und war erst recht nicht in der Lage, in die Grube hinabzusteigen, nein, es blieb mir nichts anderes übrig, als mich am Strand unter einer Kokospalme hinzulegen. Die Sonne wirkt Wunder; ich hoffte, mich so bald wie möglich wieder um meine Konzession kümmern zu können.

Dank meiner erzwungenen Ruhe würde ich Zeit haben, mich mit Doña Maria und ihrer Tochter Isabella über eine geeignetere Verpflegung zu unterhalten, denn meine Gefährten kamen mit der lokalen Küche nicht zurecht. Ich war der einzige, der sich nicht beschwerte. Auf meinem Nachttisch stand immer ein Korb mit frischen Früchten, mittags und abends aß ich am Tisch der Wirtsleute. Die Landessitte wollte es so, es hätte sich nicht geschickt, wenn ich als Chef der Expedition mit meinen Freunden am gleichen Tisch gegessen hätte, eine Unhöflichkeit gegenüber unseren Gastgebern, die in solchen Dingen sehr pingelig waren. Wäre Roberto V. dabeigewesen, hätte er gemäß dem Protokoll als Chef gegolten und ich hätte mich zum einfachen Volk setzen müssen.

Ich bat Don Pedro, die Pferde auf die Weide zu treiben, denn meine Kollegen konnten sich nicht daran gewöhnen, neben den Tieren zu schlafen – obwohl jedermann wußte, daß Pferde nie auf menschliche Wesen treten, die neben ihnen auf der Erde liegen. Don Pedro willigte ein, aber das kostete eine Wiese, die er im Sommer für sein Vieh gebraucht hätte.

Das Abendessen war üppig. Don Pedros Frau hatte köstlichen Schweinebraten mit grünen Bananen gekocht. Sie verlangte dafür einen Aufpreis von zehn Dollar pro Person. Etwas teuer, aber wir waren an einem abgelegenen Ort und meine Kollegen hatten Hunger. Für den nächsten Tag bot sie uns Brüllaffenbraten an: nur fünf Dollar. Wir waren einverstanden. Warum nicht zur Abwechslung?

Die Arbeit ging gut voran. Die Peones waren aufgeregt. Es war mein letzter Tag am Strand, und ich nutzte die heilsame Wirkung des warmen Sandes und der frischen Kokosnüsse. Ich hatte meine Kollegen gebeten, mich unbedingt rufen zu lassen, falls jemand auf einen Fund stoßen sollte. Wir fragten uns ernsthaft, ob es nicht vorsichtiger sei, Nachmittags- und Nachtwachen aufzustellen, um zu verhindern, daß sich Unbefugte auf unserem Gelände herumtrieben. Wir schätzten, daß wir am nächsten, allerspätestens am übernächsten Tag auf die Gräber stoßen würden. Gedacht, getan: Wir bestimmten Wachmannschaften, die sich in einem bestimmten Turnus ablösen würden. Ich wurde in Anbetracht meiner Rückenschmerzen dispensiert.

Der Tisch war gedeckt. Doña Maria trug die Affen auf. Verblüffung und Ekel: Die gebratenen Affen sahen aus wie Neugeborene. Unmöglich, einen Schenkel oder einen Arm abzuschneiden. Meine Freunde zogen es vor, grüne Bananen zu essen und Tortillaresten mit mehligen Bohnen, um nicht mit knurrendem Magen schlafen gehen zu müssen.

Dann, endlich, kamen die Gräber in Sicht, was sich an der Farbe der Erdschicht ablesen ließ, die je tiefer, je schwärzer war. Wir bedankten uns bei den Peones für ihren Einsatz, gaben ihnen zusätzlich zum vereinbarten Lohn eine Prämie von zwanzig Dollar, wofür sie sich überschwenglich bedankten. Sie verließen die Pflanzung nur widerstrebend, und wir mußten Don Pedro energisch bitten, ihnen das Betreten des Grundstücks zu verbieten. Don Pedro verstand. Niemand durfte die Schätze sehen, die wir ausbuddeln würden. Um ganz sicher zu gehen, gab er ihnen Rum, viel Rum, damit sie alles vergäßen, was sie gesehen hatten. Natürlich mußten wir anhand der leeren Flaschen bezahlen, aber Rum war ja billig. Der Vorschlag wurde mit stürmischem Applaus aufgenommen, und wir wurden natürlich zum Fest eingeladen. Niemand hatte Lust, sein Grab zu verlassen, aus Angst, jemand könnte sich an unseren Schätzen vergreifen, also wurde ausgelost, wer die Expedition vertreten sollte. Dank der moralischen Autorität des Notars wurden dann die Rollen verteilt. Er, der Optiker und der Apotheker würden die erste Wache übernehmen, denn in der Erde zeichnete sich die Öffnung von sakralen Gefäßen ab. Fertig mit der Schaufel, wir mußten jetzt mit dem Pinsel vorgehen, um ja nichts zu beschädigen. Der Gebühreneinnehmer holte als erster eine prächtige, etwa zwanzig Kilogramm schwere zoomorphe *metate* heraus: ganz eindeutig ein außergewöhnliches Museumsstück.

Don Pedro meinte, daß sie unter der Hand auf dem lokalen Markt mindestens fünftausend Dollar wert sei, in den USA vielleicht das fünffache. Das Ding war etwas schwer und sperrig, aber wenn man Ausrüstungsmaterial und Kleider zurückließ, konnte man es mit knapper Not im Rucksack verstauen. In jedem der Gräber lagen wunderbare Keramikgegenstände in einwandfreiem Zustand: kein einziges Stück war zerbrochen; die Farben waren leuchtend, die Steinfiguren waren intakt, was sehr selten der Fall ist; Sammler und Liebhaber, die sich auf Auktionen darum reißen würden, würden das zehnfache der üblichen Preise dafür bezahlen. Goldener Schmuck hingegen fand niemand, was nicht weiter erstaunlich war, denn Goldfunde waren höchst selten. Wir müßten vielleicht etwas weiter oben suchen, aber die uns verbleibende Zeit war zu knapp, um neue Grabungen in Angriff nehmen zu können. Sonst würden wir die Priestergräber auf dem Berg, näher beim Sonnengott, besuchen.

Die Peones machten gute Mine zum bösen Spiel. Sie verbargen ihre Eifersucht hinter demonstrativen, überschwenglichen Freundschaftsbezeugungen. Der Autowerkstattbesitzer übernahm es, auf die Funde aufzupassen. Die Einheimischen waren ganz offensichtlich verärgert, daß eine Gruppe von Gringos eigens von so weit her gekommen war, um sie zu demütigen. Don Pedro war unzufrieden, weil seine Männer sich nicht gleich wieder an die Arbeit machen wollten, er behauptete, wir hätten sie mit unserem Schatzfiebervirus angesteckt und nun seien sie zu nichts mehr zu gebrauchen. Wenn wir abends nach Hause kamen, waren sie regelmäßig stockbesoffen. Ein imposanter Haufen leerer Flaschen häufte sich vor ihnen: Sie hatten unseren Erfolg gebührend und mit Fair play gefeiert. Sie gingen sogar soweit, auf jeden einzelnen von uns anzustoßen (vor allem aber auf mich, den würdigen Vertreter Don Robertos), wir sollten wiederkommen, denn, das war eindeutig, wir würden ihnen Glück bringen auf dem Brüllaffenberg. Aber sicher, sobald wir alles verkauft hätten, würden wir wiederkommen. Abgemacht.

Der Notar zählte zusammen mit Don Pedro über zwanzig Magnumflaschen Rum zu je achtzehn Dollar. In zwei Tagen würden wir abreisen; jedermann war erleichtert. Ich ging zum ersten Mal seit unserer Ankunft mit meinen Freunden zum Strand. Endlich – der Pazifische Ozean mit seinen mächtigen, gischtgekrönten Wogen. Sie streckten sich wonnig unter den Kokosnußpalmen im Sand aus. Nur der Apotheker war im Lager zurückgeblieben, um die Schätze zu bewachen. Wir schmiedeten Zukunftspläne. Ich hatte zwar nichts ausgegraben, war aber dennoch zufrieden, denn laut Vertrag hatte ich Anspruch auf zehn Prozent des Verkaufswertes. Meine sechzehn Gefährten brachten immerhin je rund dreißigtausend Dollar zurück. Don Pedro hatte jeden Gegenstand einzeln geschätzt, darunter waren Stücke, die wertvoller waren als Gold. Er hatte im Kopf die Summe ausgerechnet, die ihm Mittelsmänner berühmter amerikanischer Kunsthändler dafür bezahlen würden, die regelmäßig bei ihm vorbeischauten. Auch für mich würde ein hübscher Betrag abfallen. Und für Roberto V.; er würde im siebten Himmel sein, er würde endlich ein kleines Antiquitätengeschäft eröffnen können, wo er vielleicht unsere künftigen Funde an den Mann bringen würde.

Der Aufstand brach plötzlich aus. Unerwartet. Es war wie eine Meuterei, angeführt vom Notar: Er weigerte sich zu zahlen! Er beschimpfte mich und lehnte es ab zu teilen, weder mit mir noch mit Roberto. Wenn ich nicht zufrieden sei, bitte, ich solle zur Polizei gehen. Die anderen schlossen sich ihm an und behaupteten, sie bräuchten mich überhaupt nicht, um einen präkolumbischen Friedhof zu finden, denn in Zentralamerika wimmle es davon, das wisse jedes Kind. Ich wandte ein, das sei gar nicht nett von ihnen, ich würde es mir für die Zukunft merken. Ich hätte eine Garantiezahlung verlangen können, hätte aber großzügig darauf verzichtet. Zudem hatte ich meinen Vertrag hundertprozentig erfüllt – oder etwa nicht? Ich hatte sie zum Inkafriedhof geführt, und sie hatten gefunden, was sie zu finden gehofft hatten. Robert Vergnes hatte nicht gelogen und hatte somit Anspruch auf den vereinbarten Anteil.

Doch ihr Zorn war nicht zu beschwichtigen, sie schäumten vor Wut; ich weiß nicht, vielleicht hatte meine Sonnenbräune etwas damit zu tun ... es ging jedoch vor allem um die zehn Prozent. Der Autowerkstattbesitzer doppelte gehässig nach, und der Notar erklärte, er würde eine eigene Expedition auf Don Pedros Grundstück organisieren; er habe das mit ihm abgesprochen, ätsch, er brauche mich nicht mehr. Der Arzt, der Zeitungsredakteur, der Börsenmakler schrieben sich gleich ein, samt ihren Freunden.

Es handelte sich ganz eindeutig um Vertragsbruch, meine Freunde enthüllten ihr wahres Gesicht. Robert hatte so viel Vertrauen in sie gesetzt. Wie würde ich ihm das beibringen?

Sie lagen den ganzen Tag am Strand in der Sonne, um die zehn Tage nachzuholen, die sie im schattigen Wald verbracht hatten. Wir redeten kein Wort mehr miteinander, und ich zog mich freiwillig in Quarantäne zurück.

Am Abend vor unserer Abreise veranstaltete Don Pedro eine kleine Grillparty – ohne Zuschlag. Er hatte sogar ein kleines Orchester aufgeboten. Zwanzig Dollar je Person.

Ich wurde von den Festivitäten ausgeschlossen und schloß mich schmollend in meinem Zimmer ein. Don Pedro und seine Gattin hatten ein kleines, ganz einfaches Essen für mich zubereitet: ein gegrillter Fisch und frische Früchte, das war alles. Isabella, die älteste Tochter, tröstete mich über den Undank meiner Landsleute hinweg, was meinen Schmerz etwas milderte.

Die ganze Nacht wurde getrunken, gesungen, gegröhlt. Unmengen Rum und Tequila mit Salz und Sternanis flossen. Gelächter, eine schallende Ohrfeige – der Optiker war wohl etwas zudringlich geworden gegenüber Doña Maria, Don Pedros Gattin. Ich erkannte die einzelnen Stimmen, vor allem die des Notars. Er hatte die Leitung der Expedition in die Hand genommen. Er war nunmehr der Chef und gab es laut und deutlich kund. Der Chefeinkäufer und der Autowerkstattbesitzer hatten mehr Glück, Doña Marias Schwester, die dicke Gilberta mit dem gewaltigen Busen, hatte sie offensichtlich erhört. Gegen vier Uhr morgens schlug die Stunde des Abschieds. Präkolumbische Funde sind sperrig, so daß meine einstigen Gefährten gezwungen waren, den Großteil ihrer persönlichen Effekten zurückzulassen ... bis zum nächsten Mal ... vielleicht. Sie waren betrunken, hatten Bauchschmerzen vom Sternanis, dessen ungeahnte Wirkung sich bemerkbar machte, und konnten sich kaum auf den Füßen halten. Don Pedro, verständnisvoll wie immer, lud sie in seinen Lastwagen und ließ sie zur Grenze fahren; von dort aus konnten sie um sieben Uhr den Bus nach San José nehmen. Er verlangte für sein Entgegenkommen fünf Dollar pro Person. Ich zog es vor, zu Fuß zu gehen. Sie waren mir zu laut, beschimpften und verspotteten mich.

Der Lastwagen überholte mich. Sie drehten mir eine lange Nase. Ich war wirklich traurig und enttäuscht, entsetzt über ihr vulgäres Benehmen. Auf der Hauptstraße sind es zwanzig Minuten zu Fuß bis zur Grenze.

Als ich nach einem schmackhaften Frühstück mit dem Polizeioffizier, der mich unterwegs in seinem Auto mitgenommen hatte, an der Zollstation ankam, erwartete mich bereits Don Pedro, um mit mir abzurechnen. Der Aufenthalt war sehr lukrativ gewesen; er hatte beschlossen, auf seiner Finca kleine Bungalows bauen zu lassen, wo die Gäste ihre Hängematte aufhängen konnten. Er hatte richtig festgestellt, daß der mehr als rudimentäre Komfort, den er seinen Gästen geboten hatte, zu Beschwerden Anlaß geben könnte und – was noch schlimmer war – zu entsprechendem Verdienstausfall. Gegen zehn Uhr dreißig überschritt ich vergnügt die Grenze. Ich wollte eben in Richtung des Busbahnhofs gehen, als ich hinter mir Schreie und Hilferufe hörte. Ich wandte mich um und erblickte den Selbstbedienungs-Restaurantbesitzer, der mir hinter einem vergitterten Fenster verzweifelt zuwinkte. Ich kehrte um: Sie standen alle in einem Raum neben der Zollstation, nackt, mit Handschellen und dem Geldbeutel auf dem Bauch. Hände in Ketten streckten sich mir entgegen. Meine ehemaligen Kollegen, die endlich wieder Vernunft angenommen zu haben schienen, flehten mich an, um Himmels willen etwas zu unternehmen. Aus ihren weinerlichen Erklärungen ging hervor, daß sie die Grenze hatten überschreiten wollen. Die ersten hatte man problemlos passieren lassen, aber der Notar, der Blödian, hatte dem Zollbeamten gegenüber eine abgeschmackte Bemerkung gemacht; der habe seine Kollegen geholt, die beim Frühstückskaffee saßen. Der Versicherungsagent, unterstützt vom Apotheker und vom Autowerkstattbesitzer, hatte eingegriffen, mit dem Resultat, daß sie sich alle einer Leibesvisitation hatten unterziehen müssen, selbst jene, die bereits auf der anderen Seite waren, wurden *manu militari* wieder zurückbeordert.

Die Zollbeamten, die sich üblicherweise um niemand kümmerten, waren erstaunt über diese neue Art von Rowdytum und höchst entsetzt über die Schwere des Vergehens.

Meine erste Reaktion war, sie ihrem Schicksal zu überlassen. Sie sollten selbst zusehen, wie sie sich aus der Bredouille zogen. Sie hatten sich mir gegenüber unmöglich verhalten, hatten ihr Wort gebrochen und hatten sich zudem in einem mehr als bedenklichen Zustand im Lastwagen eines bekannten Mannes zur Grenze fahren lassen, anstatt sich diskret und bescheiden zu verhalten, was in Anbetracht der Umstände geboten gewesen wäre. Was mich betraf – sie hatten ihr Los verdient.

Die Tränen und die Entschuldigungen steigerten sich. Sie beschuldigten den Notar, der sie aufgewiegelt hatte. Sie flehten mich an, alles zu vergessen, und versprachen, mich für alle meine Mühen zu entschädigen, wenn ich sie bloß herausholte. Ich ließ mich erweichen. Aber – war ihnen klar, daß sie durch ihr skandalöses Benehmen mein Geschäft endgültig kaputtgemacht hatten? Wie konnte ich ihnen vertrauen, nachdem sie sich aus reiner Profitgier gegen mich verschworen hatten? Sie hatten es tatsächlich fertiggebracht, mir zu schaden, denn aufgrund ihrer unglaublichen Dummheit würden die Funde konfisziert und einem nationalen Museum übergeben werden. Meine zehnprozentige Kommission konnte ich ohnehin in den Kamin schreiben. Ich hatte finanziellen, vor allem aber moralischen Schaden erlitten. Und es war ganz normal, daß sie Wiedergutmachung leisten mußten, denn sie allein waren am Debakel schuld. Es tat mir leid, daß es so weit hatte kommen müssen. Schadenersatz, das war das mindeste, was sie mir anbieten konnten, aber bitte, auf welcher Basis, da die Funde beschlagnahmt und für immer verloren waren?

Der Notar, dem sehr daran gelegen war, die Angelegenheit möglichst schnell zu einem guten Ende zu führen, schlug fünftausend Francs vor. Lächerlich, machte er sich vielleicht über mich lustig? Don Pedro hatte ihre Funde auf dreißigtausend Dollar geschätzt, unter der Hand, auf dem lokalen Markt, dreißigtausend Mark für jeden von ihnen. Zehn Prozent, das wären dreitausend Dollar je Teilnehmer gewesen. Reines Entgegenkommen meinerseits, wenn ich mich mit dem costaricanischen Wert zufriedengab, denn wenn ich auf dem Auktionswert bestehen würde, der wäre weit höher, das wußten sie ganz genau. Und wenn ich für sie eintrat, so bedeutete das, gegenüber den lokalen Behörden meine Glaubwürdigkeit verlieren, was wiederum bedeutete, daß man mir in den meisten südamerikanischen Ländern die Einreise verweigern werde, ich somit keine weiteren Expeditionen organisieren konnte. Sie hatten meinen Broterwerb zerstört und glaubten, noch diskutieren zu müssen, in der prekären Situation, in der sie sich befanden. Unglaublich. Ich wußte, wie ihnen zumute sein mußte, aber die Schuld lag nicht bei mir. Sie hatten nicht auf mich gehört.

Der Notar sprach das häßliche Wort »Erpressung« aus.

Angesichts meiner Empörung brüllte der Zeitungsredakteur, er solle das Maul halten, ansonsten er sich auf etwas gefaßt machen müsse. Er habe genug Schaden angerichtet, denn er allein sei für alles verantwortlich. Er sei ganz meiner Ansicht: fünfzehntausend Franc waren eine symbolische Geste, nicht mehr. Er habe noch etwas Geld, aber nicht genug, um mich zu entschädigen, aber er sei bereit, auf der Stelle einen Schuldschein zu unterzeichnen. Die anderen stimmten ihm eifrig zu.

Wie auch immer, ich hätte mich ohnehin geweigert, Bargeld entgegenzunehmen, o nein, so einfach ginge das nicht. Geschäft war aber Geschäft, ich weigerte mich, jene, die mich am Abend vorher mit Füßen getreten hatten, so glimpflich davonkommen zu lassen. Sie würden sich wundern über den Tarif, den ihnen ein Winkeladvokat in Rechnung stellen würde. Ganz zu schweigen von den Komplikationen, die sie sich leichtsinnig selbst einge-brockt hatten.

Da sie alle nackt waren, zückte ich Notizblock und Füllfeder und bat den Notar, mir eine hieb- und stichfeste Schuldanerkennung zu diktieren, die jeder einzeln gegenunterzeichnen mußte. Eine halbe Stunde später hatten alle unterschrieben und ergingen sich in Entschuldigungen. Es war mittlerweile zwölf Uhr dreißig.

Der liebe Gott hatte wunderliche Kostgänger. Schwamm drüber, ich würde alles in Bewegung setzen, um sie aus ihrer traurigen Lage zu befreien, bevor die Angelegenheit sich herumsprach. Ich versprach ihnen nichts und ließ mich zum Oberzöllner führen, der sich mit seinem Vorgesetzten besprochen hatte.

Es war Zeit für das Mittagessen, auf der Zollstation erwartete man mich ungeduldig. Der Oberzöllner und der Kommissar luden mich in ein ausgezeichnetes Fischrestaurant ein, wo sich der Polizeioffizier zu uns gesellte. Das Essen schmeckte herrlich: für jeden drei Langusten zur Vorspeise, Schwertfischsteak zum Haupt-gang und dazu einen ausgezeichneten chilenischen Burgunder.

Gegen sechs Uhr abends ging ich zu meinen Freunden zurück. Es hatte geklappt. Der Kommissar war ungeachtet der Schwere des Vergehens bereit, beide Augen zu schließen, verlangte aber – zu-sätzlich zum Betrag, den ich ihm unter dem Tisch zugeschoben hatte – hundert Dollar, alles, was ich noch besaß, sowie einen Scheck, den sein Neffe in Paris einlösen würde.

Die Presse würde nichts erfahren. Er würde keinen Rapport erstellen und weder Interpol noch die französische Polizei benach-richtigen. Die Angelegenheit würde *ad acta* gelegt, was allerdings drei Männern die Beförderung kostete.

Die Gefangenen brachen in erleichtertes Hurragebrüll aus. Sie stürzten sich auf mich, umarmten mich, beglückwünschten mich. Ich bat sie gerührt, sich anzuziehen. Ihre Freude war nicht gespielt, es war bestimmt nicht einfach gewesen, sie herauszuholen. Wie hoch der Preis war, den ich hatte bezahlen müssen, würden sie in Anbetracht meiner sprichwörtlichen Bescheidenheit nie erfahren. Der Polizeioffizier beschlagnahmte zudem die Rolex des Apothekers, seinen Arzneikasten, das Schweizer Taschenmesser und die goldene Halskette des Autowerkstattbesitzers, das Armband des Börsenmaklers, den Arztkoffer und alle Taschenlampen. Jedermann entledigte sich eilfertig dieser überflüssigen Gegenstände.

Nach einer Ansprache über die Missetaten der Gringos, den Folgen des Tabaks, des Alkohols und der Drogen, zahlten wir einen Zuschlag, um den Achtuhr-Bus besteigen zu dürfen, der uns pünktlich am Flughafen absetzte.

Im Flugzeug ließ ich mich gnädig dazu herab, mich mit ihnen zu unterhalten. Ihre Dankbarkeit war aufrichtig, sie versprachen hoch und heilig, ihren Verpflichtungen pünktlich nachzukommen. Hätten sie doch nur auf mich gehört ...! Nachträglich konnten sie über ihr Mißgeschick lachen. Der Sonnenbrand, den sie sich in letzter Minute geholt hatten, schmerzte zwar, war aber nichts im Vergleich mit dem, was sie ausgestanden hatten. Mann, war das ein Abenteuer. Der Notar beteuerte, ich würde meinen selbstlosen Einsatz nicht zu bereuen haben, er und seine Gefährten würden alles daransetzen, damit ich auf meine Rechnung käme. Von einer neuen Expedition war nicht die Rede. Jeder nahm mich auf die Seite und bat mich um etwas Geduld; ich war selbstverständlich bereit, ihnen entgegenzukommen, obwohl ich mich ihretwegen ruiniert hatte: Sie würden ihre Schulden nächsten Monat, oder übernächsten, bezahlen ... wenn sie ihre finanzielle Situation wieder ins Lot gebracht hätten – vor allem aber, kein Wort darüber zu ihren Frauen, wenn ich bei ihnen zu Gast sei.

Sie wurden auf dem Flughafen Roissy von ihren Angehörigen empfangen wie siegreiche Helden, obwohl die leeren Rucksäcke erstauntes Kopfschütteln auslösten. Jeder erklärte auf seine Art die Episode am Zoll, wo rücksichtslose Zöllner ihnen das Gold und die Schätze abgenommen hätten. Na ja, der Teufel hatte seine Hand im Spiel gehabt. Aber sie waren heil zurück und unternehmungslustiger denn je, das war die Hauptsache. Wir trennten uns wie Soldaten am Ende des Wehrdienstes.

Ich ging nach Hause und bereitete eine zweite Expedition vor, die ein paar Monate später stattfinden sollte. Eines Morgens rief mich der Arzt an. Er war außer sich. Er hatte es tatsächlich geschafft, eine kleine, bemalte zoomorphe Keramikfigur hinauszuschmuggeln und hatte ein Gutachten eingeholt, von einem international anerkannten Experten für präkolumbische Kunst, der bei der UNESCO akkreditiert war. Dieser hatte ihm bestätigt, daß es sich um eine Fälschung handelte und hatte auf seiner Expertise bestanden, obwohl der Arzt beteuerte, er habe die Vase eigenhändig ausgegraben, aus vier Meter Tiefe. Der Mann war offensichtlich nicht ganz auf der Höhe, galt aber nichtsdestotrotz als Kapazität auf dem Gebiet. Der Arzt bat mich um die Adresse eines andern Experten, denn er müsse die Figur unbedingt verkaufen; er würde bei der Gelegenheit seine Schuld begleichen.

Ich schluckte ein paarmal leer. Dann sagte ich ihm geistesgegenwärtig, der Konservator des Museums von Kyoto sei zufällig bei mir, ein Japaner, der verzweifelt präkolumbische Exponate suche; die japanischen Museen seien sehr erpicht darauf. Er bezahle jeden Preis.

Hundertfünfzigtausend Francs!

Ich nahm stellvertretend für den Konservator das Angebot an; er würde bar bezahlen, wenn ihm damit gedient sei.

Hundertfünfzigtausend Franc. So viel, wie mir die Expedition ungefähr eingebracht hatte. Ich eilte zur Bank, dann zur Universität. Ich stöberte einen japanischen Studenten auf, der internationales Recht studierte und bereit war, mich auf der Stelle zu begleiten. Unterwegs erklärte ich ihm, er brauche bloß jedes Mal zu nicken, wenn ich auf etwas zeige oder ihn etwas frage, mir dann das Kuvert aus dem Aktenkoffer zu überreichen, das er nicht aus der Hand legen dürfe. Ich gab ihm fünfhundert Francs Vorschuß und stellte ihm den gleichen Betrag nach erfolgter Transaktion in Aussicht.

Wir klingelten, wurden eingelassen und gleich in das Sprechzimmer des Arztes geführt, der aus angeborenem Geschäftssinn darauf verzichtete, die Geschichte mit dem Experten zu wiederholen. Auf seinem Schreibtisch trohnte ein irdener Topf in Form eines sitzenden Jaguars mit einem riesigen Phallus zwischen den

Pranken, der als Ausguß gedacht war. Ich gab ein Zeichen, der Japaner schloß den Aktenkoffer auf und reichte mir ein dickes Kuvert. Ich hielt es dem Arzt hin, der das Geld entgegennahm und langsam die Noten zählte. Dann stellte er auf seinem Briefpapier einen Kaufvertrag aus, in dem er bestätigte, die Figur sei schon seit über hundert Jahren im Besitz seiner Familie – falls die Zollbehörden Fragen stellen sollten. Ich erklärte, die Figur würde mit diplomatischem Kurier reisen, denn das sei die sicherste Art, Komplikationen zu umgehen. Er wickelte sie mehrfach in Verbandwatte ein und händigte das wertvolle Paket mit vielen Ermahnungen dem Japaner aus, der ständig nickte wie ein Roboter, obwohl ihn niemand etwas fragte.

Wir verabschiedeten uns und nahmen die Untergrundbahn. An der Haltestelle Champs-Élysées Clémenceau, vor der Polizeiwache im Grand Palais, wickelte ich die Figur aus, zerschmetterte sie und zerbröselte die einzelnen Scherben zu Kreide. Der Japaner war starr vor Schrecken; er vergaß sogar zu nicken. Ein paar herumstehende Polizeibeamte schauten mir erstaunt und mißtrauisch zu, fragten sich wohl, ob die Figur nicht aus dem Museum gleich nebenan stamme ... vielleicht war ich bloß etwas gestört. Ich händigte meinem Asiaten die zweiten fünfhundert Francs aus. Er eilte in die Metro hinab, ohne sich zu verabschieden oder sich gar zu bedanken.

Ich war zufrieden: Das Problem präkolumbische Keramik war erledigt. Mein Bankkonto war zwar leer, aber ich würde es von meinen künftigen Investoren aufstocken lassen; ich konnte mir keinen besseren Zeugen als den Arzt wünschen, der jedermann bestätigen konnte, daß die Schatzsuche tatsächlich Geld brachte, was er auch bereitwillig tat, und nach knapp einem Monat hatte ich eine neue Reisegruppe zusammengestellt. Der Arzt erklärte ihnen, seine Investition habe sich fünffach gelohnt, obwohl seine besten Stücke von den Zollbehörden beschlagnahmt worden seien. Seine Aussagen hatten aber einen großen Nachteil: Ich konnte meine zukünftigen Kollegen nicht zu Don Pedros Friedhof bringen, das wäre zu riskant gewesen; also mußte ich andere Gräber suchen, andere Komplizen, andere Schätze. Meine neuen Reisekameraden barsten vor Ungeduld, denn ich verschob den

Abreisetermin ständig. Der Oberzollinspektor von Puerto Armuelles hatte volles Verständnis für meine prekäre Situation, *no te pre-ocupas,* vertröstete er mich: Er habe einen Vetter, der sei Polizeiwachtmeister in einem entlegenen Kaff in der Kordillere Talamanca, in der Nähe der atlantischen Küste, wohin sich selten jemand verirre und wo man noch nie auch nur andeutungsweise etwas von archäologischen Schätzen gehört habe. Der Vetter sei ein aufgeweckter junger Mann, er würde den Stier bei den Hörnern packen. Der Oberzollinspektor würde ihm dabei etwas helfen und würde persönlich den Ablauf der Operation überwachen. Ich müsse ihm bloß etwas Zeit für die Vorbereitungen lassen.

Während einer Radiosendung zum Thema Schatzsucher forderte ich die Zuhörer auf, sich unserer Gruppe anzuschließen. Die Sendung war noch nicht zu Ende, als bereits ein begeisterter Zuhörer mit zwei Flaschen Champagner unter dem Arm im Studio stand. Er konnte die Teilnahmegebühr nur in britischer Währung bezahlen, denn er war Doppelbürger, was mir egal war. Er war groß, gesund und kräftig, er sah aus wie ein in der Organisation Baden Powells gedrillter Pfadfinderführer; er hatte einen buschigen Schnurrbart und sah englischer aus als ein englischer Offizier. Denis Swansing war Mitglied verschiedener Sportvereine, trug den schwarzen Karategürtel und war Weltmeister im Pistolenschießen. Er kannte eine Unmenge Leute und prahlte, es würde für ihn überhaupt kein Problem sein, die sperrigsten Funde außer Landes zu schaffen. Ich machte ihm einen Freundschaftspreis: zwanzigtausend Francs. Dafür würde er für mich die Reisebegleitung der Gruppe übernehmen, denn ich mußte meine Abreise aufgrund eines unvorhergesehenen Auftrags verschieben. Die Teilnehmer würden Gelegenheit haben, sich an die rauhen klimatischen Bedingungen der Kordillere Talamanca zu gewöhnen. Ich begleitete sie zum Flughafen und setzte volles Vertrauen in Denis Swansings Fähigkeiten. Ich würde eine Woche später zu ihnen stoßen, in Suabito, einer kleinen Stadt an der panamaischen Grenze.

Als ich in Tocumén landete, dem internationalen Flughafen von Panama, war ich bester Dinge. Der Oberzollinspektor X hatte mir mitgeteilt, sein Vetter habe eine sehr alte, präkolumbische, vielleicht sogar präinkaische Stadt gefunden, mitten im Territorium der Bribri- und Cabécar-Indianer. Er habe Steinfiguren zwischen den Ruinen vergraben lassen. Aber äußerste Vorsicht war geboten, denn die Kordillere war gefährlich; selbst die Indianer gingen nur widerwillig in die Berge.

Wer weiß, vielleicht handelte es sich bei dieser Stadt um das legendäre Tisingal, das die goldgierigen Konquistadoren vergeblich in den amazonischen Wäldern gesucht hatten. Die Einwohner waren so fabelhaft reich, daß sie buchstäblich goldene Kleider trugen; Häuser und Tempel waren in den Felsen gehauen. Die Hauptstraße, die zum Palast der Großen Priester führte, die den Schatz bewachten, war von überlebensgroßen Statuen gesäumt. Als die Bribri Wind von der Ankunft der Konquistadoren bekamen, die im Auftrag des Vizekönigs von Guatemala das Eldorado suchten, begruben sie die Stadt unter Tonnen von Geröll und tauchten in allen Himmelsrichtungen der Kordillere unter. Die Stadt geriet in Vergessenheit und der Dschungel verschluckte sie.

Kurz vor der Landung rief der Lautsprecher den Passagier Bagnaud aus, er solle sich bitte beim Bordpersonal melden. Ich dachte, es handle sich um eine besonders rücksichtsvolle Geste des Flugkapitäns, der mir langwierige Einreiseformalitäten ersparen wollte. Ich fragte, was los sei, worauf man mich ersuchte, als letzter auszusteigen, was ich auch tat. Am Fuß der Gangway erwartete mich ein Dutzend Polizeibeamte mit schußbereiten Maschinengewehren. Ich ließ unverzüglich meine Reisetasche fallen und hob die Hände so hoch ich konnte und fragte, was zum Teufel es mit diesem Empfang auf sich habe. Ob ich Señor Bagnaud sei? Ich nickte, und prompt streifte man mir die Handschellen über, während sich zwei Polizeibeamte flach vor mir auf den Fußboden warfen, um meine Füße in Ketten zu legen. Ich wurde in einen Raum geführt, die Beamten durchwühlten mein Gepäck, schnitten die Säume meines Dschungelanzuges auf, drückten meine Zahnpastatube aus, zermalmten die Batterien meiner Taschenlampe, beschlagnahmten meinen kleinen Taschenmagnetometer, eine Spezialanfertigung, den die Offiziere neugierig in der Hand herumdrehten, und sie fragten sich, wozu ein Gerät mit einer so winzigen Sonde zu gebrauchen sei. Dann begann das Verhör.

– Was machen Sie in Panama?

– Urlaub, antwortete ich, und eine gewaltige Ohrfeige fegte mich vom Stuhl.

– Was machen Sie in Panama?

– Ich will Freunde besuchen.

– In was für einem Auftrag sind Sie nach Panama gekommen?

– Ich will das Land besuchen, ich bin auf Urlaub hier, erwiderte ich; der Faustschlag auf den Mund ließ mich aufjaulen vor Schmerz.

– Ich will mit Freunden nach Costa Rica.

– Wozu?

– Um archäologische Nachforschungen anzustellen, beeilte ich mich zu sagen und wich einer weiteren Ohrfeige aus, bekam dafür aber einen Knüppelhieb in die Magengrube.

– Gestehen Sie, Sie sind der Anführer einer Söldnertruppe!

– Ich habe noch nie einen Söldner gesehen; ich will Freunde besuchen, das ist alles, mit denen ich die Kordillere Talamanca besteigen will, versuchte ich sie zu beschwichtigen. Mein Folterer gab ein Zeichen, und ein Polizist schlug mir mit dem Knüppel auf die Schulter.

– Gestehen Sie, daß Sie nach Panama gekommen sind, um den Papst zu ermorden. Ihr Kommando erwartet Sie hier. Wo haben Sie sich mit den Terroristen verabredet? Los, gestehen Sie. Und ein Beamter half mit einem Fußtritt gegen mein Knie meinem Geständnis nach.

Ich hatte begriffen. Meine Lage war mehr als ernst. Ich war das Opfer eines Irrtums; ich mußte das Mißverständnis schnellstens aufklären, wenn ich weitere Komplikationen vermeiden wollte. Ich gab ihnen die Telefonnummer des Polizeipräsidenten von Puerto Armuelles, mit dem ich in Geschäftsverbindung stand und der meine Anwesenheit und die Natur meines Urlaubs erklären konnte. Man schlug mich wenigstens nicht mehr, und ich wartete volle vier Stunden, an einer Wasserleitung angebunden, bis sich die verrückte Geschichte endlich klärte. Ich fragte mich, was vorgefallen sein mochte und was mir meine Reisegefährten eingebrockt hatten. Als mein Folterer in Begleitung meines Retters zurückkam, war es bereits späte Nacht. Dieser stellte mir seinen Kollegen vor, der mit ihm die Polizeischule besucht hatte, und klärte mich über

das Mißverständnis auf. Meine Reisegruppe war in einem kleinen
Hotel in Suavito abgestiegen. Ein Engländer namens Denis Swansing
habe die Gruppe jeden Morgen um fünf Uhr aus dem Bett gejagt
und habe mit ihnen auf dem Hauptplatz wild schreiend Karate
trainiert. Die Einwohner, erstaunt über militante Fremde in ihrer
sonst friedlichen Stadt, hatten sich Fragen gestellt, denn die
Aufmachung und das intensive Training waren ihnen verdächtig
vorgekommen. Der Papst wurde mit typisch lateinamerikanischer
Inbrunst in Panama und in Costa Rica erwartet, also hatten die
einfachen Leute den Besuch mit der Anwesenheit meiner Leute in
Zusammenhang gebracht. Was lag näher, als die Annahme, wir
wollten den Papst ermorden? Das Gerücht machte die Runde. Die
Flut der anonymen Briefe schwoll an, und der Bischof machte sich
ernsthafte Sorgen. Denis wurde von der örtlichen Polizei verhört;
diese hatte die Zentrale in der Hauptstadt mit einem dringenden
Rapport informiert, in dem empfohlen wurde, den *jefe* der gefährlichen Söldnertruppe bei seiner Ankunft zu verhaften. Denis hatte
ausgesagt, sie würden bloß auf mich warten und dann zu einer
wissenschaftlichen Expedition aufbrechen, das sei alles, mehr
wisse er nicht. Und um von den Behörden in Frieden gelassen zu
werden, hatte er mit seinen Kontakten zum C.I.A. und zum
englischen Geheimdienst geprahlt, dessen Korrespondent er gewesen sei. Genau das Richtige zur Klärung der Angelegenheit. Die
örtliche Polizei war überfordert gewesen und war zur Überzeugung gelangt, daß die Anwesenheit der Fremden in Suavito mehr
als suspekt sei. Der Offizier hatte seine Pflicht erfüllt, denn das
Land war im Hinblick auf den Papstbesuch in Alarmzustand und
niemand legte Wert darauf, daß die Stadt die Berühmtheit von
Dallas erlangte. Daher das energische Verhör und die gründliche
Zerstörung meiner persönlichen Effekten.

Aber jetzt hatte sich ja alles geklärt – nicht wahr? Ich hatte einen
neuen Verbündeten gewonnen. Meine Lippe war blutig, mein Auge
blau, und ich hinkte. Ich hatte zudem Mühe zu atmen und wahrscheinlich war eine Rippe gebrochen. Der Empfang war überaus
herzlich gewesen – oder etwa nicht? –, und es konnte nicht die
Rede sein von einer offiziellen Beschwerde, denn ich legte keineswegs Wert darauf, mir zusätzliche Feinde zu schaffen. Was meine

Sachen und mein lädiertes Gepäck anbelangte ... eine Lappalie. Ich nahm die Gastfreundschaft meines frischgebackenen Freundes an, der es nicht erwarten konnte, seiner Frau einen sympathischen ausländischen Terroristen vorzustellen. Das Ehepaar tat alles, um mich die Prügel vergessen zu lassen, und die Tochter eines Staatsanwaltes, die ebenfalls zu Gast war, anerbot sich, mich zu massieren und meine schmerzenden Glieder mit einer magischen Salbe einzureiben.

Zwei Tage später atmete ich immer noch pfeifend, und mein Auge war mittlerweile schwarz. Der Polizeihauptmann begleitete mich nach Suavito, wo ich endlich zu meiner Reisegruppe stieß, die sich in der Stadt bestens amüsierte – sehr zum Ärger von Denis, der von den Teilnehmern unter Quarantäne gestellt worden war, weil sie sich seinem tyrannischen Wesen nicht mehr fügen wollten. Die Gruppe hatte Freundschaften geschlossen, die Einheimischen hatten sich rührend um sie gekümmert. Sie wollten alle in der Wüste Chirriqui graben, die mit goldgefüllten Gräbern geradezu gepflastert sei. Was erklärte, warum ihre Augen nicht aufleuchteten, als ich vom legendären Tisingal erzählte mit seinen goldenen Dächern, von den Flüssen, die wir hinaufrudern mußten, die riesige Baumstämme zu Tale schwemmten, von gewaltigen Gewittern, von Giftameisen und Schlangen, die zum Teil noch unbekannt waren, von den Jaguaren, denen man lieber aus dem Weg ging.

Jedermann zog es vor, auf eigene Rechnung zu suchen, und sie bedankten sich höflich für meine Bemühungen. Innerhalb einer Woche hatten sie sich die notwendigen Informationen verschafft. Warum einen Unfall riskieren, wo man doch in der Wüste Chirriqui ohne großes Brimborium jede Menge Gold finden konnte? Sogar Denis war ihrer Ansicht, denn auch er hatte einen persönlichen Führer gefunden. Angesichts ihrer entschlossenen Mienen gab ich es auf und ließ mir von jedem eine Verzichterklärung unterzeichnen.

Der Polizeihauptmann rieb sich die Hände. In der Wüste Chirriqui gab es Gold, sehr viel Gold. Er würde entsprechende Weisungen erteilen. Ich dürfe beruhigt sein, jeder einzelne würde bei der Ausreise einer Sonderbehandlung unterzogen werden ... sie würden es bitter bereuen, mich nicht in die Hölle der Kordillere

Talamanca begleitet zu haben. Der Hauptmann sicherte mir zu, daß er mir das beschlagnahmte Gold zu einem interessanten Preis weiterverkaufen werde.

Aber Tisingal hatte es gegeben, in vielen alten Schriften war davon die Rede; ich wollte die heiligen Schauer Schliemanns oder die Ängste Sir Walter Raleighs nachvollziehen. Also reiste ich mühsam nach Cuen, einem kleinen Bribri-Dorf, das der Legende nach ganz in der Nähe der alten Goldstadt liegt. Der Zustand meines Knies hatte sich verschlimmert, ich mußte auf die Besteigung des Heiligen Bergs verzichten, von dem mir die Indianer erzählt hatten. Ich flog mit einem Linienflugzeug nach Paris zurück, denn die panamaischen Krankenhäuser reizten mich nicht besonders. Ein vernünftiger Entschluß, denn der Bluterguß in der Synovia war infiziert und die Staphylokokken hatten sich munter in der Gelenkschmiere vermehrt. Mit knapper Not entkam ich dem Wundbrand, ich lag fünf Wochen im Krankenhaus unter ständigen Antibiotikainfusionen.

Fünf Wochen, um über die Unbilden des Lebens im allgemeinen und meine Zukunft im besonderen nachzudenken.

Meine Reisegefährten defilierten an meinem Krankenbett vorbei und beteuerten, sie würden ihre Abenteuer in der Wüste Chirriqui keinesfalls bereuen. Sie hatten wie wild gegraben und hatten sogar goldene Gegenstände gefunden, sie zeigten mir Fotos davon, denn leider – so ein Pech! – sei Denis mit seinem militärischen Getue unangenehm aufgefallen, die Polizei habe sich auf ihr Gepäck gestürzt und alles beschlagnahmt. Sie hätten sich nur dank einem hohen Lösegeld aus der Patsche gezogen, und mein Freund, der Polizeihauptmann, der ein Bewunderer Frankreichs sei, habe beide Augen geschlossen. Aber ihre Schätze waren sie los.

Ich beschloß, mich anderen Aktivitäten zuzuwenden. Der Beruf eines Tour operators gefiel mir nicht mehr: zu anstrengend, ganz zu schweigen von den Gefahren und Aufregungen, die er mit sich brachte. Zuerst das präinkaische Gefäß des Arztes, dann der Besuch des Papstes, die Staphylokokken ... zu viele Warnungen seitens meines Schutzengels. Es war an der Zeit, daß ich Vernunft annahm.

Dann traf ein Brief ein: Melvin Fisher hatte auf dem Meeresgrund den größten Schatz des Jahrhunderts gefunden: vierhundert Millionen Dollar! Ob ich nicht in Florida mit ihm tauchen wollte, das würde mir bestimmt gut tun nach meiner langen Krankheit.

Ja, warum eigentlich nicht?

GROSSVATERS SPARSTRUMPF UND ANDERE SCHÄTZE

In den Anfängen beschäftigte sich unsere »Schatzconsulting«-Firma vor allem mit Schätzen auf dem Festland. Viele Kunden wandten sich an uns, damit wir ihnen mit unseren Detektoren bei der Suche nach dem Sparstrumpf eines Großvaters oder einer Großmutter halfen; oft ging es auch um Wertgegenstände, die während des Krieges oder einer längeren Abwesenheit »an einem sicheren Ort« versteckt worden waren. In ländlichen Gegenden ist das sehr häufig der Fall, denn der versteckte »Batzen« sichert den Großeltern einen friedlichen Lebensabend auf dem Hof; die meisten haben einen Schrecken vor der letzten Station Altenheim, wohin man lästige Ahnen gern abschiebt. Die möglichst lange hinausgezögerte Enthüllung des Verstecks liegt also im Interesse der Erblasser und wirkt, aus wirtschaftlichen Überlegungen, der schmerzlichen Trennung entgegen.

– Sag mal, Opa, wo hast du dein Geld versteckt?

– Das erfährst du noch früh genug; wenn die Zeit gekommen ist, werde ich es dir verraten.

Oft aber kommt eine Hirnblutung dazwischen, verwischt die Erinnerung, und das Versteck geht in die Familienlegende ein.

Der Bauer und seine Angehörigen durchwühlen alles, stellen Haus und Hof auf den Kopf, finden aber meistens nichts, und so wird Großvaters Sparstrumpf im Laufe der Jahre immer praller. Wenn wir jeweils nach vielen Jahren um Unterstützung gebeten wurden, war meistens von gewaltigen Summen die Rede.

Es brauchte sich bloß herumzusprechen, daß wir in der Gegend waren, und schon standen die Kunden Schlange; wir mußten sogar dazu übergehen, Nummern zu verteilen, um alle der Reihe nach bedienen zu können. Hin und wieder fanden wir tatsächlich Pappschachteln voller Napoleon- oder Louisdor; das sagenhafte goldene Halsband bestand jedoch aus Glasperlen, und was die sogenannten Riesenvermögen in Gold oder Silber betraf, so handelte es sich meistens um ein paar alte 5-Frankenstücke ohne jeglichen numismatischen Wert. Die Enttäuschung stand den Nachkommen im Gesicht geschrieben, und wir getrauten uns nicht, auf die Bezahlung unserer Bemühungen zu pochen, ganz zu schweigen vom vereinbarten Anteil in Höhe von zwanzig Prozent.

Die braven Leute trugen auf, was die regionale Küche an Köstlichkeiten zu bieten hatte, und gegen Abend waren wir ziemlich angeheitert und hatten gräßliche Kopfschmerzen, was wahrscheinlich von den verschiedenen lokalen Weinen und Schnäpsen herrührte, die wir unbedingt probieren mußten.

Einmal wurde ich von einem berühmten Schauspieler zu Hilfe gerufen: Er hatte im Mai 1968 aus Angst vor den sich anbahnenden Ereignissen sein wertvolles Silber im Park seines Schlosses vergraben. Er hatte sich die Stelle gut gemerkt, und als sich die Lage beruhigt hatte, wollte er zwischen den Dreharbeiten seine kostbare Habe wieder ausgraben. Er grub am Fuße des Baumes, wo er den Schatz versteckt hatte, stellte aber verblüfft fest, daß die Erde steinhart war; er erinnerte sich nicht, so tief gegraben zu haben – und fand tatsächlich nichts. Er grub an einer anderen Stelle – nichts! Nach dem dritten Versuch war er in unserem Büro gelandet und hatte sich hoch und heilig versprechen lassen, daß wir niemandem und unter gar keinen Umständen weder seine Identität noch den Grund seines Besuches verraten würden. Die Presse hätte sich in der Tat auf die Geschichte gestürzt; in der Öffentlichkeit lächerlich gemacht zu werden war jedoch das Schlimmste, was ihm widerfahren konnte. Sein Geiz war sprichwörtlich, doch er stellte mir eine stattliche Prämie in Aussicht, wenn ich sein Puiforcat- und Christoflesilber wiederfände. Ich hätte ihm auch umsonst geholfen, handelte es sich doch um einen berühmten Komiker, um eine Leinwandgröße, aber er konnte vor lauter Panik nicht mehr klar denken.

Sein Schloß war düster und kalt. Aus Sparsamkeit wurden nur gerade die bewohnten Räume geheizt, wenn ein überflüssiges Licht brannte, bekam er einen Tobsuchtsanfall. Mein Detektor blieb an der angegebenen Stelle stumm. Der Mann trippelte ständig aufgeregt hinter mir her, was mir mit der Zeit auf die

Nerven ging. Ich schickte ihn ins Haus zu seiner Frau, eine Limonade holen. Sobald er verschwunden war, suchte ich in der entgegengesetzten Richtung. Kaum fünf Schritte von der monumentalen Freitreppe entfernt, begann der Detektor in einem Umkreis von etwa einem Meter zu heulen. Ein Spatenstich genügte, und vor den staunenden Augen des Schauspielers tauchten seine silbernen Schüsseln und Löffel auf – und er lächelte wieder und machte seine berühmten Faxen.

Er hatte seit dem Tag, als er das Silber vergraben hatte, jede Nacht davon geträumt; beeindruckt von seiner Heldentat, hatte er den Graben, den er am Ende der Auffahrt gleich neben der Freitreppe ausgehoben hatte, nach und nach bis zum größten Baum seines Anwesens verschoben. Daß sich Schätze durch Träume und Hirngespinste verschieben ist übrigens eine bekannte Tatsache, und die Erben stützen sich dann auf falsche Angaben, die man ihnen guten Glaubens anvertraut hat, was zur Legendenbildung und Vermehrung des Schatzes beiträgt.

Eines Tages lud mich ein Nachfahre von Jean Coluche ein, damit ich ihm helfe, den Schatz seines berühmten Ahnherrn zu finden. Dieser war ein Bewunderer Napoleon I. gewesen, der ihm, wie es hieß, eine riesige Menge Gold geschenkt hatte. Dieser Coluche – der nichts mit dem leider allzufrüh verstorbenen Komiker zu tun hatte – war dem Maler Horace Vernet Modell gestanden. Das Bild stellt einen jungen Landser dar, der nachts Wache steht und drohend von seinem Kaiser das Losungswort verlangt: *Und wärst du selbst der Kleine Korporal, so kämest du nicht an mir vorbei.*

Gastins, ein kleines Dorf im Bezirk Seine-et-Marne, hatte diesen Coluche zu seinem Helden erhoben. Er war mit dreiundachtzig nach Fontainebleau gegangen, wo der Kaiser sein Hauptquartier aufgeschlagen hatte. Er wollte vor seinem Tod seinen Kaiser nochmals sehen. Also zog er seine alte Uniform mit dem Kreuz der Ehrenlegion an, das ihm der Kleine Korporal eigenhändig angesteckt hatte. Er wurde vor den Kaiser geführt, der die Gelegenheit ergriff, etwas für seinen ramponierten Ruhm zu tun und sich vor seinen alten Kriegsgefährten zu profilieren. Napoleon I. empfing den alten Soldaten in der Tür seines Arbeitszimmers und schüttelte ihm herzlich die Hand. Dann bat er ihn einzutreten. Coluche war schrecklich verlegen, als er mit seinen beschlagenen Stiefeln über das glänzende Parkett schritt. Zwei kaiserliche Adjutanten hatten Mitleid mit ihm, packten ihn unter den Schultern und trugen ihn in einen Sessel vor dem Schreibtisch des Kaisers. Coluche wollte sich bei den netten Herren bedanken und erkundigte sich, was für einen Rang sie denn bekleideten: Es sind zwei meiner tüchtigsten Generäle, antwortete Napoleon. Coluche stellte kopfschüttelnd fest, daß zu seiner Zeit die Generäle ihre Uniform nie ausgezogen hätten, um sich wie Gecken zu kleiden, aber er verzeihe ihnen, denn sie seien offensichtlich brave Kerle.

Der Kaiser ließ den Alten vor den versammelten Generälen alle Einzelheiten jenes historischen Zwischenfalls erzählen, als er beinahe aufgespießt worden wäre, weil ihn ein junger, pflichtbewußter Soldat nicht durchlassen wollte. Die Audienz war vorbei, aber Coluche machte keine Anstalten, sich zu verabschieden. Er wollte die Kaiserin begrüßen, und der Kaiser ließ augenblicklich nach ihr schicken. Auch sie mußte sich die Geschichte in allen Einzelheiten anhören, die der alte Landser noch zusätzlich ausschmückte. Dann beglückwünschte er den Kaiser schmunzelnd zu der adretten Person, die er sich als Gattin ausgesucht habe. Leider konnte man ihm den kleinen Erbprinzen nicht vorstellen, der spazierengegangen war. Der Kaiser gab Befehl, den alten Soldaten in der kaiserlichen Kutsche nach Hause zu fahren. Coluche konnte sich vor Ergriffenheit gar nicht fassen, und als er in seiner Hosentasche nach einem Schnupftuch wühlte, zog er eine Rolle funkelnagelneuer Napoleons heraus. Er rührte nie daran und stockte den Schatz mit neuen Écus auf; als der Topf, in dem er sein Vermögen aufbewahrte, randvoll war, vergrub er ihn. Er starb, ohne das Versteck verraten zu haben. Seine Nachkommen hatten das Kamin zwanzigmal abgerissen, hatten die Mauern der ärmlichen strohbedeckten Hütte des alten Haudegens Stein für Stein abgetragen. Die Einwohner des benachbarten Nangis schmückten die Geschichte zusätzlich aus und fügten dem Schatz kostbare Gegenstände hinzu, die von der Besetzung Moskaus und anderer Städte stammten. Verständlich, daß ständig Leute vorsprachen, die die Ruine kaufen und wiederaufbauen wollten.

Der Napoleondor und der Écu d'argent haben einen hohen numismatischen Wert, Abnehmer dafür zu finden war kein Problem. Die Suche nach Jean Coluches Schatz dauerte drei Monate. Wir gingen so diskret wie nur möglich vor. Die Lichtbündel unserer Taschenlampen warfen nachts seltsame verschlungene Muster auf die Wände. Unsere Anwesenheit war der Gendarmerie gemeldet worden, wir seien entfernte Verwandte; aber die Gendarmen waren nicht auf den Kopf gefallen, sie hatten uns viel Glück gewünscht und uns geraten, möglichst nicht aufzufallen.

Wir suchten in konzentrischen Kreisen die Umgebung des Hauses ab. Nachts hört man jeden Laut; beim behutsamsten Spatenstich begannen die Hunde zu bellen und gaben keine Ruhe mehr. Wir stießen auf einen Schuttabladeplatz, gruben zentnerweise rostige Bleche aus, Nägel, Hufeisen, landwirtschaftliche Geräte ... Nach einem Monat hatten wir das Gelände buchstäblich gesäubert.

Meine Hände waren zerschunden, mein Rücken war kaputt; ich hatte die Nase voll, aber ich mußte mit gutem Beispiel vorangehen. (Ich kam erst später darauf, wie wichtig es war, meine Assistenten dazu zu erziehen, methodisch und diszipliniert zu graben.) Die Kreise wurden immer größer; ich wollte jedoch um keinen Preis aufgeben, denn ich hatte seit über vier Wochen meine ganze Energie auf Coluches Schatz verwendet. Beim kleinsten Piepston des Detektors begann ich wütend zu graben – und der Schrottberg wurde höher und höher.

Ein Schatzsucher darf die Hoffnung nie aufgeben, muß hartnäckig bis zum Umfallen graben, will er etwas finden. Robert Charroux und Henry Monfreid hatten uns das eingehämmert. Nie aufgeben, den Mut nie verlieren, will man ans Ziel gelangen. Die hervorstechendste Eigenschaft des Schatzsuchers ist – nebst einer unbeirrbaren Gutgläubigkeit – die Geduld. Coluches Schatz war eine ausgezeichnete Schule, ich würde mich noch lange daran erinnern.

Wir fanden schließlich die Écus; der Kupfertopf war unter einer Steintränke vergraben, dreihundert Meter vom Haus entfernt, in einem Feld am Rand eines Wäldchens. Der Besitzer des Grundstücks war Vertreter einer amerikanischen Firma, die HiFi-Geräte verkaufte. Er gab seine Stelle auf und verkaufte seine Écus an

Numismatikerbörsen, immer nur einen oder zwei aufs Mal, um einen Preiszusammenbruch zu verhindern, was beweist, daß er ein vernünftiger Mann war. Vom Erlös kaufte er eine Renault-Vertretung in Südfrankreich. Mein Teil erlaubte mir, die begehrten Mikro-Gravimeter Texas-Worden zu erwerben, die mir in Burgverliesen oder Templergruften nützliche Dienste leisteten. Die Meßwerte waren so kompliziert, daß nur ein Spezialist, der die Bouguerschen photometrischen Tabellen auswendig kannte, damit etwas anfangen konnte. Ich untersuchte Dutzende von Kellern und Abgründen, ohne jemals besonders wertvolle Gegenstände oder gar Schätze zu finden.

In einem alten, in den Dünen vergrabenen Bunker aus dem Zweiten Weltkrieg stieß ich auf sechs Tonnen Panzergranaten. In einem anderen Versteck fand ich Container voller rostiger Waffen, die die Engländer abgeworfen hatten und die sich in einschlägigen Geschäften gut an den Mann bringen ließen. In einer Burgruine fand ich sakrale Gegenstände aus feuervergoldetem Silber und eine ganze Menge wertvoller dreischneidiger Dolche, sogenannter Miséricorden, mit denen die Ritter ihren verletzten Feinden den Todesstoß gaben. Mit dem Verkaufserlös bezahlte ich meine Schulden und war im übrigen je länger, je mehr davon überzeugt, daß die Schatzsuche nicht das geeignetste Mittel war, um schnell reich zu werden. Also verkaufte ich meine Magnetometer an eine Erdölgesellschaft, die mir einen guten Preis dafür bezahlte, und kaufte ein kleines Schiff, mit dem ich im Ärmelkanal »Bellontes Gold« suchen wollte.

Der berühmte Lindbergh hat Dieudonné Costes' und Maurice Bellontes Atlantiküberquerung in umgekehrter Richtung, von Frankreich nach den Vereinigten Staaten also, mit folgendem Satz kommentiert: *Ihr Erfolg ist verdienter als meiner.* Die Überquerung von Ost nach West ist viel schwieriger, denn der Pilot muß ständig gegen Luftströmungen ankämpfen.

Maurice Bellonte, Träger des Großen Kreuzes der Ehrenlegion, empfing mich aufs liebenswürdigste. Er war kürzlich vierundachtzig geworden. Er ging gebückt und wirkte sehr abgezehrt. Als ich ihm aber den Grund meines Besuchs erklärte, musterte er mich mit seinen blitzenden, blauen Augen, in denen der Schalk saß.

– Ich will den GOLIATH suchen, mit dem Sie 1922 im Ärmelkanal abgestürzt sind.

– Ach so, du bist auch hinter dem Gold her! 1919 arbeitete ich für die Air Union, eine englische Fluggesellschaft, deren Flotte aus zwei zweimotorigen Bombern bestand, das war alles, die zu Frachtflugzeugen umgebaut worden waren. Es handelte sich um sogenannte FARMAN GOLIATH, die Pannen waren an der Tagesordnung. Ich hatte damals noch kein Flugbrevet; die Leute dort hatten Verständnis für meine Flugleidenschaft, und wenn niemand anders verfügbar war, setzten sie mich ein. Ich flog wiederholt mit einem Dutzend Passagieren und wertvoller Fracht über den Ärmelkanal. An jenem Tag war die Sicht gleich Null; ich war im Nebel von der Schiffsroute abgekommen, der wir üblicherweise folgten. Ich hatte eine Ladung Goldbarren an Bord, die für eine französische Bank bestimmt waren. Die Küste war schon lange verschwunden, als plötzlich das linke Triebwerk aussetzte. Ich konnte die Nase der Maschine gerade noch rechtzeitig in die Höhe reißen und landete wie eine Blume neben einem Fischkutter, der RÉSURRECTION. Solche Sachen kann man nicht erfinden, nicht wahr? Mein GOLIATH sank wie ein Stein. Die Fischer warfen uns gerade noch rechtzeitig Rettungsringe zu, denn das Wasser war eiskalt. Ich erinnere mich nicht mehr an die genaue Absturzstelle, denn es ist schon sehr lange her. Versuche, das Bordbuch der RÉSURRECTION aufzutreiben, vielleicht hast du Glück und findest das, was die Versicherung und viele andere jahrelang vergeblich gesucht haben. Die Strömung ist dort sehr stark und das Wasser fürchterlich kalt.

Ich dankte dem alten Helden, der gleich in seinem Lehnstuhl einnickte. Seine Frau gab mir Name und Adresse des Fischers, der ihn damals gerettet hatte, und ich machte mich auf die Suche nach der RÉSURRECTION. Die alten Männer in den Cafés erinnerten sich noch sehr gut an die Geschichte, aber ihre Erinnerungen waren oft widersprüchlich: Die einen behaupteten, der Absturz sei genau in der Mitte des Ärmelkanals erfolgt, an der breitesten Stelle, während andere, die Heringfischer vor allem, vermuteten, es sei fünfundzwanzig Seemeilen vor der belgischen Küste gewesen. Ich borgte mir einen Magnetometer, suchte damit tagelang das Meer ab und notierte mir jede kleinste Abweichung. Der Grund des Ärmelkanals ist mit Wracks übersät, mit Kriegsschiffen aus dem Ersten Weltkrieg, mit Fischkuttern, mit Industrieabfällen, mit Eisenträgern, sogar mit einer riesigen, rostigen Eisenmasse, die mein Freund André für eine Lokomotive hielt. Es war schwierig, in der Fahrrinne zu bleiben: Riesige Containerschiffe überholten uns pausenlos. Das Wasser war schmutzig, André wurde von einer Unterwasserströmung mitgerissen, die den Schlamm aufwirbelte. Bellontes Flugzeug mußte schon lange fortgetrieben worden sein, bloß die schweren Kisten mit dem Gold lagen wahrscheinlich noch immer unter einer öligen Schlammschicht. Es war wohl unmöglich, sie zu finden, es sei denn, ein Wunder komme uns zu Hilfe. Wir waren bis auf die Knochen durchfroren, die gewaltigen Steven, die uns entgegenkamen, waren lebensgefährlich. Wir beschlossen, andere Gewässer aufzusuchen, wärmere und weniger befahrene, was allerdings zusätzliche Mittel erforderte, ein anständiges Schiff, Echolote und effizientere Detektoren; wir hatten außer einem großen Varian-Magnetometer, den ich auf einer Auktion erworben hatte, nichts derartiges an Bord, und dieser funktionierte nur, wenn ein Freund an Bord war, ein Elektroingenieur, der leider unter Seekrankheit litt.

Ich habe Bellontes Plan aufbewahrt, und wenn der Golddetektor, den Mel Fisher, der König der Wracktaucher, mir versprochen hat, endlich greifbar ist, werde ich eine neue Expedition auf die Beine stellen – mit unerschrockenen, risikofreudigen Kollegen, um GOLIATH Gold aus dem Ärmelkanal zu fischen.

ÄRGER MIT DER SCHILDKRÖTENINSEL

Was die Schildkröteninsel von ihrer pazifischen Schwester unterscheidet, ist die Tatsache, daß sie immer bewohnt war, zuerst von Piraten, dann von Touristen. Generationen von Schlitzohren haben aus ihr eine der begehrtesten Inseln der Karibik gemacht. Alexander Exmelin berichtet in seinen Erinnerungen über *die Sitten und Bräuche der Einwohner von Santo Domingo und der Schildkröteninsel mit einer Beschreibung selbiger Orte.* Das 1688 veröffentlichte Buch wurde zu einem Bestseller; 1699 erschien eine ergänzte Ausgabe, die ausführliche Berichte über die Plünderung Veracruz' am Golf von Mexiko enthielt (1683), über die Plünderung Campeches (1686) und die Cartagenas in Kolumbien (1697). Die räuberischen Überfälle fanden in einem Zeitraum von vierzehn Jahren statt, was ein Bild von der Schlagkraft der Piraten und Flibustiere gibt, die ihr Unwesen mit dem Segen der Engländer und der Franzosen trieben, denen jedes Mittel recht war, um die Macht und Arroganz der Spanier zu bekämpfen. Exmelin war ein Kumpel von Henry Morgan gewesen, der als Dank für die »guten und loyalen Raubüberfälle im Dienste der Krone« zum Sir und Gouverneur von Jamaika ernannt wurde. Exmelin mochte ihn offenbar nicht besonders, hielt ihn für einen Verräter, der die Gesetze seiner Zunft gebrochen hatte. Morgans berühmteste Tat war die Besetzung von Panama *la vieja* gewesen, in der sämtliche peruanischen Schätze gelagert wurden, bevor sie die Reise nach Spanien antraten. Morgan zwang zusammen mit tausend Gefolgsleuten die bestbewachte Stadt der Neuen Welt zur Kapitulation und eine mit fünfmal soviel Männern bestückte Garnison in die Knie. Sein Anteil an der Beute wurde von einer Karawane aus fünfhundert Maultieren weggebracht, die schwer mit Dublonen, mit achtfachen Reales, mit Schmuck und Edelsteinen beladen waren – ein unermeßlicher

Schatz, der heute noch darauf wartet, entdeckt zu werden, und von dem jeder professionelle Schatzsucher träumt. Morgan ließ einen Teil des Geldes nach England bringen und wurde dafür in den Adelsstand erhoben. Der ihm verbliebene Rest war jedoch erheblich größer. Dieser Schatz ruht irgendwo auf der Schildkröteninsel neben der Beute vieler berühmter Flibustiere, die aus diesem oder jenem Grund den Banken mißtrauten. Der Korsar Jennings soll auf der Insel den größten Teil des Goldes vergraben haben, das er den Tauchern des Gouverneurs von Kuba abnahm; dieser ließ nämlich die Schätze der ersten *Flota de Oro* bergen, die während eines Orkans vor der Küste Havannas mit Mann und Maus untergegangen war.

Und wo ist der Schatz von Major Stede Bonnet vergraben? Dem einzigen Piraten, der sich mit eigenen Mitteln ein Schiff gekauft hatte, um der Tyrannei seines bösen Weibes zu entkommen? Bonnet hatte sich mit Edward Teach verbündet, dem berüchtigten Schwarzbart, der das Geheimnis um seinen Schatz mit ins Grab nahm.

Schwarzbarts erfinderische Besatzung führte übrigens die »Surfbrettmethode« ein, die darin bestand, einen gefesselten Gefangenen auf einem Brett über das Meer schreiten zu lassen; schaffte es der Unglückliche, sich auf den Wellen auf den Beinen zu halten, war er unschuldig. Schaffte er es nicht, überließ man seine Seele Neptun und Pluto. Teach wurde bei einem Seescharmützel von einem englischen Offizier namens Robert Maynard umgebracht. Sein Schatz wurde nie gefunden.

Die Schildkröteninsel war die Räuberhöhle des berüchtigten Francis Nau gewesen, der mit Michel dem Basken die Städte Maracaibo, Saint-Pierre, Gibraltar, Puerto Cabello plünderte, später an der Küste Nicaraguas Schiffbruch erlitt und von den Kariben gefressen wurde.

Montbars der Rächer, Roc der Brasilianer, Laurent de Graaf, Kapitän Grammont, Pierre Le Grand, Nicholas Van Horn – sie alle trugen sich in das Goldene Buch der Schildkröteninsel ein, das noch ein Dutzend weiterer Namen enthält, deren bloße Erwähnung sämtliche Untertanen der Spanischen Krone vor Angst und Schrecken erzittern ließ.

Ich suchte also Henry Moneys auf, den Legationsrat der haitischen Botschaft in Paris, und bat ihn um die Erlaubnis, mit einer Reisegruppe die Schildkröteninsel besuchen zu dürfen. Moneys empfing mich sehr liebenswürdig, hörte sich mein Anliegen an und war offensichtlich sehr an der Sache interessiert: Selbstverständlich müßten alle Funde zwischen der Republik Haiti und unserem Klub aufgeteilt werden, das Geld werde für den Bau von Krankenhäusern und Schulen verwendet, an denen es in seinem Land so bitter mangelte. Henry Moneys versprach, sich für uns einzusetzen und alle notwendigen Schritte einzuleiten.

Zwei Monate später rief er mich triumphierend an: Man werde uns alle notwendigen Bewilligungen erteilen, aber ... wir müßten uns einen anderen Grund zurechtlegen, der Präsident habe Robert Charroux' Buch gelesen und dulde keine Geier und Plünderer in seinem armen Land. Baby Doc, Sohn von Papa Doc und Präsident auf Lebzeiten der Republik Haiti, genoß im Ausland einen sehr schlechten Ruf, wo er doch – so beteuerte sein Gesandter – von seinem Volk »vergöttert« werde. Und erst seine Gattin Michèle ... eine mulattische Reinkarnation Evita Perons, die sich aufopfere, um das Elend der Ärmsten zu lindern. Die internationale Presse habe nichts Klügeres zu tun, als das Präsidentenpaar mit Verleumdungen zu verfolgen, über die teure Garderobe der First Lady Haitis zu tratschen, dem »Diktator« seine Leidenschaft für Sportwagen und Luxuslimousinen vorzuwerfen. Sämtliche Anschuldigungen gegen die Familie des Präsidenten auf Lebzeiten und seiner Schwiegerfamilie seien erstunken und erlogen. Leider erachte es die Gesellschaft Frankreich-Haiti nicht für notwendig, vehement dagegen zu protestieren, ein eklatanter Beweis, daß die internationale Presse im Sold der Kommunisten stehe. Verbrachten die Mitglieder dieser Vereinigung nicht etwa luxuriöse Ferien auf Haiti? Als persönliche Gäste des Präsidenten selbstverständlich, der im übrigen den Vertretern der vielen Kommissionen, die für ihre Abklärungen vor Ort die Wintermonate bevorzugten, ein Erstklaß-Ticket bezahle, damit sie sich mit eigenen Augen davon überzeugen konnten, daß der Präsident auf Lebzeiten ein überzeugter Humanist und epikureischer Philosoph sei.

Der Minister war ermächtigt worden, mir folgenden Handel vorzuschlagen: Ich würde die Konzession für die Schildkröteninsel erhalten, könne dort ein Spielkasino eröffnen oder ein Schatzsucherparadies, alles, was ich für richtig hielt, mit der Auflage allerdings, daß ich einen zweiten Klub gründe, einen etwas effizienteren, medienwirksameren. Kurz: Man verlangte von mir, daß ich eine Lobby schaffe, eine sogenannte Pressure-group, die die Aufgabe hatte, auf jeden verleumderischen Artikel über Baby Doc eine Gegendarstellung zu fordern. Der Präsident auf Lebzeiten müsse Gelegenheit haben, in den öffentlichen Medien der Wahrheit zum Durchbruch zu verhelfen, den Abgeordneten und Senatoren zu beweisen, daß die Flüchtlinge – um nur ein Beispiel zu nennen – gefährliche Anarchisten und Kommunisten seien und daß seine politische Doktrin, der Jean-Claudismus, keine Wahlen benötige, weil er, der Präsident auf Lebzeiten, sich persönlich um das Wohl seines Volkes kümmere und besser als sonst jemand wisse, was das Volk braucht. Westliche Demokratie könne in einem Land wie Haiti irreparable Folgen haben. Es sei selbstverständlich der innigste Wunsch der Regierung der ruhmreichen schwarzen Republik Haiti, Krankenhäuser zu bauen, Geflügelfarmen oder elektronische Zulieferbetriebe einzurichten, damit das Volk genug zu essen habe. Ich müsse überdies gebührend auf die glückliche, überaus harmonische Ehe des Präsidentenpaares hinweisen.

Angesichts meiner gedämpften Begeisterung fügte der Legationsrat hinzu, es stehe viel Geld, sehr viel Geld auf dem Spiel; selbstredend würden alle meine Spesen im voraus bezahlt.

Das allerdings hörte sich besser an.

Ich erklärte, die wirksamste Methode sei die Herausgabe einer Zeitschrift über Haiti, die in allen europäischen Ländern aufgelegt werde. Ich würde das Amt des Chefredakteurs übernehmen. Kein Problem, antwortete der Legationsrat. Der Präsident sei mit diesem Vorschlag bestimmt einverstanden und werde das Projekt aus seiner persönlichen Schatulle finanzieren.

In Anbetracht der Sachlage war es kein Problem, ein Büro für die »Interessengemeinschaft zur Förderung des Ansehens der Republik Haiti im Ausland« zu finden, die offiziell als Verein eingetragen und 1980 im Amtsblatt publiziert wurde.

Die Mitteilung, der Klub bemühe sich um eine Konzession für die Schildkröteninsel, löste unter meinen Abonnenten Begeisterungsstürme aus. Jedermann wollte der Interessengemeinschaft beitreten.

Ein Rechtsanwalt wurde beigezogen, der die Verträge zwischen der Republik Haiti und interessierten Konzernen aushandeln mußte. Ein Geschäftsmann in einer Provinzstadt im Westen Frankreichs, der einen bekannten Namen trug, wurde mit dem Titel eines Honorarkonsuls beehrt. Ein Arzt sah sich zum Berater des Gesundheitsministers ernannt; er kassierte einen Prozentsatz von den obligatorischen Blutspenden, die man den Ärmsten unter den Armen abverlangte, oder von wirkungslosen oder verfallenen Medikamenten, die Arzneimittelhersteller nach Gutdünken auf den Markt werfen durften.

Der Vorstand der IFARHA setzte sich aus neun Mitgliedern zusammen, die nach verschiedenen Kriterien und aufgrund ihrer moralischen Integrität gewählt worden waren. Alle erklärten sich mit dem Ziel der Interessengemeinschaft einverstanden, das darin bestand, Baby Docs Image aufzuwerten und ihn gebührend zu schröpfen.

Nur ein Minister fehlte uns noch. Ein Regierungswechsel stand bevor; die künftigen Pfründe waren größtenteils bereits vergeben, wobei natürlich einträglichere oder einflußreichere Organisationen Vorrang gehabt hatten.

Nicolas F., ein junger, ehrgeiziger Handlungsbevollmächtigter in einer Privatbank, wurde zum Präsidenten ernannt. Das Geschäftsdomizil der Interessengemeinschaft war beim Kassier, der ein leidenschaftlicher Sammler von naiver haitischer Malerei war – eine gute Gelegenheit, seine Sammlung durch günstige Ankäufe zu ergänzen.

Der Legationsrat war sehr zufrieden und erstellte zu Händen seines Ministeriums einen lobenden Bericht, in dem er besonders auf die absolut integren Persönlichkeiten hinwies, aus denen sich die IFARHA zusammensetzte, worauf man ihm antwortete, der Außenminister wünsche uns unter allen Umständen anläßlich seines nächsten Pariser Aufenthaltes kennenzulernen, um in einem ungezwungenen Gespräch eine Strategie festzulegen.

Zwei Wochen später gab die IFARHA ihrer Entrüstung über die verleumderischen Pressekampagnen Ausdruck, die Haiti und die Person seines Präsidenten auf Lebzeiten in den Schmutz zogen; wir beteuerten, daß wir, koste es, was es wolle, der Wahrheit zum Durchbruch verhelfen würden. Wir hatten eine grobe Schätzung des dazu erforderlichen Jahresetat aufgestellt: rund siebenhundertfünfzigtausend Dollar (Zeitschriften, Filme, Journalisten, Deputierte, Senatoren usw.). Der Legationsrat zuckte mit keiner Wimper. Er werde mit dem Präsidenten reden, der allein für das Budget zuständig sei. Als Gegenleistung für unsere Dienste verlangten wir von der Republik Haiti die Erteilung einer Konzession für die Schildkröteninsel, was im Klartext bedeutete, daß wir uns nach Lust und Laune der Schatzsuche widmen konnten. Wir beantragten zudem eine Einfuhrzollbefreiung für unsere Detektoren.

Meine Leser träumten von überquellenden Münzenverstecken, die unsere mit Radiästhesie-Meßfühlern ausgestatteten Detektoren finden würden. Wir hatten uns den Alleinverkauf für diese Geräte gesichert, ohne die man auf der Insel nichts ausrichten konnte, denn die Erde war sehr mineralhaltig.

Das Prinzip dieses Suchgeräts hatte 1762 ein gewisser François Bottineau auf Mauritius erfunden; die dortige Regierung hatte ihm aber keine besondere Beachtung geschenkt. Carl Anderson, ein amerikanischer Wissenschaftler, war zufällig darauf gestoßen und hatte es unter dem Namen *dowser* weiterentwickelt. Ich hatte davon gehört und mir ein paar Exemplare beschafft, um sie von Lesern testen zu lassen, die auf die Effizienz von Wünschelruten schwörten. Auf Grund ihrer überschwenglichen Begeisterung hatte ich anschließend größere Mengen importiert. Als die wiederholten ministeriellen Verbote zu einem Zusammenbruch des Marktes für konventionelle Detektoren führten, beschlossen wir, die Geräte mit den letzten High-Tech-Errungenschaften auszurüsten, ihnen ein modernes Design zu verpassen und sie in Europa herstellen zu lassen – ganz nach dem Vorbild der Japaner, die mit Kopieren die Weltmärkte erobert haben. Wir boten unser Teleradiosensiskop den Abonnenten unserer Zeitschrift zu Sonderkonditionen an: Für diejenigen, die sich verpflichteten, ausschließlich mit dem Teleradiosensiskop zu arbeiten, war der Aufenthalt auf der Schildkröteninsel kostenlos; sie mußten nur Reise und Verpflegung bezahlen. Der Anteil für die Konzessionsinhaber betrug fünfzig Prozent vom Gesamtwert der gefundenen Gegenstände. Objekte von eindeutig historischem Wert würden der Republik Haiti überlassen oder im Bukanier-Museum ausgestellt werden, das wir auf der Insel zu bauen gedachten. Dank dieser verlockenden Aussichten hatte sich der Verkauf des Teleradiosensiskops ausgezeichnet angelassen.

Das Instrument hat übrigens eine interessante Geschichte: Im März 1834 veröffentlichte das *NAUTICAL MAGAZINE* die Geheimdokumente eines Wissenschaftlers, der ein Gerät erfunden hatte, das einem erlaubt, Schiffe zu erkennen, bevor sie mit dem Feldstecher gesichtet werden. Marschall de Castriers, der damalige Marineminister, ordnete eine Untersuchung über die »sogenannte« Erfindung des Herrn Bottineau an, der Nautoskopie. Der Gouverneur der Île de France – heute Mauritius – antwortete dem Minister: *Monsieur Bottineau hat tatsächlich eine außergewöhnliche Erfindung gemacht: Er kann die Ankunft eines Schiffes auf zweihundert Seemeilen Entfernung feststellen; seit über zehn Jahren kündigt er die Ankunft der Schiffe drei oder vier Tage im voraus an, lange bevor sie am Horizont auftauchen. Zwischen 1778 und 1782 hat er die Ankunft von fünfhundertfünfundsiebzig Schiffen gemeldet. Diese Erfindung mag unglaubhaft erscheinen, aber zahlreiche Marine- und Armeeoffiziere und der Schreibende selbst können bezeugen, daß Monsieur Bottineau kein Hochstapler und auch kein Visionär ist.* Als Bottineau wieder in Paris war, suchte er Abbé Fontenay auf, Herausgeber des *MERCURE DE FRANCE* und ein gefürchteter Polemiker, der die geniale Erfindung nach bewährter katholischer Tradition ins Lächerliche zog, weil in den Augen der Kirche seit jeher hinter jeglichem wissenschaftlichen Fortschritt satanische Kräfte stecken. Bottineau starb kurz vor der Revolution an Enttäuschung, Kummer und Demütigung und geriet in Vergessenheit, bis André C., Professor für Radiästhesie, in den Archiven des *NAUTICAL MAGAZINE* dessen Papiere aufstöberte. Er erkannte gleich die Möglichkeiten, die hinter dieser Erfindung steckten. Er studierte mit einem kleinen, handverlesenen Mitarbeiterteam gewissenhaft die Schriften des Amerikaners Carl

Anderson, was ihn auf den Gedanken brachte, genau aufeinander abgestimmte Partikel in eine radioaktive Kammer einzuführen, die einen Reaktor aus reinem Gold enthielt. Es gelang ihm so, die isotopischen Strahlen der Edelmetalle zu intensivieren und sie in ein mentales Signal umzuwandeln, das sich verstärkt, je mehr man sich der Quelle nähert. Mit anderen Worten: Der menschliche Körper verwandelt sich in eine Art überempfindliche Wünschelrute, und der Sucher weiß spontan, was sich unter der Erde befindet. Das Teleradiosensiskop funktioniert wie ein elektromagnetischer Sender, der Foucaultsche Ströme erzeugt, die wiederum ein sekundäres Kraftfeld generiert, das dem menschlichen Geist ermöglicht, die durch Strahlungen von Metallvorkommen zwischen der primären Erdschicht und dem sekundären mentalen Kraftfeld hervorgerufenen Störungen zu deuten. Um die phänomenale Wirkung des Instruments zu aktivieren, genügte es, auf das eigene Gehirn zurückzugreifen; ein wunderbarer Empfänger/Sender, dessen Leistungsfähigkeit, wie Neurologen festgestellt haben, nur zu zehn Tausendstel genutzt wird. Carl Anderson, der Erfinder des *dowser,* hatte Bottineaus Geheimnis gestreift. Wir aber, wir hatten es enthüllt.

Ich verfaßte ein Handbuch der Teleradiosensiskopie, denn es setzt einige Übung voraus, will man das Instrument nutzbringend einsetzen – vor allem aber muß man daran glauben. Die von uns weiterentwickelte Erfindung Bottineaus würde die Detektionstechnik revolutionieren: Man brauchte nur Spuren des gesuchten Elements in die Reaktorkammer einzuschließen, und das Gerät führte einen automatisch in die richtige Richtung. Goldadern, Erdölfelder, Türkis- oder Rubinvorkommen, Lotto-Nummern ... das Instrument wußte auf alles eine Antwort. Es war der »Detektor des Jahres 2000«, wie wir ihn in unserer Werbung bezeichneten. In der Gebrauchsanweisung stand zu lesen: *Sie haben endlich Ihr Teleradiosensiskop erhalten. Sie haben es in die Hand genommen, befühlt, von allen Seiten untersucht. Sie fühlen und ahnen, was dieses Gerät Ihnen verheißt, aber Sie wissen nicht, wie damit umgehen. Diese Bedienungsanleitung wird Sie mit Ihrem Gerät vertraut machen, Schritt für Schritt. Nehmen Sie sich genügend Zeit. Geduld und Ausdauer werden Sie zu Resultaten führen, die Sie sich in den kühnsten Träumen nicht vorzustellen gewagt hätten. Unsere Methode ist nicht außergewöhnlich. Man kann das Problem von verschiedenen Seiten angehen, das wichtigste ist jedoch, sich für ein System zu entscheiden und dabei zu bleiben.*

Die Bedienungsanleitung enthielt noch eine ganze Menge weiterer Ratschläge, die lediglich dazu dienten, Nörglern und Zweiflern den Wind aus den Segeln zu nehmen. *Nichts ist unproduktiver, als sich darauf zu versteifen, Wasser zu suchen, wenn man die Veranlagung hat, wertvolle Mineralien zu finden. Die meisten, die sich bereits mit dowsing auseinandergesetzt haben und behaupten, sie seien dafür nicht geeignet, erzielen mit dem Teleradiosensiskop erstaunliche Resultate; wichtig ist, daß man sich nicht innerlich dagegen sperrt. Halten Sie sich vor Augen, daß es mindestens ein Jahr braucht, bevor Sie Ihr Gerät beherrschen. Laden Sie Ihren Körper mit Energie: Wind, Regen, Schatten, Sonne, Hitze, Kälte, Wolken, Durst, Hunger, Völlegefühl können die optimale Wirkung des Geräts beeinträchtigen. Versuchen Sie es immer wieder! Leihen Sie Ihr Instrument nie aus, denn es saugt sich wie ein Schwamm mit den negativen Wellen der Skeptiker voll. Was für ein göttliches Gefühl, was für ein wunderbarer Augenblick, wenn Ihr Spaten auf einen harten Gegenstand stößt und Sie die magische Schatztruhe oder die keltische Amphore entdecken, von der Sie schon immer geträumt haben, wenn die funkelnden Münzen durch Ihre Finger gleiten, das Gold ferner Ahnen, der Lohn für Ihre unermüdliche Ausdauer, der Ihnen fortan ein sorgenfreies Leben sichert.*

Eine Feministinnenorganisation schrieb mir einen bösen Brief und drohte mit einer Klage wegen Sexismus oder Machismus, weil ich in einem Artikel geschrieben hatte: *Für das dowsing ist die Polarität nicht von ausschlaggebender Bedeutung, aber sie zeigt einen interessanten Aspekt auf: Der Mensch ist grundsätzlich meist in der rechten Hand positiv, in der linken negativ; Frauen hingegen verfügen über eine umgekehrte Polarität.*

Ein Fan des Teleradiosensiskops bewies anhand von Fotos, daß er vor dreißig Jahren Milliardär geworden wäre, hätte er das wertvolle Instrument besessen. Die Marktchancen waren vielversprechend. Selbstverständlich warnten wir unsere Leser eindringlich vor Nachahmungen.

Der Staat verfolgte systematisch alle, die mit Metalldetektoren arbeiteten, unter dem Vorwand, sie würden das nationale Kulturgut gefährden. Aber – was konnte ein Staatsanwalt mit einem Teleradiosensiskop anfangen, das auf psychischen Grundlagen funktioniert? Meine deutlich zum Ausdruck gebrachte Skepsis gegenüber dieser Erfindung war dem Verkauf nur förderlich. Man konnte meinen Werbetext mit der Lupe untersuchen, denn ich hatte auf die Semantik allergrößten Wert gelegt: Ich war unangreifbar; zudem bestätigten Briefe von dankbaren Teleradiosensiskopierern, daß die mit dem Gerät erzielten Erfolge ihre wildesten Erwartungen übertroffen hätten. Die ersten Serien waren wie frische Semmeln weggegangen. Die kleine mechanische Werkstatt an der Rue des Pyrénées, die den Griff und das Gehäuse herstellte, war voll ausgelastet, und die Plattierungsfirma, die für berühmte Juweliere und Parfümeure arbeitete, schätzte unsere Aufträge sehr: Der Griff durfte mit höchstens sechs Mikrogramm Gold verziert sein. Es waren sehr schöne Geräte, die die Unterschrift eines berühmten Bildhauers hätten tragen oder im Museum of Modern Art in New York hätten ausgestellt werden können. Wir boten sie, je nach Modell, zwischen dreitausendsiebenhundertfünfzig und achttausend französische Francs an.

Unsere Kampagne erstreckte sich über ganz Frankreich, und ich sah – erstaunt über die Gutgläubigkeit meiner Mitmenschen – hoffnungsvoll der Zukunft entgegen.

Wenn sie von vielen Menschen getragen wird, ist die Hoffnung wie ein Gebet, das Wunder zu bewirken vermag. Eine Sekte war im Entstehen begriffen. Ich war der Guru ... obwohl ich nicht an das Wunder glaubte; meine Mitarbeiter waren die Apostel, und ich muß zugeben: sie übertrafen sich selbst. Die Liste der Freiwilligen, die die Schildkröteninsel mit einem Teleradiosensiskop durchkämmen wollten, wurde immer länger, und entsprechend füllte sich unser Bankkonto, was meinen Banker sogar veranlaßte, mich zum Essen einzuladen, da er mich seinerseits mit schwindelerregenden Investitionen übers Ohr hauen wollte.

Eines Samstags hatte ich auf der Redaktion der Zeitschrift Dienst. Zahlreiche Kunden aus der Provinz nutzten das Wochenende, um sich mit den Klubmitgliedern zu unterhalten und die modernsten Geräte zu testen. André C. war mit einem Interessenten verabredet, der das teuerste Modell kaufen wollte, das mit der vierfachen radioaktiven Kammer. Es handelte sich um eine Frau in Begleitung ihres Sohnes, die mir erzählte, sie sei Witwe, ihr Junge sei davon überzeugt, daß der verstorbene Vater gewußt hatte, wo Großvaters Goldstücke versteckt seien. Sie hatte ihre sämtlichen Ersparnisse mitgebracht, um das Wundergerät zu kaufen, mit dem ihr Sohn den Sparstrumpf finden werde. Angesichts ihrer aufrichtigen Verzweiflung versuchte ich, sie von ihrem Vorhaben abzubringen. Doch je mehr Argumente ich vorbrachte, desto hartnäckiger bestand sie auf den Kauf. Sie ging sogar so weit, mich zu beschuldigen, ich wolle sie um ihr Erbe bringen, um es mir selbst anzueignen. Schließlich wollte ich ihr das Gerät schenken, aber sie wollte es um jeden Preis bezahlen, denn es könnte sonst die ihm innewohnende magische Kraft verlieren. André C. kam herein, führte das Instrument kurz vor und kassierte das Geld, ungeachtet meiner Vorwürfe. Von Radiästhesie würde ich eindeutig nichts verstehen – meinte er –, aber ich soll nicht jene davon abzuhalten versuchen, die daran glaubten, denn damit würde ich sie nur in ihrem Glauben bestärken. Wir waren Geschäftsleute. Wir boten an – die Kunden entschieden. Wir zwangen niemand zum Kauf; dieser oder jener unserer vielen Kunden würde gelegentlich bestimmt etwas finden.

Wir bekamen tatsächlich zahllose begeisterte Briefe von zufriedenen Lesern, aber ich hegte den Verdacht, daß André C. dahintersteckte, der mich von der Wirksamkeit seiner Erfindung überzeugen und zu einem überzeugten Verkäufer machen wollte, der ich tatsächlich noch nicht war.

Ein paar Tage später gab mir das Schicksal einen zweiten Wink. Ich wohnte damals an der Rue du Temple 23, in der Nähe der Hallen. Meine Privatadresse wurde geheimgehalten; sie war nur meinen engsten Mitarbeitern bekannt. Um Mitternacht wurde ich von energischem Klopfen an meine Wohnungstür geweckt. Ich schlüpfte in den Morgenmantel und schaute schimpfend durch den Spion. Vor der Tür stand eine ältere, mir unbekannte Frau. Eine Kundin? Mitten in der Nacht? Kaum. Wahrscheinlich hatte sie sich in der Tür geirrt.

– Was wünschen Sie?

– Wohnt ein junger Mann hier? fragte die Unbekannte. Trotz der späten Stunde hielt ich einen kleinen Scherz für angebracht und antwortete mit einem lakonischen Ja.

– Dann machen Sie auf.

– Warum?

– Polizei, erwiderte die Frauenstimme. Ich war überzeugt, es mit einer Verrückten zu tun zu haben.

– Die Polizei soll sich zum Teufel scheren ..., gab ich ihr zur Antwort. Ich hörte Flüstern; die Frau war offensichtlich nicht allein. Zum Glück hatte ich nicht aufgemacht. Ich ging wieder ins Bett; eine halbe Stunde später hörte ich ungewohnte Aufregung auf der Straße. Ich öffnete das Fenster und sah zu meiner größten Verblüffung ein halbes Dutzend Polizeiwagen mit blinkendem Blaulicht vor der Haustür. Kaum hatte ich das Fenster geschlossen, als es wieder an meine Tür hämmerte. Ich fragte verärgert:

– Was zum Teufel ist eigentlich los?

– Polizei. Machen Sie bitte auf.

– Es ist ein Uhr morgens, ich weiß nicht, warum ich Sie hereinlassen sollte ...

– Die Dame beschuldigt Sie, ihren minderjährigen Sohn bei sich zu verstecken, der von zu Hause weggelaufen ist.

Ich riß augenblicklich die Tür auf. In Entführungen von Minderjährigen verwickelt und vielleicht gar der Päderastie beschuldigt zu werden, das gefiel mir gar nicht. Ich wohnte damals mit einem Mädchen, das ungeachtet des Lärms ruhig in meinem Bett weiterschlief. Also forderte ich den Polizeiunteroffizier und zwei seiner Männer auf, die Wohnung zu durchsuchen. Sie durchschnüffelten alles, schauten hinter die Vorhänge, machten die Schranktüren auf, wollten wissen, ob die Wohnung einen Balkon habe ... Brigitte, die inzwischen aufgewacht war, blickte entgeistert auf die Unordnung im Zimmer, und als ich ihr erklärte, was die Herren zu so später Stunde hergeführt hatte, bezeugte sie bereitwilligst meinen tadellosen Ruf. Als die Durchsuchung abgeschlossen war, ersuchte mich der Wachtmeister, meine Aussage zu unterzeichnen, in der festgehalten war, daß kein Minderjähriger jemals meine Wohnung betreten hatte. Ich schnaubte vor Wut und gab ihm klipp und klar zu verstehen, jetzt sei eindeutig genug. Ich drohte mit meinem Anwalt und mit einer Klage wegen Hausfriedensbruchs und schmiß alle hinaus.

Dennoch – was um alle Welt hatte die arme Frau veranlaßt, ihren Sohn ausgerechnet bei mir zu suchen? Die Polizei hatte mir auf diese Frage keine Antwort gegeben, hatte verlegen gedruckst, als handle es sich um etwas Peinliches.

Am folgenden Tag kam ich gegen sechs Uhr abends nach Hause, etwas früher als sonst. Vor meiner Wohnungstür erwarteten mich geduldig drei Personen, zwei Männer und eine Frau. Sie stellten sich höflich als Beamte der Jugendanwaltschaft von Créteil vor und wollten von mir wissen, was in der Nacht vorher tatsächlich passiert sei und warum ich mich geweigert hätte, den Polizeirapport zu unterschreiben. Ich mußte ihnen bestätigen, daß ich die Polizei um ein Uhr morgens freiwillig in meine Wohnung eingelassen hatte, denn das Gesetz untersagt jegliche Hausdurchsuchung zwischen Einbruch der Nacht und Tagesanbruch. Ich bat sie an meinen runden Tisch, damit sie ihre Pflicht erfüllen konnten. Der Chef war eine Kommissarin, und ich fand sie so reizend, daß ich es mir nicht verkneifen konnte, vor den staunenden Augen ihrer Kollegen mit ihr zu flirten. Sie fragte mich hartnäckig immer wieder, ob ich Créteil kenne. Ich wußte nicht einmal, daß es sich um einen Pariser Vorort handelt. Man nannte mir die Rue Jeanne d'Arc, fragte hartnäckig immer wieder, ob ich jemals dem jungen Thierry P. begegnet sei. Schließlich platzte mir der Kragen; ich erklärte, ich hätte Dutzende von weiblichen Zeugen an der Hand, die jederzeit meine orthodoxen Sitten bestätigen konnten, fügte hinzu, daß ich die Kommissarin auf der Stelle von den natürlichen Gefühlen, die sie in mir weckte, überzeugen werde, wenn ihre Herren Kollegen vielleicht einen Moment hinausgehen wollten... Sie wollten nicht. Einer der Beamten fragte, ob ich Feinde hätte oder ob ich mich für Radiästhesie interessierte. Natürlich kannte ich nur langjährige, treue Abonnenten, hatte keine Ahnung, wer mir die Polizei hätte auf den Hals jagen können. Ich versuchte, sie von meinem angeborenen Mißtrauen gegenüber esoterischen, okkulten und sonstigen Wissenschaften zu überzeugen. Wir beschlossen die Sitzung in bestem gegenseitigem Einvernehmen. Ich lud sie zu einem Glas in die Brasserie gegenüber ein, wo ich ein beliebter Stammgast war. Beim Hinausgehen meinte einer der Beamten, ob der rote Apfel an meiner Wohnungstür nicht etwa eine besondere Bedeutung habe. Da ich nicht verstand, was er damit meinte, erklärte er mir, man brauche den Apfel nur zu drehen, um ihn in ein Paar pralle Pobacken zu verwandeln. (Ich hatte den Apfel in Los Angeles gekauft, weil ein raffiniertes Guckloch darin eingebaut war.) Er war aber festgenagelt, man konnte ihn also nicht drehen, was ein eindeutiger Beweis für meine Harmlosigkeit war. Ich stellte fest, daß man schon etwas pervers veranlagt sein müsse, um solche Verdächtigungen vorzubringen. An der Theke mußte ich zu meiner unangenehmen Überraschung vernehmen, daß die Polizei in der ganzen Nachbarschaft Nachforschungen über mich angestellt hatte, um in Erfahrung zu bringen, ob ich die »heißen« Bars frequentiere, von denen es im Quartier wimmelte. Routinenachforschungen, antworteten meine Freunde auf meine Vorhaltungen trocken. Zum Glück frühstückte ich oft in weiblicher Gesellschaft in der Brasserie, so daß sowohl der Patron als auch die Kellner mich im Brustton der Überzeugung rehabilitierten.

Kaum waren die Polizisten weg, eilte ich zum amtlichen Auskunftsdienst, um die Telefonnummer der Eltern des jungen Thierry P., wohnhaft an der Rue Jeanne d'Arc in Créteil, in Erfahrung zu bringen. Sie wurde mir bereitwillig mitgeteilt. Ich rief auf der Stelle an und gab mich als Mitarbeiter des Polizeipräfekten aus: Ich wolle mich lediglich erkundigen, ob die Suche nach ihrem Sohn ordnungsgemäß vorangehe. Ich bedankte mich bei den Eltern, daß sie uns auf die Spur eines gefährlichen Individuums gebracht hätten, den meine Beamten ohne ihre Hilfe niemals hätten ausfindig machen können. Ich bat sie, mir doch nochmals zu erklären, wie sie auf die Fährte der Rue du Temple 23 gekommen seien, denn nicht das kleinste Indiz dürfe unberücksichtigt bleiben. Die Mutter erklärte, Thierry sei vor fünf Tagen verschwunden; sie und ihr Mann hätten in der Hoffnung, ihren Sohn zu finden, jeden Abend ein Taxi genommen und alle Lokale aufgesucht, wo junge Leute verkehrten. Der Taxifahrer habe Mitleid mit ihnen gehabt und habe sich anerboten, den Jungen zu finden, denn er praktiziere die

»Radiästhesie des Jahres 2000«. Er besitze ein raffiniertes Instrument, ein Teleradiosensiskop; sie hätten ihm ein Bild des Jungen gegeben, das er in die radioaktive Kammer gesteckt habe. Dann habe er einen Stadtplan von Paris genommen, sei mit dem Gerät darüber gefahren und habe festgestellt, daß sich ihr Sohn in der Stadt aufhalte, worauf er das Quartier gesucht habe, die Straße, die Hausnummer, das Stockwerk und die Wohnung, in der Thierry sich befinde. Er habe beim ersten Arrondissement angefangen – nichts. Dann sei er zum zweiten übergegangen – wiederum nichts. Beim dritten jedoch habe das Instrument mit unwiderstehlicher Kraft zu kreisen begonnen. Der Mann sei dann den Straßen gefolgt, und das Gerät habe an der Ecke Rue Saint-Merri und Rue du Temple wie wild ausgeschlagen. An der Nummer 23 sei der Mann die Treppe hochgegangen, sei im dritten Stockwerk vor einer Tür mit einem aufgenagelten dicken roten Apfel stehengeblieben. Das sei ein eindeutiges Zeichen gewesen, denn Thierry möge Äpfel.

Ich bat die Mutter um Name und Adresse des Taxifahrers sowie um die Nummer des Autokennzeichens, denn ich zöge ernsthaft in Erwägung, die Sicherheitskräfte mit diesem einmaligen Suchgerät auszustatten. Sie gab mir bereitwillig die gewünschten Angaben: Der Mann wohne in Gennevilliers, das Taxi gehöre ihm. Thierrys Mutter war trotz ihres Kummers glücklich, der Polizei bei der Entlarvung eines gefährlichen Kriminellen geholfen zu haben. Ich bedankte mich herzlich, versprach, ich würde alles in meinen Kräften stehende veranlassen, um den Ausreißer zu finden, der Minister höchstpersönlich überwache die Suchaktion ... und legte auf.

Am nächsten Tag bekam ich einen wutentbrannten Anruf meiner entzückenden Kommissarin. Sie drohte mit einer Klage wegen Amtsanmaßung: Wer, wenn nicht ich, könnte Thierrys Mutter um acht Uhr abends angerufen haben? Was ich ohne weiteres zugab; aber ich fügte gehässig hinzu, ich würde auf der Stelle zum Sender Europe 1 gehen, wo Coluche damals arbeitete, und ihm die ganze Geschichte erzählen – ein Fressen für die Medien. Sie gab nach und gestand, daß sie sich ziemlich einfältig vorgekommen sei, als ihr die Eltern die Geschichte vom Taxifahrer und seinem Gerät erzählt hätten. Aber die Polizei dürfe nichts außer acht lassen, selbst wenn der Hinweis außerirdischen oder göttlichen Ursprungs sei. Ich versprach Stillschweigen gegen die Zusicherung, daß sie alle mich betreffenden Rapporte vernichten werden, sobald der kleine Thierry wiederaufgetaucht sei. Ich legte keinen Wert darauf, daß die radiästhetische Episode an die Öffentlichkeit gelangte oder daß die Polizei zusätzliche Erkundigungen einzog. Unvorstellbar! Die Bullen würden mich keinen Augenblick mehr in Ruhe lassen. Ich entriß ihr zudem ein Rendezvous an einem verhörfreien Abend.

Eine ganze Woche lang las ich *LE PARISIEN* von A bis Z. Was, wenn man Thierry ermordet in irgend einem Pariser Keller gefunden hätte? Die Polizei griff ihn etwas später auf dem Platz beim Centre Pompidou auf, ein paar hundert Meter von meiner Wohnung entfernt, wo er sich bettelnd herumtrieb. Er war zum Glück bei bester Gesundheit. Natürlich hatte man den Jungen gefragt, ob er mich kenne; die Kommissarin hatte sich jedoch der von den Eltern verlangten Gegenüberstellung widersetzt. Für sie war die Geschichte erledigt. Ich hatte ihr versprechen müssen, daß ich mich nicht am Taxifahrer rächen würde – obwohl ich die größte Lust dazu gehabt hätte. Ich prüfte nach, ob er zu unseren Abonnenten gehörte und wann er das Instrument gekauft hatte, doch ich fand in den Unterlagen nichts. André C. meinte, der Mann habe sein Teleradiosensiskop wahrscheinlich aus zweiter Hand erworben; das Gerät sei mit den »negativen« Wellen des früheren Besitzers geladen gewesen, der mir offensichtlich nicht gut gesinnt war. Da es, je nach Veranlagung, mehr oder weniger lang dauere, bis man das Gerät richtig handhaben könne, hätten sich die radioaktiven Kammern mit der widerspenstigen Persönlichkeit des früheren Besitzers aufgeladen. Um sich zu entladen und seine ursprünglichen Eigenschaften wiederzuerlangen, habe das Teleradiosensiskop den einzig möglichen Weg gesucht: den Grund seiner Funktionsstörung nämlich. Was logisch erklärte, warum es die Polizei zu mir geführt hatte, und zugleich ein unwiderlegbarer Beweis für die Wirksamkeit unserer Geräte war. Die außergewöhnlichen Fähigkeiten des Teleradiosensiskops waren unbestritten, hatte ich sie nicht etwa am eigenen Leib erfahren? Wie hätte sonst ein Taxifahrer, der mich nicht kannte und der überdies weder Kunde noch Abonnent unserer Zeitschrift war, die Leute stracks zu meiner Adresse führen können, die zudem geheimgehalten wurde?

Das Ganze klang zwar logisch, überzeugte mich aber dennoch nicht ganz. Zwei Warnungen genügten; ich hatte nicht die Absicht, im Kittchen zu landen. Ich stoppte in meiner Eigenschaft als Präsident des Schatzsucher-Klubs den Verkauf des Teleradiosensiskops mit dem Hinweis auf technische Probleme. Täglich strömten Bestellungen herein, aber ich schickte zum großen Ärger meiner Mitarbeiter unerbittlich alle Schecks zurück. Vor allem André C. zeigte nicht das geringste Verständnis für meine Skrupel. Wir brauchten doch das Geld dringend für die Fotosatzanlage ... Ich weigerte mich jedoch standhaft, mich an der Gutgläubigkeit anderer zu bereichern. Ich annullierte die Sonderausgabe unserer Zeitschrift zum Thema »glückliche Teleradiosensiskop-Besitzer«. Die Berichte und Reportagen waren selbstverständlich überarbeitet worden, umgeschrieben und ausgeschmückt von André C. und dem Ressort Leserbriefe. Unsere Konkurrenten nutzten natürlich meine späte Reue und brachten plumpe Nachahmungen auf den Markt, die sie ohne Gewissensbisse jahrelang verkauften. Heute noch kann man in einschlägigen Zeitschriften Anzeigen finden, die die unglaublichen Eigenschaften der *dowser* preisen. Was das Sprichwort beweist: Jedem Narren gefällt seine Kappe.

Da ich alle Brücken zu dieser mehr als dubiosen Art von Schatzsuche abgebrochen hatte, glaubte ich, vor polizeilichen Nachforschungen gefeit zu sein. Doch eines Tages wurde ich stundenlang von einem Spezialdienst des Innenministeriums verhört. Es ging um eine Firma, die Erkundungsflugzeuge ausgestattet hatte. Es handelte sich in der Tat um Batterien von Teleradiosensiskopen mit vierfacher radioaktiver Kammer (die stärksten), die ein belgischer Ingenieur – einer unserer Abonnenten – umgebaut hatte; er hatte elektronische Sensoren angebracht, ein Objektiv, ein Gyroskop und eine einfache Leuchtanzeige. Man hatte mich nicht konsultiert, was ich bitter bereute, denn das Geschäft brachte Millionen ein, wovon ein Teil in den Kassen einer politischen Partei landete.

Ich machte mir keinerlei Illusionen über die Eigenschaften des *dowser,* aber ich litt unter verzehrendem Reisefieber. Hatte ich nicht etwa meinen Lesern versprochen, mit ihnen zu den heiligen Stätten der Flibustiere zu pilgern? Sie auf die Schildkröteninsel zu führen, die den Vorzug besaß, viel zugänglicher zu sein als die Kokosinsel oder die Pomape- und Nuang-Madol-Insel im pazifischen Karolinenarchipel mit ihren archäologischen Ruinen, die bis heute ein Rätsel geblieben sind?

Die Air France unterhielt einen Linienflug nach Haiti, eine Reiseagentur würde mir einen interessanten Gruppentarif aushandeln. Das Exklusivrecht auf ein so vielversprechendes Eiland erschien uns wunderbar und eröffnete grenzenlose Perspektiven. Der Vorschlag Henry Moneys' kam mir wie ein Geschenk des Himmels vor. Ich verfügte zudem über ein Dokument aus erster Hand: Ein hoher geistlicher Würdenträger war auf der Insel gestrandet, hatte dort seine Habe (wertvolle sakrale Gegenstände) ein Meter achtzig tief in der Erde vergraben lassen, an einem kleinen Strand dreißig Fuß südlich von einem hundskopfförmigen Felsen entfernt. Als der Prälat und die Schiffsbesatzung auf der Insel Hilfe gesucht hatten, waren sie von Buschnegern niedergemetzelt worden. Nur der Leibsklave des Prälaten hatte sich retten können. Er fand später »Arbeit« auf einem spanischen Schiff, verstarb aber, bevor er an den Bestimmungsort gelangte. Er fand allerdings noch Zeit zu beichten. Der Priester, der ihm die Letzte Ölung gegeben hatte, hinterließ ein Dokument mit Angaben über das Versteck der geweihten Gegenstände. Dieses Dokument war von einem Mitglied des INTERNATIONALEN SCHATZSUCHER-KLUBS in einem versiegelten Pappkarton gefunden worden, der eine ganze Menge interessanter Unterlagen enthielt. Florent R. tauchte in der Buch von Vigo nach den 1702 gesunkenen Galeonen. Weil er sich darauf konzentrieren wollte, hatte er das Dokument Robert Charroux geschenkt, der es in den Klubarchiven hinterlegt hatte.

Um die Konzession für eine Schatzinsel zu erwirken, hätten wir unsere Seelen dem Teufel verkauft. Etliche meiner Kollegen schnitten mich. Sie beschimpften mich als Kollaborateur oder als *tonton macoute,* wie man die gefürchtete Geheimpolizei der Duvaliers nennt. Ich konnte beteuern, so viel ich wollte, daß wir die Interessengemeinschaft aus einem einzigen Grund ins Leben gerufen hatten: um die Konzession für die Schildkröteninsel zu bekommen nämlich. Wir galten als ausgemachte Dreckskerle. Man paktiert nicht mit dem Diktator des ärmsten Landes der Welt – und erst recht nicht des schnöden Mammons wegen. Der Preis, den ich für die ganze Geschichte zahlen mußte, war zu hoch, und mir war je länger, je mulmiger zumute. Wenn es uns gelänge, die Kontakte zwischen Haiti und den übrigen Ländern zu intensivieren – argumentierte ich –, wenn wir vor allem wohltätige Organisationen dazu animieren konnten, sich vermehrt für die leidende Bevölkerung einzusetzen, würden wir auch die Verwendung der zur Verfügung gestellten Mittel besser kontrollieren können. Das Image des Präsidenten auf Lebzeiten schien uns nicht so wichtig. Was aber alles der Tatsache keinen Abbruch tat, daß Baby Doc als einer der blutrünstigsten Diktatoren galt – eine Behauptung, die wir als übertrieben abtaten. Wir hatten von keinem einzigen Todesurteil aus politischen Gründen Kenntnis, höchstens von Verbannungen ins Ausland, verbunden mit einem einträglichen Botschafterposten. Daß er ein Liebhaber von schönen Frauen und schnellen Rennwagen war, na ja, das war doch menschlich ...

Wir legten uns ein paar triftige Argumente zurecht, suchten die Botschaft auf und baten den Legationsrat, sie dem Präsidenten zu unterbreiten, um seine volle Zustimmung zu erlangen. Ein paar Wochen später trafen zwei Einladungen ein: Die Republik sei zu arm, um allen Mitgliedern der IFARHA die Reise zu bezahlen, doch dank unserer Effizienz würde früher oder später jeder mit einer Mission betraut werden. Also reisten Nicolas und ich ab, denn ich war mittlerweile zum Generalsekretär der Interessengemeinschaft ernannt worden – wobei das Gewicht auf »Interessen« lag.

Der Flug verlief ohne Zwischenfälle. Henry Moneys begleitete uns, der als Legationsrat und Initiant des Projekts Wert darauf legte, von seinem Präsidenten persönlich beglückwünscht zu werden, und der als Dank auf Beförderung hoffte – auf einen Botschafterposten vielleicht. Während des Fluges paukte er uns unermüdlich unsere Reden ein, erteilte uns Ratschläge, wie wir uns gegenüber der Umgebung des Präsidenten auf Lebzeiten zu verhalten hätten, denn ohne deren Zustimmung würden wir unmöglich an Baby Doc herankommen. Über das historische Geschenk, das wir ihm übergeben wollten, würde sich vor allem die First Lady freuen, die sich leidenschaftlich mit der Geschichte des Landes befaßte. Es handelte sich um ein wertvolles Halsband, das Kleopatra Mark Antonius geschenkt hatte und das für den Familienschatz bestimmt war.

Die Ankunft auf dem Airport Duvalier in Port-au-Prince erfolgte nach karibischer Sitte. Zuerst wäre die Boeing 747 bei der Landung um ein Haar zerschellt. Kurz vor dem Aufsetzen wurde sie von einer heftigen Böe gepackt; wir verdankten unsere Rettung der blitzschnellen Reaktion des Flugkapitäns, der durchstartete, dabei wurde allerdings das Dach des Flughafens beinahe weggeblasen. Das übliche Abgetastetwerden blieb uns zum Glück erspart, denn wir wurden wie VIPs empfangen; zwei Reporter der wichtigsten Tageszeitungen von Port-au-Prince waren anwesend, um unsere Ankunft zu knipsen. Henry Moneys hielt eine kurze Ansprache in Kreolisch, aus der hervorging, daß er Franzosen gefunden habe, die bereit seien, die Propaganda des Präsidenten auf Lebzeiten wirksam zu unterstützen, was bedeutete, daß sich die internationale Hilfe vervielfachen würde, was wiederum die Zahl der französischen Touristen erhöhen würde, die Haiti in Zukunft Guadeloupe oder Martinique vorzögen; ein Dollarregen werde sich über das Land ergießen. Ich weiß nicht, ob es die wirtschaftlichen Aussichten waren, denen wir den stürmischen Applaus der uns umdrängenden Menge verdankten, oder ob es ganz einfach unser unbedarftes Auftreten war. *Ave, Populo, Morituri te salutant* – die Todgeweihten grüßen Dich, o Cäsar. Ich schenkte dem Mann, der uns diskret um unsere Pässe bat, keine besondere Beachtung. Bloß eine Einreiseformalität, man würde sie uns gleich wieder zurückgeben ... Wir wurden mit heulenden Sirenen in einem offiziellen Wagen nach Pétionville ins Hotel Villa Créole gebracht, wo der Präsident auf Lebzeiten seine persönlichen Gäste einzuquartieren pflegte. In meinem Zimmer standen ein paar Flaschen alter Rum Marke Barbancourt, der bei Kennern als der beste der Welt gilt. Den folgenden Tag verbrachten wir in Gesellschaft von Henry Moneys, der uns über die vorgesehenen Gespräche informierte.

Für morgen war eine Audienz beim Finanzminister vorgesehen, für übermorgen eine beim Erziehungsminister, dann eine bei Théodore Achille, dem Minister für Jugend und Sport, einem allseits gefürchteten Mann, denn er gehörte zu den engsten Vertrauten der First Lady. Ferner war ein Treffen mit dem allmächtigen Innenminister Jean-Marie Chanoine geplant. Man müsse sich vor ihm in acht nehmen, der Präsident auf Lebzeiten behandle ihn mit ganz besonderer Rücksicht; es heiße, er leide an einem Hirntumor und könne jeden Tag sterben, ein Trick, der ihm erlaube, bei jeder Kabinettsumbildung sein Portefeuille zu bewahren. Jean-Claude Duvalier wollte unter keinen Umständen den endgültigen Schock auslösen, der seinen Mitstreiter, dem er so viel verdankte, dahinraffte. Wir hatten unsererseits von zwei gut unterrichteten Personen erfahren, daß der Todkranke etliche Millionen Dollar auf die Seite geschafft hatte, wir müßten unsere Worte auf die Waage legen, denn der Mann sei nicht nur gefährlich, sondern auch außergewöhnlich intelligent. Die Erwähnung seines Namens genügte, um das Blut in den Adern des armen Henry Moneys' erstarren zu lassen. Wenn das Gespräch zufriedenstellend verlaufe, würde Minister Chanoine eine Unterredung mit den persönlichen Beratern des Präsidenten vereinbaren, die letzte Schranke vor der Begegnung mit dem Präsidenten auf Lebzeiten persönlich. Dann stehe der Geldübergabe nichts mehr im Wege – in kleinen Scheinen natürlich, unnummerierten, denn die Opposition in Paris dürfe unter gar keinen Umständen nachweisen können, daß man uns bezahlt hatte. Henry ließ uns nochmals unsere einstudierten Ansprachen wiederholen. Wir konnten sie auswendig hersagen, also klangen sie echt.

Die Vormittage waren mit Ministerbesuchen ausgefüllt, denn nachmittags arbeiteten die Herren nicht oder waren unberührbar. Henry Moneys organisierte unsere Freizeit; er besorgte uns einen Wagen mit Fahrer, der uns entweder zum nächstgelegenen Strand fuhr oder in eines der malerischen Stadtviertel von Port-au-Prince. Er sorgte zudem für gebührende Begleitung: zwei voluminöse, blonde Haitianerinnen mit gebleichtem Haar, deren bloßer Anblick uns mit heiligem Schrecken erfüllte, die aber offenbar seinem Schönheitsideal entsprachen. Da wir uns nicht besonders entflammt zeigten, erkundigten sich die Damen nach drei Tagen, ob wir nicht etwa schwul seien. Henry Moneys war wütend, daß wir uns der auserlesenen Gunst, die seine Regierung uns zuteil werden ließ, so unwürdig erwiesen. Sein Geschmack war in der Tat mehr als seltsam. Er hatte Nicolas gebeten, ihm am Nachmittag doch sein Zimmer zu überlassen, damit er seine Gönnerin, die Frau des Chefs der Präsidentengarde, zu einem Schäferstündchen einladen könne. Die Auserwählte hatte mehr Fettpölsterchen um die Taille als die dickste Amerikanerin, die ich in Florida je gesehen habe, aber sie hatte eindeutig weniger Komplexe.

Mehr als zwölf Reisestunden trennten uns von der Schildkröteninsel – unmöglich, hinzufahren, unser Programm ließ es nicht zu. Wir würden die Festung Henri Christophes besichtigen, das achte Weltwunder, sobald der Hubschrauber des Präsidenten auf Lebzeiten von der monatlichen Überholung zurück war ... vor allem aber, wenn unser Stundenplan es erlaubte.

Die Tage vergingen, einer so monoton wie der andere. Wir hatten unsere Lektionen gut gelernt, die Minister machten einen zufriedenen Eindruck. Sie rissen sich um ein Gruppenbild vor ihrem Ministerium. Etwas stimmte nicht. Ich spürte es ganz deutlich, wußte aber nicht, was es war. Seltsam, man hatte uns den Paß nicht zurückgegeben, aber es war nicht das, was mich beunruhigte. Ich hatte je länger, je deutlicher das Gefühl, als Strohmann zu dienen, als Instrument einer monumentalen Machenschaft. Die französische Botschaft, befürchtete ich, würde uns wohl kaum aus der Patsche helfen. Der Eindruck, in eine Falle gelaufen zu sein, verstärkte sich zusehends.

Das Büro des Ministers war gepanzert, man gelangte nur durch eine elektronisch überwachte Schleuse hinein; die Tür hatte keinen Knauf. Wir erklärten einmal mehr, warum wir hier waren, erklärten, was wir unternehmen wollten, um, vor allem in Europa, das Image des Präsidenten aufzuwerten.

– Des Präsidenten »auf Lebzeiten«, korrigierte uns der Finanzminister. Eine Bemerkung, der wir keine besondere Beachtung schenkten.

– Sie vergessen »auf Lebzeiten«, brüllte der Innenminister Jean-Marie Chanoine.

– Richtig, gerade darauf wollten wir hinaus. Gestatten Sie uns, darauf hinzuweisen, Exzellenz, daß dieses Suffix in den meisten westlichen Ländern als Anachronismus verstanden wird; unserer bescheidenen Ansicht nach, sollte es fallengelassen werden, was ganz erheblich zur positiven Imagebildung des Landes und seines Präsidenten beitragen würde. Die Person des Präsidenten würde in den Augen der internationalen Öffentlichkeit an Glaubwürdigkeit gewinnen.

Kaum hatte ich zu Ende gesprochen, erkannte ich an der wächsernen Gesichtsfarbe des Innenministers, was für einen unverzeihlichen Fehler ich begangen hatte; doch ich klammerte mich an die Hoffnung, man würde mein Votum als offensichtlichen Beweis meiner politischen Unbedarftheit und unseres guten Willens auffassen.

– Wie soll ich Sie dem Präsidenten auf Lebzeiten vorstellen, wenn Sie solchen Quatsch reden? Ich werde Sie auf der Stelle ausweisen lassen. Sie sind gefährliche kommunistische Terroristen. »Auf Lebzeiten«, so will es die Verfassung, der Präsident auf Lebzeiten wird niemals auf seinen Titel verzichten – und im übrigen würden wir es niemals zulassen. Wenn Sie meinen, wir hätten Sie eingeladen, damit Sie uns ungestraft beleidigen und auf unsere Institutionen spucken können, so irren Sie sich, meine Herren. Kein Problem, Ihren Angehörigen zu erklären, daß wir alles tun, was in unserer Macht steht, um den Hai zu finden, der Sie leider beim Schwimmen erwischt hat. Leider, leider ...

– »Auf Lebzeiten«, hämmerte er uns ein. Selbst Ihr Präsident Mitterand anerkennt diese Tatsache, und niemand in Ihrer Sozialistischen Partei hat jemals etwas dagegen einzuwenden gehabt.

Nicolas erklärte totenblaß, wir fänden Haiti wunderbar und wir wünschten nichts anderes, als gemäß den Direktiven seiner Regierung zu arbeiten, denn wir wollten nur das Beste, wirklich. Unser ungeschickter Vorschlag sei uns seitens der IFARHA nahegelegt worden ... nach einer Umfrage bei zahlreichen Mitgliedern, aber wir würden ihm keine Priorität beimessen, auf gar keinen Fall. Unser vordringlichstes Ziel sei es natürlich, die Maßnahmen des Präsidenten auf Lebzeiten herauszustreichen, die Wohltaten des Jean-Claudismus, und die ganze Welt von der selbstlosen Aufopferung im Dienste des Volkes seiner Gattin zu überzeugen, der First Lady auf Lebzeiten, die mit den bescheidenen Mitteln ihrer Stiftung Wunder vollbringe. Das ganze Universum müsse wissen, daß sie Medikamente, Kleider, Lebensmittel an die Ärmsten verteilen ließ, daß sie die unentgeltliche ärztliche Versorgung eingeführt habe und daß sie, um das alles zu erreichen, oft in ihre persönliche Schatulle greife. Alles andere seien üble Verleumdungen ... Was uns betreffe, so bestehe die vordringlichste Aufgabe darin, aus dem Präsidenten auf Lebzeiten den ersten zu Lebzeiten seliggesprochenen Haitianer zu machen. Dazu seien wir geradezu prädestiniert, denn wir seien bestens vertraut mit den Mechanismen der französischen und der internationalen Presse, was uns erlaube, der Wahrheit zum Durchbruch zu verhelfen. Weltweit. Unsere Interessengemeinschaft werde sich die einflußreichsten Persönlichkeiten zu Verbündeten machen, und niemand würde es wagen, weiterhin Verleumdungen oder Klatsch über die Familie des Präsidenten auf Lebzeiten zu verbreiten. Wir würden uns hoch und heilig verpflichten, jeden vor Gericht zu schleppen, der sich unterstehe, Gerüchte in die Welt zu setzen ... all die korrupten Journalisten im Sold der maoistischen, atheistischen haitianischen Flüchtlinge. Die Wahrheit, das war schon immer so, werde schließlich siegen.

Nicolas übertrieb ein bißchen, aber was blieb uns anderes übrig? Wir wollten so schnell wie möglich zu unserem Geld kommen und dann schleunigst verduften. Der Minister schien unser pietätvolles Werk zu würdigen. Von der vehementen Tirade Nicolas' besänftigt, ließ er sich zu einem Lächeln erweichen und winkte gnädig ab; an seinem Finger funkelte ein riesiger Siegelring mit den Freimaurerinsignien.

– Das hört sich besser an, meinte er nachsichtig.

Er ließ den Minister für Jugend und Sport rufen, damit wir gemeinsam beraten konnten, was für Vorschläge wir dem Präsidenten auf Lebzeiten unterbreiten wollten, um ihn davon zu überzeugen, siebenhundertfünfzigtausend Dollar in kleinen Scheinen für uns lockerzumachen zur Deckung der Kosten unserer künftigen Lobby. Der Minister schien mit dem Verlauf des Gesprächs zufrieden; er rief in unserer Anwesenheit den Präsidenten der

Nationalbank an, der zugleich persönlicher Finanzberater der Präsidentenfamilie war. Das Treffen mit dem Präsidenten auf Lebzeiten im Präsidentenpalast wurde für den übernächsten Tag vereinbart, ein Freitag. Der Innenminister entkorkte eine Flasche Champagner und forderte uns auf, auf die Gesundheit des Präsidenten auf Lebzeiten anzustoßen und auf das Wohl der Republik. Lange möge sie leben! Er schien meinen Fauxpas vergessen zu haben, sein Hirntumor machte ihm offensichtlich nicht zu schaffen. Das Glück schien uns hold zu sein.

Vor einem Wandteppich, der von zwei Fenstertüren eingefaßt war, die auf den Garten des Nationalpalastes hinausgingen, standen zwei Stühle. Die Fenster waren der Hitze wegen geschlossen. Wir saßen an einem riesigen ovalen Tisch, an dem rund zwanzig hohe Offiziere in Paradeuniform stumm warteten. Es handelte sich um den Generalstab des Präsidenten auf Lebzeiten – alles Vertrauensleute, die in den berühmtesten Militärakademien der Vereinigten Staaten ausgebildet worden waren. Sie musterten uns mit starren, undurchdringlichen Blicken. Wir fühlten uns etwas unbehaglich in der illustren Runde. Nicolas hielt in seiner Eigenschaft als Präsident der Interessengemeinschaft das Etui mit Mark Antonius' Halsband in der Hand. Es handelte sich um ein außergewöhnliches Geschenk von unschätzbarem Wert – wie uns der Antiquar versichert hatte –, eines Staatsoberhauptes würdig. Die Mitglieder der Interessengemeinschaft hatten alle dafür gespendet. Wir waren damit beauftragt worden, es im Namen der IFARHA – der Interessengemeinschaft zur Förderung des Ansehens der Republik Haiti im Ausland – dem Präsidenten auf Lebzeiten als Geschenk für die Präsidentengattin auf Lebzeiten zu überreichen. Wir hatten uns der ganz besonderen Gelegenheit entsprechend festlich herausgeputzt: dunkelgrauer Nadelstreifenanzug, gestärktes Hemd und straff gebundener Schlips. Wir sahen wohl eher wie Kartoffelkäfer aus, die einer Gruppe Landwirtschaftsexperten gegenübersitzen. Henry Moneys, der an der haitischen Botschaft in Paris akkreditierte Legationsrat, der immerhin für das Projekt verantwortlich war, hatte es nicht für notwendig erachtet, uns zu begleiten, was uns erstaunt und mißtrauisch gemacht hatte.

Wir waren in der Arena und würden uns wie Löwen schlagen müssen. Ich verließ mich auf meinen kämpferischen Geist.

Der Adjutant des Präsidenten auf Lebzeiten betrat den Raum, kam auf uns zu und flüsterte uns ins Ohr, der Präsident auf Lebzeiten könne uns leider, leider nicht empfangen, denn er sei durch ein wichtiges unvorhergesehenes Geschäft verhindert. Der Präsident auf Lebzeiten habe nichtsdestotrotz befohlen, daß man uns das Geld für unsere Bemühungen im Interesse der Nation, die von der Regierung gutgeheißen worden seien, in einem Aktenkoffer übergebe. Der Betrag sei zwar nicht ganz so hoch wie vereinbart, aber man sei überzeugt, daß wir mit einem knappen Budget mehr erreichen könnten. Das Geld stamme von einem persönlichen Konto des Präsidenten auf Lebzeiten, das vom Präsidenten der Nationalbank verwaltet werde.

Wir erhoben uns gleichzeitig wie die Androiden im Krieg der Sterne und rissen eine der Fenstertüren auf, die auf den runden Balkon des Präsidentenpalastes hinausführte. Wir atmeten tief die schwüle Wärme ein, die uns wie frische Luft vorkam. Dann schauten wir auf den Platz hinab, als wollten wir uns an ein begeistert applaudierendes Volk wenden. Der Park war ausgestorben; hinter einer kleinen Festung aus Sandsäcken hockte ein Soldat, der die Mündung seines Maschinengewehrs auf uns richtete. Wir schlossen eiligst das Fenster des Präsidenten auf Lebzeiten und setzten uns wieder an den ovalen Tisch. Die Luft war noch stickiger als zuvor und das Schweigen noch lastender, der Generalstab musterte uns noch eingehender. Ein paar Offiziere schluckten salbungsvoll, der Glanz ihrer blitzenden Zähne verschmolz mit dem Glanz des gebohnerten Parketts des präsidialen Salons. Man verübelte uns offensichtlich, daß wir die Hitze in den klimatisierten Raum hereingelassen hatten.

Der Generalmajor in Paradeuniform mit zwei Kilo Goldtressen auf den Schultern öffnete den Aktenkoffer, einen nagelneuen, schwarzen Samsonite Cargo, der glänzte, als hätte man ihn gewachst. Er nahm dicke Bündel Dollarscheine heraus und legte sie mit theatralischer Geste auf den Tisch. Alle Offiziere erhoben sich wie auf Befehl und traten zurück, als handle es sich um einen wimmelnden Haufen Tausendfüßler und giftiger Skorpione. Er machte uns ein Zeichen. Wir standen wie Roboter auf. Er begann laut zu zählen. Seine Hände bewegten sich kaum, aber seine Finger glitten über die Scheine wie die Beine einer Spinne, die ihre Beute umschlingt. Ich spürte ein seltsames Gefühl in der Magengrube, eiskalter Schweiß lief mir über den Rücken. Die Offiziere blickten uns von der Seite an; ich sah nur das überdimensionierte Weiß ihrer Augen. Sie erinnerten mich an eine Herde Krokodile, die beim Sonnenbad gestört worden sind. Sie rührten sich kaum, hielten den Blick starr auf etwas Unsichtbares gerichtet, ihre strahlenden, bleckenden Zähne hypnotisierten mich.

Und da begriff ich: Wir waren gefangen wie Ratten in der Falle. Wenn wir das Geld anrührten, würden wir nicht lebend aus dem Palast herauskommen.

Ich schaute zu Nicolas hinüber. Auch er schien begriffen zu haben; er war blaß wie ein Leichentuch und schluckte krampfhaft, sein Adamsapfel ging auf und ab. Um eine Konzession für die Schildkröteninsel zu bekommen, hatten wir uns mit einer Bande von Betrügern eingelassen, die den Staatschef hintergingen, einen Diktator überdies. Eine Torheit sondergleichen unsererseits, wenn nicht gar Selbstmord. Wir schwammen in einem kreolischen Sumpf und mußten sehen, wie wir uns herauszogen, und zwar so schnell wie möglich. Wir hatten uns von Schlaueren hereinlegen lassen, von üblen Halsabschneidern, die den Staatschef plünderten und zwei Gimpel gefunden hatten, die das für sie übernahmen. Und wir, wir Klugscheißer, hatten es nicht bemerkt. Chanoine, Achille, der Generalmajor und viele andere, die wir nie zu Gesicht bekommen hatten, waren am Komplott beteiligt. Die Interessengemeinschaft war nur ein Vorwand gewesen, um dem Präsidenten gefahrlos das Geld abknöpfen zu können. Der Präsident auf Lebzeiten war nichts anderes als ein Trottel auf Lebzeiten. Endlich hatte der Funke gezündet. Ich erkannte blitzschnell die geniale Manipulation, aber es war etwas zu spät. Ich wußte nicht, wie uns unbeschadet aus dieser machiavellischen Falle befreien.

Der Adjutant des Trottels auf Lebzeiten zählte ungerührt weiter. Die Offiziere auch. Um die Prozedur zu beschleunigen, zählte er nur noch die Notenbündel. Bei vierhundertvierundachtzig hörte er auf.

Vierhundertvierundachtzigtausend Dollar! Ich hatte noch nie so viel Geld auf einem Stapel gesehen. Die Offiziere übrigens auch nicht. Wir standen da wie Spieler, die die Bank gesprengt haben und ihren Gewinn bar ausbezahlt haben wollen, während sich die neidischen Croupiers das ihnen zustehende Trinkgeld ausrechnen. Aber die Croupiers, die uns umstanden, hatten keine zugenähten Taschen, sie waren bewaffnet und würden sich nicht mit einem dröhnenden »für das Personal« zufriedengeben. Die Geschichte drohte ein böses Ende zu nehmen.

Auch nur einen Dollarschein zu berühren hätte bedeutet, unser eigenes Todesurteil zu unterzeichnen. Die Drohung des Innenministers, unseren Freunden oder Angehörigen oder Amnesty International zu erklären, die haitische Flotte suche nach den Haifischen, denen wir unvorsichtigerweise beim Surfen begegnet seien, widerhallte schmerzlich in unseren Ohren. Der ordensgeschmückte Major legte die Notenbündel, eines nach dem andern, sorgfältig in den Samsonite Cargo zurück. Der offene Aktenkoffer auf dem Tisch sah riesig aus, wie ein aufgesperrter Rachen, der demnächst zuschnappt, und die grünen Scheine wirkten wie strychninvergiftete Köder. Die Krokodile rührten sich nicht; jeder überlegte sich wohl, wie er uns am unauffälligsten verschlingen konnte, um an die Beute zu kommen. Zwanzig Zeugen waren bereit, vor dem Präsidenten auf Lebzeiten zu schwören, sie hätten mit eigenen Augen gesehen, wie uns der Generalmajor einen Aktenkoffer mit vierhundertvierundachtzigtausend Dollar in Scheinen übergeben habe.

Nicolas schien zu einer Salzsäule erstarrt. Ich beschloß, ins Wasser zu springen, bevor man uns zwang, das »Gut zum Untergang« zu unterzeichnen.

– Exzellenz, wir können das Geld nicht annehmen, das von Ihrer Regierung für Entwicklungsprojekte besser angelegt werden kann. Wir haben ein genaues Budget aufgestellt und können Ihnen versichern, daß der Ertrag aus der touristischen Erschließung der Schildkröteninsel genügt, um die IFARHA zu finanzieren. Wir können es mit unserem Gewissen nicht vereinbaren, daß man uns für eine so erhabene Aufgabe im Dienste der Wahrheit bezahlt. Es ist uns eine Ehre, für die Förderung des Image Ihrer

Republik und ihres Präsidenten auf Lebzeiten zu arbeiten; die uns so großzügig erteilte Konzession wird uns voll für unsere Bemühungen entschädigen.

Der General schaute wie vom Blitz getroffen auf. Er vergaß sogar, den Koffer zu schließen. Er war aschfahl im Gesicht und kratzte sich nervös am Kopf. Er rang nach Worten. Meine Ansprache und meine selbstsichere Haltung schienen seine intellektuellen Fähigkeiten zu überfordern. Endlich begann er heiser:

– Aber warum denn, meine Herren? Hier, das Geld steht zu Ihrer Verfügung, nehmen Sie es, ich bitte Sie darum. Sie »müssen« das Geld annehmen, ich habe entsprechende Befehle.

Er wandte sich an Nicolas, schob den Aktenkoffer über den Tisch. Der aber hatte begriffen. Er legte ebenfalls keinen Wert darauf, daß man seine Eltern mit dem Foto eines Menschenfressers konfrontierte, von denen es zwischen Kuba und der Schildkröteninsel wimmelt.

– Unser Entschluß ist unwiderruflich – doppelte er nach –, wir können das Geld nicht annehmen, auf gar keinen Fall, wo es in Ihrem Land wichtigere und dringendere Aufgaben zu verwirklichen gibt. Wir werden für den Besuch der Insel eine Gebühr von tausend Dollar festlegen, die vollumfänglich für die Arbeit der IFARHA verwendet werden; da wir bereits einige Hundert Anmeldungen haben, ist die Finanzierung unserer Arbeit reichlich gesichert. Das ist auch in Ihrem Interesse, meine Herren, denn niemand wird uns vorwerfen können, daß wir vom Präsidenten auf Lebzeiten bezahlt werden.

Die Offiziere schauten auf den mit grünen Scheinen verpesteten Koffer. Einige traten aus ihrer üblichen Reserve heraus und beschimpften uns auf kreolisch: die Worte *schmerber* und *gouaïlle* kamen häufig vor, was nichts anderes als Schmarotzer und Dreckskerl bedeutet. Sie beschworen die Geister ihrer Ahnen: Eine solche Summe abzulehnen ... hatte man schon jemals so etwas erlebt? Wir mußten entweder von allen guten Geistern verlassen oder von einem bösen Geist besessen sein. Der Major schloß mit blutleeren Händen unter den vorwurfsvollen Blicken seiner Kumpane den Aktenkoffer. Es dauerte nicht lange, und der Innenminister tauchte auf. Sein Gesichtsausdruck verhieß nichts Gutes.

– Ein Skandal, zischte er uns zu, was ein zusätzlicher Beweis für seine Hinterlist war.

– Wir haben uns alle erdenkliche Mühe gegeben, um das Geld zu beschaffen, und Sie wissen nichts Besseres zu tun, als alle unsere Anstrengungen zunichte zu machen. Der Präsident auf Lebzeiten ist außer sich über diesen Affront, den Sie ihm in Anwesenheit seines Generalstabes zugefügt haben. Ich möchte nicht an Ihrer Stelle sein ...

– Herr Minister, antwortete ich, ich sehe nicht ein, was daran beleidigend ist, wenn wir Geld zurückweisen, das vordringlicher gebraucht wird. Ist das etwa nicht ein Beweis unserer Aufrichtigkeit?

– Idiot, fiel er mir ins Wort. Niemand hat von Ihnen Aufrichtigkeit verlangt – und erst recht nicht Belehrungen über die Verwendung des Geldes des Präsidenten auf Lebzeiten. Ihre Weigerung bringt alle, die Ihnen behilflich sein wollten, in eine heikle Lage.

– Aber wir haben doch die Absicht, uns mit der Konzession für die Schildkröteninsel selbst zu finanzieren, glaubte Nicolas hinzufügen zu müssen.

– Dummkopf, grinste der Minister hämisch, wir haben sie doch schon lange den Amerikanern überlassen.

Aus Furcht, seinen Hirntumor zu reizen, wandte er uns den Rücken zu und unterhielt sich leise mit dem Major, der noch immer ratlos den Aktenkoffer in der Hand hielt. Ich war überzeugt, daß er die Aufregung genutzt hatte, um den Inhalt irgendwo im Palast zu deponieren und durch falsche Scheine oder alte Zeitungen zu ersetzen. Nicolas hätte beinahe das Geschenk Kleopatras an Cäsar vergessen. Er öffnete das Etui und überreichte es dem Minister und dem General mit der Bitte, das Präsent im Namen der IFARHA der First Lady der Republik zu überreichen. Ich dachte, der Innenminister würde sich tatsächlich in einen Menschenfresser verwandeln. Aber er beschränkte sich darauf, das Etui mit unheilverkündendem Blick in Empfang zu nehmen und es wortlos unter den Arm zu klemmen. Er sagte nicht einmal danke.

Wir verließen den Präsidentenpalast ohne den ominösen Koffer und ohne den Präsidenten auf Lebzeiten gesehen zu haben, glücklich, diesen höllischen Machenschaften entkommen zu sein.

Wir waren diesen Halunken und Halsabschneidern, die gerissener gewesen waren als wir, auf den Leim gekrochen. Nicolas schnaubte vor Wut.

Am Nachmittag waren wir zur Vernissage eines bekannten Malers eingeladen, Bernard Sejourné, mit dem wir uns angefreundet hatten und der über die Hofintrigen bestens informiert war. Er gestand, vom Komplott gewußt zu haben, und beglückwünschte uns, daß wir rechtzeitig Lunte gerochen hatten. Den Präsidenten auf Lebzeiten betrügen – das war die Hauptbeschäftigung aller »Vertrauten« Baby Docs, dem vor allem eines fehlte: das sprichwörtliche krankhafte Mißtrauen seines Vaters.

Zum Trost tischte Bernard ein köstliches Hummerragout mit kreolischem Reis auf, an das ich mich mein Leben lang erinnern werde. Als wir uns verabschiedeten, riet er uns, Haiti so schnell wie möglich zu verlassen – bevor der »Wahnsinnige« auf den Gedanken kam, sich für die Demütigung zu rächen.

Ja, aber ... wo waren unsere Reisepässe geblieben? Henry Moneys hatte nichts vom geplanten Betrug gewußt; mit seiner Beförderung war nun wohl nichts, und der Gedanke an seine Zukunft verursachte ihm Bauchschmerzen. Er tat jedoch alles, um unsere wertvollen Dokumente zu behändigen, was ihm schließlich nach zwei Tagen gelang. Zwei Tage, die mir endlos vorkamen und die ich am Schwimmbecken des Hotels mit den Kindern des kanadischen Botschafters verbrachte, dem ich von unserer mißlichen Lage erzählt hatte. Der Diplomat, verantwortlich für die Budgets der Hilfsorganisationen, hatte keine hohe Meinung vom Gefolge des Präsidenten. Er bezahlte jeweils erst, wenn er die Schulen oder Werkstätten persönlich besichtigt hatte, die mit den Spenden gebaut worden waren. Ich werde ihm für seine Hilfsbereitschaft ewig dankbar sein; er ließ uns sogar mit dem Botschaftswagen zum Flughafen bringen. Sein Eingreifen ersparte uns etliche Unannehmlichkeiten.

Als wir auf dem Weg nach Miami die Schildkröteninsel überflogen, trösteten wir uns mit dem Gedanken, daß unsere Expedition zwar aufgeschoben, aber nicht aufgehoben war. Die fabelhaften Schätze der Flibustiere, sie konnten warten. Wir erklärten unseren Teleradiosensiskopierern, daß sie das Instrument leider nicht vor den Grausamkeiten der *tontons macoute* schützen könne, die nicht zögern würden, sie mit der Machete anzugreifen, falls sie auch nur eine Münze fänden. Zum Trost organisierten wir einen kostenlosen Ausflug zu Hannibals Schatz, der irgendwo in den französischen Voralpen vergraben war. Alle waren glücklich und zufrieden: Die Teleradiosensiskope orteten tatsächlich Spuren.

DER ROMMELSCHATZ

Ende Februar 1991. Die irakische Besatzungsarmee steht kurz vor der endgültigen Niederlage. In der Nacht vom 27. zum 28. verläßt ein Konvoi, zusammengesetzt aus zwei schwer beladenen Kraftfahrzeugen und vier leichten Panzerwagen, im Schutz der Dunkelheit Kuwait-City in Richtung Irak.

Kurz vor der Grenze wurde er von den Jagdflugzeugen der Alliierten entdeckt und unter Beschuß genommen. Der Kommandant Anwar Al Raschid sowie sieben Elitesoldaten überlebten den tödlichen Bombenhagel. Der Kommandant gab Befehl, die Kisten in den einen noch einigermaßen fahrtüchtigen Lkw umzuladen. Dann tauchte die Kolonne im Schutze eines Sandsturms in der Wüste unter. Als sie an einer auffallenden Felsformation vorbeikam, ließ der Kommandant anhalten, stieg aus, ging ein paar Meter in Richtung Mekka, zeigte auf eine bestimmte Stelle, rief seine Männer herbei und hieß sie, unter Zuhilfenahme von Sprenggranaten einen tiefen Graben im steinigen Wüstenboden auszuheben und anschließend die Fracht darin zu versenken. Die Kisten waren so schwer, daß die sechs Soldaten sie kaum von der Stelle rücken konnten. Es handelte sich um das Gold, daß das direkt dem Kommando von Saddam Hussein unterstellte *Dollar Commando* den Kuwaitianern abgenommen hatte. Der Kommandant ließ dann große Felsbrocken auf den zugeschütteten Graben wälzen. Das *Dollar Commando* verwischte sorgfältig alle Spuren und machte sich dann entlang der »Autobahn des Todes« auf den Weg nach Irak, kämpfte sich durch die Hunderte von gestrandeten, ausgebrannten Fahrzeugwracks hindurch. Ein Patrouillenflugzeug entdeckte den Lkw, warf im Sturzflug eine Napalmbombe ab, die ihr Ziel nicht verfehlte. Der Kommandant erlitt schwere Verbrennungen, lebte aber noch ein paar Stunden. Bevor er starb, schaffte er es noch, seine Geschichte einer palästinensischen Krankenschwester zuzuflüstern, die im ersten Moment die Worte ihres agonisierenden Patienten nicht ernst nahm, sie vermerkte aber den Vorfall trotzdem in ihrem Tagebuch und fügte der Eintragung eine Lageskizze hinzu. Jahre später – der Krieg war längst vorbei und die Palästinenserfrage geregelt – fanden ihre Enkel das Tagebuch in einem alten Koffer: *Dieses Tagebuch ist alles, was ich euch hinterlasse, denn die Palästinenser durften nicht mehr nach Kuwait zurück ...*

Was den Rommelschatz angeht, so kann ich nicht umhin, eine Parallele zum zukünftigen *Dollar-Commando*-Schatz zu ziehen, den eine sensationslüsterne Presse voreilig als »Saddam Husseins Schatz« bezeichnet hat. Die Zutaten sind die gleichen. Der Rommelschatz hat im Lauf der Jahre eine Unmenge Tinte fließen lassen. Etliche Leute, darunter ernstzunehmende Historiker, haben versucht – und versuchen nach wie vor –, das Geheimnis des berühmten Soldaten zu lüften. Rommel war von Hitler verdächtigt worden, seine Zustimmung zum Putsch vom 20. Juli 1944 gegeben zu haben, der den Diktator hätte beseitigen sollen. Hitler befahl Rommel, Selbstmord zu begehen, und ordnete auch gleich ein nationales Begräbnis an. Rommel, der »Wüstenfuchs«, wie ihn die Engländer aufgrund seines geschickten Manövrierens, seiner ungewöhnlichen taktischen Begabung und seines Mutes nannten, hatte nichts mit der brutalen Vorgehensweise der SS in Nordafrika zu tun, die ihr Unwesen mit dem Segen von Himmler persönlich trieben.

In meiner Eigenschaft als Präsident des INTERNATIONALEN SCHATZSUCHER-KLUBS bin ich wiederholt mit den zahlreichen Nazischätzen in Berührung gekommen, von denen allerdings der größte Teil pure Legende ist. Es gibt darunter aber auch Geschichten, die auf nachprüfbaren Tatsachen beruhen. Ich muß zugeben, daß mich diese Kriegsschätze nie besonders gereizt haben; sie sind gefährlich und vermögen heute noch heftige Leidenschaften auszulösen. Also lieber die Hände davon lassen.

Ein Artikel mit der Überschrift *DER ROMMELSCHATZ – WAHRHEIT UND ERFINDUNG,* der in meiner Zeitschrift erschien, löste eine Lawine von Leserbriefen aus, deren ungewohnter Tenor meinen Entschluß ins Wanken brachte. Von überall her, sowohl aus Deutschland als auch aus Frankreich, bestätigten mir Leser das Vorhandensein dieses Schatzes, mit dem sie zu einem bestimmten, meist unangenehmen Zeitpunkt ihres Lebens in dieser oder jener Weise, freiwillig oder wissentlich, in Berührung gekommen waren. Es waren Briefe von Tauchern darunter, von Soldaten, die mit »besonderen« deutschen Gefangenen Kontakt gehabt hatten, von ehemaligen Beamten, die sich mit dem Fall »Peter Fleig« hatten befassen müssen, durch den alles seinen Anfang genommen hatte.

Vor allem zwei Briefe aus Deutschland weckten meine Neugierde. Der eine war mit Peter Fleig unterzeichnet. Der andere stammte von einer Anwaltskanzlei, die in Berichten über Schatzfunde immer wieder auftauchte. Ich beschloß also, den berühmten Peter Fleig persönlich aufzusuchen, um mir ein Bild von ihm zu machen. Damals hatte ich einen elsässischen Mitarbeiter, André Schmitt, ein versierter Taucher, der mich als Dolmetscher begleiten würde. André war kein zimperlicher Mensch, er würde sich also nicht an der Nase herumführen lassen, vor allem, was das Tauchen anging, denn Jacques Dumas, der Präsident des Internationalen Tiefseetaucher-Verbandes, hatte mich vor Fleig gewarnt: *Ein gefährlicher Mann. Du wirst nichts aus ihm herausholen; er wird dich wie üblich nach seiner Pfeife tanzen lassen. Der Kerl hat mich viel Geld gekostet.*

Die Geschichte des Rommelschatzes ist inzwischen weltweit bekannt. Es gibt verschiedene Versionen davon, die jedoch alle einen gemeinsamen Kern haben: daß nämlich gewisse Kreise innerhalb der Gestapo, die Himmler direkt unterstanden, nur eine Mission hatten, die darin bestand, die Reichtümer der vom Afrikakorps besetzten Länder zu plündern, das unter dem Befehl von Feldmarschall Erwin Rommel stand.

Der berühmte Schatz wurde demnach auf zwei Lkws verladen, die ihrerseits auf ein Schiff verladen wurden, das sie nach Italien bringen sollte, wo sie eine deutsche Kolonne in Empfang nehmen und nach Berlin begleiten würde. Das Schiff geriet vor der Küste Korsikas, auf der Höhe von Bastia, in ein Geschützfeuer und mußte Ballast abwerfen; also schob man einen der Lkws über Bord, der vor allem kostbare Antiquitäten transportierte. Der Wagen wurde an der Mündung des Golo angeschwemmt, eines kleinen Flusses, der in der Nähe von Bastia ins Meer fließt. Das Schiff setzte schlecht und recht seine Reise fort; da man aber einen zweiten Angriff befürchtete, entledigte man sich auch des zweiten Lkws, der mit vier Kisten zu je sechshundert Kilo Gold beladen war, bzw. mit zweitausendvierhundert Kilo Goldbarren mit dem Stempel des äthiopischen Löwen. Die fünfte Kiste war bis zuoberst mit Schmuck und Edelsteinen gefüllt. Das Schiff landete schließlich wie vorgesehen in Italien, und die Soldaten müssen wohl etliche Schwierigkeiten gehabt haben, zu erklären, warum sie sich der Kriegsbeute entledigt hatten. Sie wurden jedenfalls ohne Gerichtsverfahren hingerichtet.

Von da an unterscheiden sich die einzelnen Versionen, die mir alle bereits bekannt waren.

ERSTE VERSION

Ein SS-Mann namens Wolfgang Kirn, der zum Exekutionskommando gehörte, eignete sich die Lederstiefel eines toten Unteroffiziers an und entdeckte im Futter die Notizen Peter Fleigs, darunter auch Lagepläne und Anweisungen, wie der Schatz zu bergen sei. Kirn geriet später in Gefangenschaft. Da er sich im Krieg nicht eben durch Ehrlichkeit hervorgetan hatte, kam er auf den Gedanken, sich als Peter Fleig auszugeben. Er wartete also ruhig, bis ihn die Amerikaner aus Dachau entließen, das die Alliierten als Internierungslager für Kriegsverbrecher benützten. Gleich nach seiner Entlassung setzte er sich mit den französischen Behörden in Verbindung, die ihn vorerst einmal einsperrten, ihn dann anschließend nach Korsika brachten. Da er den Franzosen nicht traute, führte er sie weit ins Meer hinaus, an eine Stelle, wo natürlich nichts zu finden war. Er wurde dann straffällig und im September 1948 zu zwei Monaten Gefängnis verurteilt; schließlich verließ er mit dem Segen und zur Erleichterung der französischen Behörden das Land. Was ihn allerdings nicht daran hinderte, illegal nach Frankreich zurückzukehren, wo er aber der Mafia in die Hände fiel, die ihn mit recht unsanften Methoden zum Reden zu bringen versuchte. Er verriet jedoch nichts und wurde von einer rivalisierenden Bande befreit. Schließlich gelang ihm die Flucht, und er nahm wieder seinen wirklichen Namen an: Wolfgang Kirn.

ZWEITE VERSION

1943 wurde ein SS-Soldat tschechischer Abstammung, ein gewisser Peter Fleig, von Beruf Taucher, abkommandiert, um im Meer nach Kisten zu suchen, die Edelsteine und Gemälde enthielten, darunter mehrere Rembrandts. Er tauchte also unter dem Befehl des Standartenführers Ludwig Dahl nach den Kisten. Fleig wurde später in Dachau interniert. Nach seiner Freilassung im Jahre 1948 setzte er sich mit den französischen Behörden in Verbindung.

DRITTE VERSION

Von Peter Fleig zu Protokoll gegeben.

1943 war ich als Taucher in der Deutschen Armee in La Spezia (Italien) stationiert. Auf Befehl eines SS-Offiziers fuhr ich mit einem Schnellboot nach Bastia; an Bord befanden sich vier weitere deutsche Offiziere. Wir hatten eine Tiefseetauchausrüstung mit, die nach erfolgter Mission zerstört wurde. Wir kamen am 17. September in Bastia an. Ein paar Stunden später befahl man mir, an Bord eines Schiffes zu gehen, das gleich in See stach.

Als wir an einer bestimmten Stelle ankerten, befahl mir ein Offizier, die Tauchausrüstung anzulegen und zu tauchen, um auf dem Meeresgrund nach einer ungewöhnlichen Gesteinsformation zu suchen.

Nach ein paar Stunden fand Fleig eine entsprechende Stelle in knapp achtzig Metern Tiefe. Die deutschen Offiziere markierten die Stelle auf ihrer Seekarte, und das Schiff kehrte nach Bastia zurück.

Gleich nach meiner Ankunft in der Stadt wurde ich in einen großen Raum in der Kaserne Marbœuf eingesperrt (in der heute ein Gymnasium untergebracht ist). *In diesem Raum befanden sich zwei Männer, die damit beschäftigt waren, sechs Kisten zu verschweißen, die sehr wertvolle Gegenstände enthielten: Goldbarren, Kelche, Platinschmuck, Perlenkolliers sowie mehrere Rembrandts. Spät in der Nacht vom 17. auf den 18. waren sie mit ihrer Arbeit fertig. Die Kisten wurden auf einen Lkw verladen und an Bord desselben Schiffes gebracht, das unverzüglich in See stach.*

Im Morgengrauen des 18. Septembers gelangten wir an die Stelle, die wir am Vortag markiert hatten. Man befahl mir, nochmals nach dem Felsen zu tauchen. Nach einer mühsamen Stunde fand ich eine Höhle, die ähnlich aussah wie die gesuchte; ich meldete das den Offizieren, die sehr zufrieden zu sein schienen. Ich mußte dann mit den Kisten tauchen. Die Höhle wurde vorsichtshalber mit vier beschwerten Bojen gekennzeichnet. Ohne die Bojen wäre es praktisch unmöglich gewesen, die Grotte auf dem Meeresgrund wiederzufinden.

Als die ganze Operation abgeschlossen war, entstand unter den Offizieren ein heftiger Wortwechsel. Die einen wollten nach Bastia zurückkehren, die anderen nach La Spezia. Schließlich einigte man sich auf La Spezia, wo wir am Nachmittag des 18. ankamen. Gleich nach unserer Ankunft wurde ich zusammen mit der Besatzung auf ein Gut in der Umgebung der Stadt gebracht. Eine Stunde später wurden meine Kameraden und ich an Bord eines gedeckten Lkws an einen unbekannten Ort transferiert. In der folgenden Nacht wurde die Stadt besetzt. Ich wurde verhört und bis zur Besinnungslosigkeit geprügelt.

Ich wurde einen ganzen Monat in Isolationshaft gesetzt und dann gegen meinen Willen einer SS-Einheit zugeteilt. Ich habe später erfahren, daß die deutschen Offiziere, die an der Operation teilgenommen hatten, von einem Sonderkriegsgericht wegen »Verrats von militärischen Geheimnissen« zum Tod durch Erschießen verurteilt worden waren. Sie hatten mich während des Verhörs entlastet, was mir das Leben rettete.

VIERTE VERSION
Bericht des englischen Journalisten Lord Kilbraken.

Als Wolfgang Kirn zur Welt kam, war seine Mutter unverheiratet und trug also noch ihren Mädchennamen. Dann heiratete sie einen gewissen Peter Fleig, der später dem Jungen seinen Namen gab. Als dieser in die SS eintrat, nahm er wieder den Mädchennamen seiner Mutter an. 1945 geriet er in Gefangenschaft und wurde in einem Kriegsverbrecherlager interniert, wo man ihn zum Holzfällen in die Wälder abkommandierte. Dabei lernte er einen richtigen Kriminellen kennen, SS-Obersturmführer Schmidt, Himmlers

Sekretär. Schmidt, dem mit größter Wahrscheinlichkeit der Tod durch Erhängen bevorstand, bot Wolfgang Kirn drei Schatzpläne an, unter der Bedingung, daß dieser ihm bei der Flucht half. Schmidt würde Kirns Arbeitskleidung anziehen und an seiner Stelle in den Wald gehen. Wolfgang Kirn willigte ein, und Schmidt händigte ihm die Pläne aus. Der eine Schatz befand sich in Österreich und bestand aus Kunstwerken. Der zweite war in Italien und enthielt Goldmünzen aus verschiedenen Ländern. Der dritte, über zwei Tonnen Gold, lag vor der Küste Korsikas auf dem Meeresgrund, außerhalb der Hoheitsgewässer auf gut zugänglichem, sandigem Grund. Schmidt wurde jedoch vor dem vereinbarten Fluchtdatum in ein anderes Lager gebracht, und Kirn hörte nie mehr etwas von ihm. Wolfgang Kirn suchte einen amerikanischen Offizier auf, dem er zwei der Schätze gegen seine Freilassung anbot. Mayor Breitenbach akzeptierte den Vorschlag, wollte aber sichergehen. Er begab sich nach Österreich, wo er in einem verlassenen Stollen tatsächlich eine Ladung wertvoller Gemälde fand, die er seinen Vorgesetzten übergab. Dann suchte er den italienischen Schatz, der gemäß dem Plan in einer Grotte in Massarossa versteckt war, einem kleinen Dorf in der Nähe von Viareggio. Die Grotte fand er zwar problemlos, mußte aber enttäuscht feststellen, daß ihm jemand zuvorgekommen war. Ein kürzlich ausgehobener Graben wies noch die Abdrücke der Schatzkisten auf. Breitenbach hielt Wort: Er entließ Wolfgang Kirn aus der Gefangenschaft und händigte ihm einen Paß auf den Namen Peter Fleig aus. Gleich nach seiner Freilassung eilte Fleig auf das Französische Konsulat in Stuttgart, um ein Visum zu beantragen, weil er, wie er angab, sich in Korsika niederzulassen gedenke. Auf die Fragen des Konsuls nach dem Grund für seinen Wohnsitzwechsel, gab er ausweichende Antworten; schließlich bewarb er sich ganz offiziell um eine Konzession. Die Franzosen nahmen ihn gleich fest und brachten ihn unter strenger Bewachung nach Korsika, wo er dem Straßen- und Brückendezernat überstellt wurde, das wiederum von der Präfektur einen Kredit von einer Million alter Francs erwirkte. Die Firma La Zafam bekam den Zuschlag für die Bergungsarbeiten. Als Peter Fleig den Vertrag unterzeichnete und sich nach seinem Anteil an der ganzen Ge-

schichte erkundigte, löste er allgemeine Heiterkeit aus; man teilte ihm mit, daß ihm bloß siebentausend damalige Francs je Woche zustünden. Verständlich, daß er sich anderweitig schadlos hielt und die Sucharbeiten über Gebühr in die Länge zog. Dann stahl er eines Tages seinem Arbeitgeber eine Unterwasserkamera und kam zwei Monate ins Kittchen. Sein Zellengenosse war ebenfalls Taucher, ein gewisser André Möttéi aus Marseille, mit dem er sich später, als beide wieder in Freiheit waren, zusammentat. Dann verschwand Peter Fleig von der Bildfläche und tauchte erst fünfzehn Jahre später wieder auf, und zwar unter dem Namen Wolfgang Kirn mit Wohnsitz in Freiburg. Der kleine Möttéi jedoch, der damit geprahlt hatte, er wisse, wo der Rommelschatz liege, wurde im August 1961 in Südfrankreich ermordet aufgefunden. Sein mutmaßlicher Mörder wurde von einem Schwurgericht freigesprochen; ein paar Wochen später war auch er tot – von Gewehrkugeln durchlöchert.

Ich könnte noch ein halbes Dutzend andere Versionen erzählen, Zeugenaussagen von Leuten, die dem redseligen SS-Mann Peter Fleig auf den Zahn gefühlt hatten. Ich war überzeugt, daß auch ich eine individuell auf mich zugeschnittene Variante zu hören bekommen würde.

Wolfgang Kirn hatte sich entschlossen, die Dienste einer Anwaltskanzlei in Anspruch zu nehmen, die als Vermittlerin fungierte, wenn es sich darum handelte, die notwendigen Mittel zu beschaffen und geeignete Partner für die Wiederaufnahme der Suche nach dem Rommelschatz zu finden.

Lord Kilbraken, ein weltweit bekannter englischer Journalist, ging Fleigs Spuren nach, überzeugte sich von der Echtheit der Geschichte und schlug einem Industriemagnaten – dem für seine Flugsimulatoren berühmt gewordenen Edward Link – vor, sich anhand von Kirns alias Peter Fleigs Lageplänen an einer Suchaktion zu beteiligen. Edward Link schwörte auf den Hall-Generator, ein hochempfindliches Meßgerät, und auf andere modernste Detektionsinstrumente. Seine Yacht, die SEA DIVER, mit der er auf dem Meeresgrund nach Schätzen zu suchen pflegte, war mit allen Schikanen ausgerüstet. Edward Link gilt ebenso wie Kapitän

Cousteau als Pionier des modernen Tiefsee-Abenteuers. Link war mit Kilbrakens Vorschlag einverstanden, unter der Bedingung allerdings, daß man nach professionell erstellten Orientierungsplänen vorgehe, denn er hielt sowohl Kirn als auch Fleig für Schwindler. Die Anwaltskanzlei verbürgte sich für die »ehrlichen Absichten« ihres Mandanten, der bekanntlich aus Frankreich ausgewiesen worden war und an den Tauchoperationen nicht würde teilnehmen können. Link bat den bekannten belgischen Archäologen Robert Stenuit, ihn zu begleiten. Dieser gilt als der berühmteste europäische »Erfinder« von Schiffwracks; er hatte in der Bucht von Vigo in Spanien nach Galeonen getaucht und dabei eine Flöte ans Tageslicht befördert, dann hatte er ein weiteres Schiff entdeckt, wo er eine ganze Menge kostbarer Gegenstände fand. Ein Angebot von Edwards durfte man nicht ablehnen; es bedeutete nicht nur die Anerkennung von Roberts Arbeit, sondern verlieh ihr auch noch den Nimbus des Seriösen. Stenuit hat übrigens die denkwürdige Suche nach Rommels Gold in einem Buch geschildert.

Ich beschloß, vor meinem Besuch bei Wolfgang Kirn alias Peter Fleig, nach Korsika zu fahren, um mich an Ort und Stelle umzusehen und mich zumindest über den Anfang dieser unwahrscheinlichen Geschichte zu informieren. Wenn die Präfektur sich dazu hergegeben hatte, eine Million alter Francs lockerzumachen, mußten in den öffentlichen Archiven oder beim Straßen- und Brückendezernat entsprechende Unterlagen vorhanden sein. Ich konsultierte zuerst die alten Akten des Straßendezernats, ohne daß jemand etwas dagegen einzuwenden gehabt hätte. Die Sekretärin war ganz offensichtlich über etwas Abwechslung glücklich und ließ mich anstandslos gewähren. Ich stieß schon bald auf den Namen eines Zeugen, der die Geschichte von A bis Z mitverfolgt hatte und mir bereitwillig seine persönliche Version erzählte, die ich nachstehend möglichst wortgetreu wiedergebe.

Ich übte von 1928 bis 1938 in Sfax / Tunesien den Beruf eines Reeders und Schwammhändlers aus. Als ich mich in Korsika niederließ, machte man mir Schwierigkeiten unter Berufung auf das Dekret vom 30. November 1934, das das Fischen von Schwämmen und Korallen verbietet; daher mußte ich mich zwischen 1938 und 1941 endlos mit den Behörden herumschlagen, um schließlich dank dem Dekret vom 14. Juni 1941 die Erlaubnis zu bekommen, in Korsika unter Einsatz von Preßlufttauchgeräten Schwämme und Korallen zu fischen. Unter der italienischen Besatzung, während des Sommers 1942 und 1943 also, konnte ich meine Reedertätigkeit wiederaufnehmen und arbeitete in den Wintermonaten für Rechnung der lokalen Bauverwaltung in den zwei Häfen von Bastia. Anläßlich der Befreiung am 5. Oktober 1945 führte ich verschiedene Arbeiten für die Hafenverwaltung aus, denn sowohl mein Personal als auch meine Maschinen waren von der Marine requiriert worden. Bei diesen Aufträgen handelte es sich um die genaue Lokalisierung und die Bergung sämtlicher Schiffwracks, die im neuen und im alten Hafen von Bastia auf Grund lagen, ferner das Flottmachen mehrerer Schiffe, unter anderem des Schleppers HAMSI, des Schleppnetzdampfers LA BASTIAISE und des Dreimasters FLORASTELLA.

Im Juli 1948 erschien eines Morgens ein Inspektor des Nachrichtendienstes. Er fragte mich, ob ich meine Taucherausrüstung noch besitze, was ich bejahte. Ein paar Tage später bestellte mich Herr Beroto, Ingenieur im Bauministerium, in sein Büro und fragte mich, was ich für einen Tag Arbeit auf dem offenen Meer verlange. Es gehe um eine Arbeit im Auftrag der Regierung. Ich antwortete, ich müsse etwas genauere Angaben haben, um ihm einen Tarif nennen zu können, Lage, Tiefe und so weiter. Der Ingenieur erklärte, er könne mir nicht mehr verraten, denn es handle sich um ein Staatsgeheimnis. Also verabschiedete ich mich unverrichteter Dinge, denn ich hatte ja keine Ahnung, was man von mir erwartete.

Zwei Tage nach meinem Gespräch mit Beroto begegnete ich Peter Fleig. Er war in Begleitung eines anderen deutschen Internierten. Dieser arbeitete zufälligerweise bei einem meiner Freunde. Er dolmetschte, denn Peter Fleig sprach kein Wort Französisch. So kam es, daß ich nach verschiedenen Gesprächen mit den zwei Männern, die mich hin und wieder in meinem Betrieb besuchten, erfuhr, worum es sich bei diesem »Staatsgeheimnis« handelte – und noch einiges dazu. Ich ging ein zweites Mal zu Beroto, der immer noch auf eine Antwort wartete. Zu seiner größten Über raschung sagte ich ihm ins Gesicht, daß ich alles über das berühmte »Staatsgeheimnis« wisse und daß ich wahrscheinlich über mehr Einzelheiten verfüge als er. Ich informierte ihn über meine Gespräche mit Peter Fleig und bat ihn, mir den Tschechen zur Verfügung zu stellen, damit ich mich hinsichtlich seiner beruflichen Fähigkeiten vergewissern könne.

Fleig meldete sich am nächsten Tag; ich half ihm zusammen mit meinem Neffen Tony Baffano in den Taucheranzug und ließ ihn an verschiedenen Stellen tauchen. Ich war zufrieden, und nach weiteren Verhandlungen wurde mit Beroto vereinbart, daß wir, eskortiert von André Tomasino vom Nachrichtendienst, die ungefähre Position des Schatzes lokalisieren sollten. Der Schatz, sechs verschweißte eiserne Kisten von einem Meter Länge und fünfzig Zentimeter Breite, alles in allem sechstausend Kilo schwer, lag in einer Tiefe von vierzig Metern. Ich hatte ein Echolot mitgenommen, und als das Schiff nach langem Suchen an der angegebenen Stelle ankerte, sondierte ich an vier verschiedenen Punkten. Die Tiefe betrug tatsächlich vierzig Meter. Dann kehrten wir in den Hafen zurück. Selbstverständlich hatte ich mir die notwendigen Orientierungspunkte notiert.

In der Zwischenzeit hatte die französische Regierung beschlossen, den Schatz zu bergen. Es wurde dafür ein Kredit von einer Million bewilligt; das Straßen- und Brückenbaudezernat von Bastia wurde mit der Suchaktion beauftragt – unter Aufsicht des Nachrichtendienstes, versteht sich. Fleig logierte damals auf Staatskosten im Hôtel des Voyageurs an der Rue de la Gare. Ich hatte mich auf Anraten meines Anwaltes persönlich an die Präfektur gewandt und unter Berufung auf Colberts Erlaß von 1681 über die Marine einen Vertrag verlangt. Aber man wies mein Gesuch ab. Und schließlich bekam – wie zu erwarten war – La Zafam den Zuschlag, deren Geschäftsführer Rodolphe Lowem war.

Mein hochinteressanter Gesprächspartner hatte mir noch nicht alles erzählt. Er fuhr fort:

Um Fleig genauer auf den Zahn zu fühlen, nahm ich ihn eines Abends zu einem Freund mit, Pierre Panbraze. Dieser war Oberinspektor beim Zoll, sprach gut Deutsch und war mit einer Frau verheiratet, die heute eine Firma in Deutschland leitet.

Drei Stunden lang unterhielten sich Pierre und seine Frau mit Fleig, stellten ihm Fangfragen, um ihn bei einer Unwahrheit zu ertappen. Nach dem Gespräch waren sie jedoch von der Aufrichtigkeit des deutschen Gefangenen überzeugt. Mein Freund brachte mich mit dem Kommissar des Nachrichtendienstes in Kontakt, den er gut kannte und der sich persönlich mit dieser Angelegenheit befaßte. Selbstverständlich sagte ich nur so viel aus, wie ich es für gut hielt. Die interessantesten Details behielt ich wohlweislich für mich.

Eines Morgens erklärte mir Peter Fleig, ein aus Italien kommendes Schiff würde am nächsten Tag zwischen Mitternacht und vier Uhr morgens am äußersten Kai des neuen Hafens anlegen und ihn an Bord nehmen. Ich informierte unverzüglich meinen Freund, der die Information an den Kommissar weiterleitete. Doch dieser wußte bereits Bescheid, weil seine Dienststelle Fleigs Post zensurierte. Wir vereinbarten also, daß Peter Fleig und ich zur vereinbarten Stunde am Hafen sein würden, während der Kommissar uns unauffällig beobachten wollte. Wir warteten vergebens. In jener Nacht war weit und breit nichts von einem italienischen Schiff zu sehen.

Die Unterwelt interessierte sich ihrerseits sehr für den Schatz. Nach Fleigs Aussage hatte ein Gangsterclan von ihm einen detaillierten Lageplan gefordert. Man erwartete ihn um zwanzig Uhr fünfzig in Toga in der Nähe von Beau-Rivage. Fleig informierte den Kommissar des Nachrichtendienstes über das Treffen, legte aber Wert darauf festzuhalten, daß er den Gangstern einen falschen Plan ausgehändigt habe. Doch Fleig sprach sehr schlecht Französisch; der Kommissar war der Meinung, daß das Treffen um einundzwanzig Uhr zehn, statt um zwanzig Uhr fünfzig stattfände.

So kam es, daß Fleig ohne Personenschutz war und von zwei rivalisierenden Banden in Empfang genommen wurde, die ihn kidnappen wollten. Es fielen sogar Schüsse. Fleig gelang es zu fliehen, er konnte sich aber vorher noch das Kennzeichen eines der Autos merken. Er erzählte dem Kommissar, der ihm in der Nähe des Krankenhauses entgegenkam, mehr schlecht als recht, was vorgefallen war. Das Auto, so stellte sich heraus, gehörte einem gewissen César, seines Zeichens Besitzer einer Bar, der dann auch prompt verhaftet wurde. Er erklärte aber, sein Wagen sei ihm gestohlen worden und er habe mit der Sache nichts zu tun.

Peter Fleig beteiligte sich wie vereinbart an den Sucharbeiten, die bekanntlich von der Firma La Zafam durchgeführt wurden. Anfang September ging's los. Nach stundenlangen Diskussionen fand man schließlich die richtige Stelle. Fleig legte seine Tauchausrüstung an, man ließ ihn ins Wasser, und nach einer halben Stunde tauchte er wieder auf. Nichts, weit und breit nichts, erklärte er.

Nachts zog ein für die Jahreszeit ungewöhnlich heftiger Sturm auf, so daß der zweite Versuch erst zwei Tage später unternommen werden konnte. Am 6. September verschlechterte sich das Wetter noch mehr. Als Fleig aus dem Wasser stieg, hatte er Ohrenbluten. Er litt offensichtlich unter der zu raschen Dekompression, und man mußte eine weitere Pause einschalten; in der Zwischenzeit war Lowem ein bedenkliches Gerücht zu Ohren gekommen. Die Geschichte des vermißten Schatzes war durchgesickert, niemand wußte wie, und nun versuchte eine Gangsterbande korsischer Abstammung sich gütlich, wenn es sein mußte, jedoch mit Gewalt, in die Angelegenheit einzumischen. Da stahl Fleig die Unterwasserkamera, um ins Gefängnis zu kommen, was nichts anderes bedeutete, als daß er seine Verpflichtungen los war. Er wurde des Betruges gegenüber seinem Arbeitgeber angeklagt. Das Polizeigericht von Bastia verurteilte ihn im November 1948 zu zwei Monaten Gefängnis mit Bewährung.

Er wurde am 11. Dezember freigelassen. Ich wollte ihn abholen und wartete um sieben Uhr morgens gegenüber der Kirche Sainte Marie auf ihn. Es war noch dunkel. Nach ein paar Minuten kam ein Polizeikommissar in Begleitung von zwei elegant gekleideten Männern, die ich übrigens für Polizeibeamte aus Ajaccio oder aus der Metropole hielt. Tja, und das ist das Ende der Geschichte. Ich habe Peter Fleig nie mehr gesehen; der Kommissar des Nachrichtendienstes sagte mir später, daß er in Frankreich steckbrieflich gesucht werde. Die Männer, die ich vor dem Gefängnis beobachtet hatte, waren keine echten Polizeibeamten gewesen.

Der Bericht meines Gesprächspartners klang glaubwürdig. Er fügte noch hinzu, daß er nie begriffen habe, warum Peter Fleig die

La-Zafam-Leute an eine ganz andere Stelle geführt habe, wo er doch vor Beginn der Arbeiten den Tauchgrund selbst rekognosziert habe. Ich fragte ihn, warum er nicht selbst versucht habe, den Schatz zu bergen. Er antwortete, seit damals habe er sich ständig überwacht gefühlt und habe verschiedentlich Morddrohungen erhalten. Dann übergab er mir eine alte Karte mit verschiedenen Orientierungspunkten und Peillinien; ein Kreuz markierte eine Stelle von 40 Metern Tiefe. Ich bedankte mich überschwenglich und offerierte ihm im Gegenzug ein Gratisabonnement für meine Zeitschrift. Dann kehrte ich nach Paris zurück, um mich auf meine Begegnung von Angesicht zu Angesicht mit Wolfgang Kirn alias Peter Fleig vorzubereiten.

Kirn war tatsächlich in Dachau interniert gewesen. Er war nach kurzer Zeit freigekommen: eine Meisterleistung, wenn man bedenkt, daß alle Oberscharführer, die gleichzeitig zur Leibstandarte Adolf Hitlers gehört hatten, als Kriminelle galten und scharfen Verhören unterzogen wurden.

Fleig hatte mit dem berühmten SS-Panzerregiment an der Ardennenoffensive teilgenommen. Man hatte mir bestätigt, daß er den Rang eines Zugführers und eines Oberscharführers im 1. berittenen Regiment der Leibstandarte Adolf Hitlers bekleidet hatte, jenes Regiments, das unter seinem Befehlshaber Peiper traurige Berühmtheit erlangte. Peiper hatte große Probleme mit den Alliierten gehabt, die ihn beschuldigten, amerikanische Gefangene erschossen zu haben. Der SS-Standartenführer Peiper starb übrigens vor nicht allzu langer Zeit unter ungeklärten Umständen. Seinen Lebensabend hatte er friedlich in Frankreich, in der Nähe von Grenoble, verbracht.

Was allerdings nicht erklärte, warum Kirn mir gegenüber behauptete, während des ganzen Krieges unter dem Namen Peter Fleig aufgetreten zu sein. Meine Nachforschungen hatten ergeben, daß er aus seiner Haft in Bastia ein Telegramm an Major Breitenbach geschickt hatte. Er kannte also den amerikanischen Offizier, der dem *Collection Point* angehörte, einer Truppe, die die Aufgabe hatte, gestohlene Kunstwerke ihren rechtmäßigen Besitzern zurückzugeben. Es lag mir zudem ein Brief an eine englische Berufstaucherorganisation vor, in dem er sich als Ingenieur ausgab und behauptete, er sei im Besitz einer Taucherlizenz. Er beklagte sich zudem über die La-Zafam-Leute, die ihn betrogen hätten und eine Schande für die Tauchergilde darstellten. Ich hatte zusätzlich vernommen, daß Kapitän Cousteau jenen Möttéi aufgesucht hatte, Fleigs Zellennachbar aus Marseille, und zwar ein paar Tage bevor dieser ermordet wurde.

Ich traf eine Menge Leute, die mit Kirn (oder mit Fleig) »zu tun gehabt« hatten und die alle bei den französischen Behörden um eine Konzession nachgesucht hatten. Jedesmal, wenn Fleig (oder Kirn) einen Vertrag unterzeichnet hatte, hatte es Kirn (oder Fleig) angeblich mit der Angst zu tun bekommen, hatte einen höheren Anteil verlangt und sich tunlichst geweigert, an der richtigen Stelle zu tauchen. Alle, die mit ihm verhandelt hatten, waren sich in einem Punkt einig: Kirn (oder Fleig) wirke nicht glaubwürdig. Er weiche aus. Er schaue einem nicht in die Augen, lüge, was das Zeug halte, und widerspreche sich oft. Ich hatte eine imposante Anzahl verschiedenster Dokumente und Zeugenberichte zusammengetragen, so daß ich mich nach vier Monaten intensiver Nachforschungen gewappnet fühlte, mir Kirns Vorschläge anzuhören. Dieser beteuerte in seinen Briefen, er habe nicht mehr lange zu leben, er sei sehr krank und leide unter einer schweren Arterienentzündung, die wahrscheinlich zu einer Amputation beider Beine führen werde. Ich müsse mich beeilen; er müsse unbedingt mit mir sprechen, bevor er sterbe und alle seine Geheimnisse mit ins Grab nehme. Er habe vom berühmten INTERNATIONALEN SCHATZSUCHER-KLUB gehört, dem er alle seine Dokumente vermachen wolle.

Ich bestieg also in Begleitung meines Dolmetschers André Schmitt den Nachtzug und kam am nächsten Morgen in Freiburg an, wo sich Wolfgang Kirn inzwischen niedergelassen hatte. Wir klingelten an der Tür, Kirn machte uns persönlich auf. Er machte eher den Eindruck eines rüstigen Rentners als eines Schwerkranken. Als er meine Verblüffung bemerkte, erklärte er André, der Schein trüge, er müsse demnächst wieder ins Krankenhaus.

Wir setzten uns einander gegenüber; André setzte sich zwischen uns, so daß er mich bei meiner Befragung nicht ablenkte. Ich hatte mich sehr sorgfältig auf das Gespräch vorbereitet. Ich zog meine Aufzeichnungen und ein Tonbandgerät aus der Tasche und fragte Kirn, ob er etwas dagegen habe, wenn ich unser Gespräch aufnähme. Er willigte ein und fragte mich im gleichen Atemzug, was ich damit bezwecke. Ich gab den Ball prompt zurück und erinnerte ihn daran, daß er es gewesen sei, der mich habe sehen wollen, erwähnte das Dutzend Briefe, die er mir geschrieben habe, was seine Frage nach meiner Anwesenheit in Freiburg beantworte. Ich war bereit, ihm eine Brücke zu schlagen, aber ich wollte nicht, daß er mir eine Menge Märchen auftischte, wie er es anderen gegenüber so oft getan hatte. André war über meine Offenheit entsetzt, die den Stolz meines Gegenübers hätte verletzen können. Ich bestand darauf, daß er meine Ausführungen wortwörtlich wiedergebe, ohne sie abzuschwächen. Während André meine lange Tirade übersetzte, schaute ich mich in der Wohnung Wolfgang Kirns um. Alles war peinlichst aufgeräumt; auf den eher bürgerlich-bescheidenen, aber auf Hochglanz polierten Möbeln standen Porzellanfiguren und ein paar Familienfotos. Auf dem Sofatisch lagen gut sichtbar ausgelegt eine Anzahl Nummern von *DER FREI-WILLIGE,* der Zeitschrift ehemaliger SS-Angehöriger. Kirn hatte also die Beziehungen zu seinen alten Kameraden nicht ganz abgebrochen. Neben der breiten Fensterfront schnäbelte ein Wellensittichpaar und fühlte sich offensichtlich sehr wohl.

Kirn schätzte meine Offenheit, und ich konnte mich des Eindrucks nicht erwehren, daß er sehr gut Französisch verstand, es aber vorzog, den Sprachunkundigen zu spielen, um alle Zwischenbemerkungen mitanhören zu können. Er versicherte mir, er werde mich nach Kräften unterstützen und beteuerte, wir seien seine letzte Chance. Er habe die Beziehungen zu der Anwaltskanzlei abgebrochen, denn er verfüge über Beweise, aus denen eindeutig hervorgehe, daß man ihn betrogen habe; man habe sich sogar erdreistet, aufgrund der Pläne, die er den Leuten übergeben habe, auf eigene Faust zu suchen. Im übrigen habe ihm ein nicht sehr schmeichelhafter Fernsehfilm mehr Ärger als Geld eingebracht. Seine Frau, die genug hatte von der ganzen Geschichte, habe ihn beschworen, seine Ansprüche auf den Schatz aufzugeben, ja, die authentische Karte zu verbrennen, die er in einem Banksafe aufbewahre.

Wir kamen also zur Sache; ich stellte fest, daß er genaue Auskünfte über mich eingezogen hatte; er wußte, daß ich nicht versuchen würde, ihn auszutricksen. Er schilderte mir alle früheren Suchoperationen in allen Einzelheiten und schien alle Karten offen auf den Tisch zu legen. Er gab mir auf meine verfänglichen Fragen logische Antworten. Ich erfuhr nichts, was ich nicht schon wußte, er schaute mir offen in die Augen. Kirn war offensichtlich durch die Krankheit ein anderer Mensch geworden. Und dennoch, er war es. Ich erkannte die Narbe in seinem Gesicht, die man mir so oft beschrieben hatte. Nach einem zweistündigen Gespräch erklärte ich mich bereit, die notwendigen Geldmittel zu beschaffen und ihm einen beträchtlichen Teil des Schatzes zu überlassen. Aber – und das gab ich ihm deutlich zu verstehen – er mußte mir die berühmte Karte aushändigen, die ihm Hauptmann Schmitt damals übergeben hatte, um aus dem amerikanischen Interniertenlager Dachau zu flüchten. Was diesen Punkt anbelangte, ließ ich nicht mit mir reden. Seine Version von der ganzen Geschichte lautet allerdings etwas anders als die vorangehenden.

FÜNFTE VERSION
Wie Wolfgang Kirn sie Michel Bagnaud erzählt hat.
Er hatte tatsächlich Himmlers SS-Brigade angehört. Eines Tages fand er zwei schwerverwundete deutsche Offiziere. Es handelte sich um den Marineoffizier Dahl und den SS-Obersturmführer Fleig. Dahl war bewußtlos und starb einen Tag später. Fleig war verwirrt und starb noch am gleichen Abend. Fleig bat, man möge ihn auf der Klippe liegen lassen, in der Hoffnung, daß die Amerikaner ihn fänden. In seinem Delirium verriet er, daß er wichtige Dokumente auf sich trage, und bat Kirn, sie seiner Familie in Romberg zu übergeben. Kirn nahm die Dokumente an sich und stellte fest, daß Dahl und Fleig im Besitz einer gleichen Karte und von vier Dokumenten waren, deren Bedeutung ihm im Moment entging. Er ließ die beiden Toten in Massa begraben. Dann, am 18. September 1944, wurde Kirn verletzt. Während seines Aufenthaltes im Militärhospital in Salzburg vertraute er die Dokumente einer Familie Weber an. Nach verschiedenen abenteuerlichen Zwischenfällen gelang ihm schließlich die Flucht aus dem Gefängnis

von Straßburg; dabei kam er auf den Gedanken, sich die Identität Peter Fleigs anzueignen, der am 19. Februar 1921 in Romberg im Sudetenland geboren worden war, während Kirns Geburtsdatum der 19. Februar 1923 war. Er mußte sich um jeden Preis ein Entlassungspapier beschaffen, weil er befürchtete, man würde ihm wegen seiner SS-Zugehörigkeit Schwierigkeiten machen. Er ging also nach Dachau und gab sich als Peter Fleig aus, was weiter nicht auffiel, weil er im Besitz des Soldbuches des Verstorbenen war.

Der Rest stimmte mit den anderen Versionen überein.

Kirn erklärte sich mit meinen Bedingungen einverstanden, und wir gingen zusammen zur Bank, wo er mich zu seinem Safe führte. Darin lag eine abgegriffene Brieftasche. Er überreichte sie mir: Sie enthielt eine alte Karte mit fünf Orientierungspunkten, die fünf Tauchstellen in fünfundsiebzig Metern Tiefe bezeichneten, ziemlich weit von Bastia entfernt.

Wir aßen in einem Lokal in der Nähe des Bahnhofs. Er legte großen Wert darauf, mir die Karte in allen Einzelheiten zu erklären. Er war tatsächlich heimlich und unter einer falschen Identität nach Korsika gegangen, aber seine physischen Kräfte hatten die Tiefe nicht ausgehalten. Er hatte aufgeben müssen.

Ich bedankte mich und versicherte ihm, ich würde mich melden, sobald ich mit dem Magnetometer das Vorhandensein von metallischen Körpern nachgeprüft hätte. Die Karte war so genau, daß ich auf Grund der Koordinaten und Peillinien problemlos auf den Schatz stoßen würde.

Ich glaubte nicht eigentlich daran, daß ich den Schatz tatsächlich finden würde, dachte, es handle sich um ein weiteres Täuschungsmanöver Kirns. Ich überredete einen Freund, der ein Varian-Magnetometer besaß, mich zu begleiten. Es dauerte ziemlich lange, bis wir die Stelle fanden, denn zwei der fünf angegebenen Geländepunkte waren nach dem Krieg zerstört worden. Dann, plötzlich, ortete der Magnetometer ganz eindeutig eine Abnormität in fünfundsiebzig Metern Tiefe. Wir konnten nicht tauchen, denn ein Schwarm korsischer Fischerboote steuerte auf uns zu. Wir waren in der Nähe einer Stelle, wo die Fischer ihre Netze auslegen.

Wir kehrten nie mehr zurück. Mein Freund erkrankte kurz darauf, zudem erlitt sein Schiff eine böse Havarie.

Und ich? Ich warte noch immer auf jemand, *der über Vorstellungskraft, Gesundheit, Geld und Zeit verfügt und der Verlockung nicht widerstehen kann,* Rommels Schatz aus der Versenkung zu holen ...

1. Mündung des Golo; anläßlich einer Suchaktion soll hier ein Teil des Schatzes gefunden worden sein.
2. Areal, das von Edward Link abgesucht wurde.
3. Areal, das von Lord Kilbraken und einer deutschen Equipe zusammen mit Wolfgang Kirn durchgekämmt wurde.
4. In diesem Gebiet unternahm die französische Regierung mit der Hilfe von Wolfgang Kirn eine breit angelegte Suchaktion.
5. Zweites Suchareal Edward Links mit der SEA PROBE.
6. Tauchgrund von Jacques Dumas. Gemäß den Plänen von Wolfgang Kirn soll hier ein Flugzeugwrack liegen.
7. In diesem Gebiet dürfte sich nach den Aussagen eines Überlebenden mit großer Wahrscheinlichkeit der Schatz befinden.

DER ROMMELSCHATZ

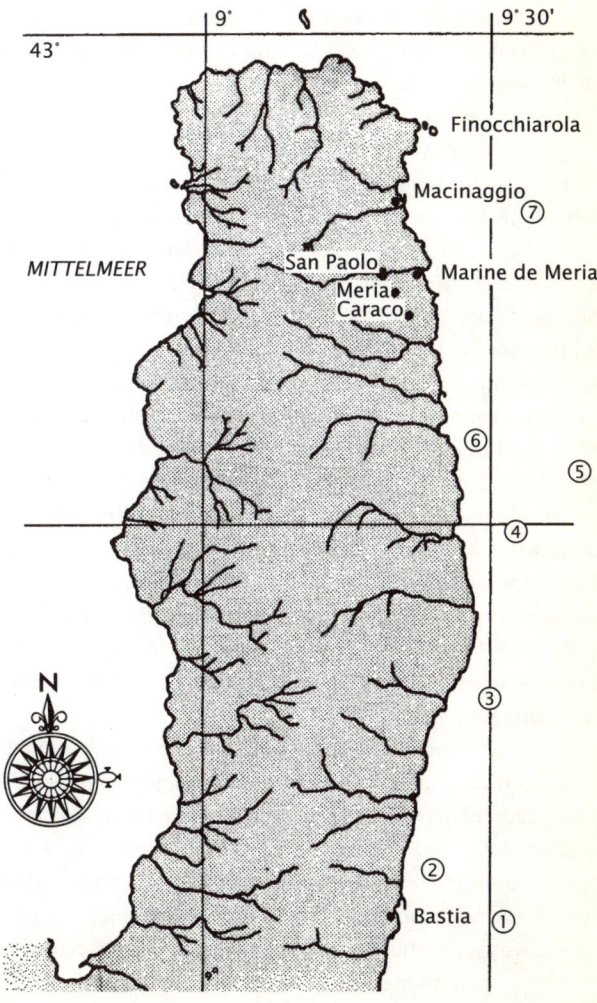

SCHATZSUCHER-PERSPEKTIVEN

»*Spuk, so sage mir, wo liegt El Dorado?*« – »*Jenseits der Mond-berge, versteckt im Tal des Schattens, sattle dein Pferd und spute dich, willst du El Dorado finden.*«
(aus: Edgar Allan Poe, *DER GOLDKÄFER*)

Es gibt die Schätze. Und es gibt auch die Schatzsucher. Der lebendige Beweis dafür sind Mel Fisher, John de Bry, Herbert Humpfreys und all die anderen Schatzgräber, die viel zu zahlreich sind, als daß ich hier auf ihre Entdeckungen eingehen könnte. Eine Flut spektakulärer Schatzfunde erwartet uns in den kommenden Jahren. Wir sind in das Elektronik-Zeitalter eingetreten, in die Ära der Miniaturisierung. In wenigen Stunden erreichen wir mit den heutigen Verkehrsmitteln Schauplätze, wo Schätze in Milliarden-höhe schlummern. Am unaufhaltsamen technischen Fortschritt entzünden sich die wildesten Phantasien.

Mit dem *Sonar Scanner* kann der Meeresgrund regelrecht abgetastet werden, und die Ablagerungen lassen sich Schicht für Schicht fotografieren. Einige dieser Instrumente sind sogar in der Lage, einen Holzsplitter unter einer meterdicken Korallenbank zu erkennen. Die Spektralanalyse wiederum erleichtert die Wrack-suche in schwer zugänglichen Gewässern: Getaucht wird nur noch auf Nummer Sicher.

Die Schatzsuche muß sich jedoch auf beglaubigte Dokumente und Archive stützen. Das Zusammentragen von Indizien und Beweisstücken ist eine sowohl unvermeidliche als auch minutiöse und kostspielige Arbeit. Wer die altkastilischen, gälischen oder in Runen abgefaßten Texte lesen kann, ist im Vorteil. Damit wird jedoch die Nachforschung im Generalarchiv von Indien in Sevilla keineswegs überflüssig: Zentnerweise Berichte, scheinbar un-wichtige Dokumente erwarten einen dort, doch die Entdeckung eines einzigen Namens kann der Anfang einer jahrelangen leiden-schaftlichen Suche bedeuten. Selbstverständlich wird das alles eines Tages elektronisch gespeichert sein; riesige Datenbanken werden uns dann die Schätze »schlüsselfertig« übergeben.

Wer weder warten noch fünfundzwanzig Jahre seines Lebens in staubigen Archiven verbringen will, der wende sich an den un-umstrittenen europäischen Experten im Zusammentragen alter Dokumente: Patrick Lizé. Er wird Ihnen ein auf Ihr Budget zuge-schnittenes Wrack bezeichnen sowie eine stichhaltige Dokumen-tation, dessen Geschichte und einen detaillierten Lageplan mit-liefern. Albert Mata wiederum kann Sie zu den Grotten der Kokosinsel führen, wo Davis' Schatz oder Bonitos zweiundsiebzig Tonnen Gold auf ihre Entdeckung warten. Zumal Sie es nicht vorziehen, nach dem Schatz von Lima zu suchen und den Geistern von Boag und Thompson zu begegnen ...

Der INTERNATIONALE SCHATZSUCHER-KLUB organisiert regel-mäßig Privat-Expeditionen für seine Mitglieder. Hin und wieder ziehen wir für die Lösung eines bestimmten Rätsels einen Exper-ten hinzu. Es ist ein privater Klub, er ist aber trotzdem nicht unzugänglich. Die Mitglieder werden durch Wahl aufgenommen und operieren im Geheimen. Ihr Erkennungszeichen ist ein dreißig Gramm schwerer achtfacher Real. Die Treffen finden alle zwei Monate in einem kleinen Café in der Nähe der Bastille, Ecke *Rue Saint-Sabin*, statt. Um Mitglied zu werden, muß man einen Schatz gefunden haben und dem Klub ein detailliertes Dossier unter-breiten, das – nebst einem umfassenden Lebenslauf – über die Beweggründe und Absichten sowie die zur Verfügung stehenden Mittel Aufschluß gibt. Über die Aufnahme befindet der Klub-Präsident, dessen Entscheidung unanfechtbar ist. Die Aufnahme-formalitäten sind kostenlos.

Als zukünftiger Schatzsucher sollten Sie sich die Worte eines großen französischen Schriftstellers zu Gemüte führen, Roger Caillois, der in einem 1970 bei Gallimard veröffentlichten Werk (*CASES D'UN ÉCHIQUIER*) folgende Zeilen schrieb:

Paradoxie des Schatzes.

Es gibt viele Romane in der Art der SCHATZINSEL, in denen es darum geht, durch korrekte Deutung eines verschlüsselten Doku-

ments die von Piraten, Templern oder von einem Pharao vergrabenen phantastischen Reichtümer wiederzufinden. Sie alle haben folgende Paradoxie gemeinsam: Die Besitzer des Schatzes – in alle Winde zerstreute Flibustiere, verfolgte Sekten oder abgesetzte Monarchen – scheinen einzig bemüht gewesen zu sein, Hinweise zu liefern, die es anderen ermöglichen sollen, sich den Schatz anzueignen. Daher all die komplizierten Geheimschriften, die den Schatzsucher auf die richtige Fährte bringen sollen. Will man das Geheimnis um das Versteck für sich behalten, um eine günstigere Gelegenheit abzuwarten, sollte man besser nichts dem Pergament anvertrauen; allenfalls kann man die notwendigen Hinweise mündlich an einen Vertrauensmann weitergeben oder ihm offen einen klaren und detaillierten Lageplan zur Aufbewahrung überlassen. Aber alles deutet darauf hin, daß der Besitzer des Schatzes den Scharfsinn belohnen will. Er organisiert ein Versteckspiel, bei dem der erstbeste alle Chancen haben soll, falls er scharfsichtig und klug genug ist: Wer die größte Verstandesschärfe beweist, kriegt die Beute – und nicht etwa wer am meisten Ansprüche darauf geltend machen kann. [...] Die Romane verraten ein drittes Merkmal des Schatzes: Weder wer ihn angehäuft oder entdeckt hat, profitiert davon, noch dessen Nachkommen, noch sonst jemand, der daran beteiligt war. Der Schatz wird sozusagen neu ins Spiel gebracht; aber nicht etwa in die Hände des Tüchtigsten. Für diesen ist es eher ein »Glückspfand« als das Glück selbst: Keiner der vielen Helden, die einen Schatz entdeckt haben, hat ihn ausgegeben, denn das hätte bedeutet, den Mythos zu zerstören. Man kann jedoch davon ausgehen, daß er im Angesicht des Todes seinerseits ein Rätsel aufgeben und damit einen neuen Wettlauf eröffnen wird.

Die Erfindungsgabe – bis hin zu den Romanen, ganz zu schweigen von den Märchen und Legenden – gehorcht manchmal seltsamen und heimtückischen Gesetzen.

Mel Fisher hat mir den ersten Tiefsee-Golddetektor versprochen, für dessen Entwicklung er schon mehr als eine Million Dollar ausgegeben hat. Er glaubt daran. Wartet seit dreißig Jahren darauf. Ich werde dann mit diesem außerordentlichen Gerät zur Kokosinsel zurückkehren, mit einem leistungsfähigen, großen Holzbohrer. Und nachher als reicher Mann wieder nach Kolumbien und Ecuador gehen, um dort in den Seen zu tauchen. Ich werde auf dem Grund des Guatavita-Sees den Schlamm durchwühlen und so viele Smaragde und Gold heraufholen, wie ich selbst wiege. Im goldenen Nebel werde ich die Mauern der »Sieben Städte von Sibola«[1] erkennen ...

»Es macht die Wüste schön«, sagte der kleine Prinz, »daß sie irgendwo einen Brunnen birgt.«
Ich war überrascht, dieses geheimnisvolle Leuchten des Sandes zu verstehen. Als ich ein kleiner Knabe war, wohnte ich in einem alten Haus, und die Sage erzählte, daß darin ein Schatz versteckt sei. Gewiß, es hat ihn nie jemand zu entdecken vermocht, vielleicht hat ihn auch nie jemand gesucht. Aber er verzauberte das ganze Haus.
(aus: Antoine de Saint-Exupéry, *DER KLEINE PRINZ*)

---

[1] Die Sieben Städte von Sibola: Von den Konquistadoren vergeblich gesuchtes Land, in dem sie die Schätze Eldorados zu finden hofften.

HUNDERT UNGEHOBENE SCHÄTZE ODER WIE MAN MILLIONÄR WIRD

Es gibt die Schätze. Um sich davon zu überzeugen, braucht man nur die beeindruckende Liste der Schatzfunde der letzten zwanzig Jahre zu konsultieren: die TITANIC oder die BISMARCK, deren Bergung unmöglich schien, oder die unzähligen Galeonen und Karavellen, die lange Zeit als verschollen galten:

- die SANTA MARGARITA
- die NUESTRA SEÑORA DE ATOCHA
- die NUESTRA SEÑORA DE LAS MARAVILLAS
- die NUESTRA SEÑORA DE LA CONCEPCIÓN
- die *Flota de Plata* von 1715
- die GIRONA
- die H.M.S. DE BRAAK
- die H.M.S. FEVERSHAM
- die WHYDAH (Piratenschiff des Kapitäns Bellamy)
- die REPUBLIC
- die LEXIGTON
- die CENTRAL AMERICA
- die ALTAMIRANTE
- die Armada von 1733
- die H.M.S. LOOE
- die GENOVES
- die Spanische Armada von 1588
- die SACRAMENTO
- die BATAVIA
- die MEERESTYN
- die GENERAL GRANT
- die S.S. ELINGAMITE
- die VOLETTA
- die SAN JOSÉ
- die CAPITANA
- die NUESTRA SEÑORA DEL PILAR
- die TYRAL
- die ZEEWYCK
- die ZUYTDOFP
- die SPEAKER

und viele andere mehr.

Viele der versunkenen Schätze sind gehoben worden, aber kein einziger Schatz von Bedeutung wurde auf dem Festland gefunden. Das Meer gibt seine Geheimnisse eher preis als die unermeßlichen Gründe unseres Planeten. Die Funde auf dem Festland sind meist zufällig und werden nur selten in der Presse breitgetreten. Darüber

hinaus muß man die Findigkeit jener berücksichtigen, die beharr-
lich ein sicheres Versteck für ihr Vermögen gesucht haben, sowie
die Macht der Naturgewalten: Erdbeben, Vulkanausbrüche und
Erdrutsche arbeiten der Suche auf dem Festland entgegen, was
das Unterfangen zwar schwieriger, aber meines Erachtens »nobler«
macht. Meine Liste der ungehobenen Schätze umfaßt eine Menge
Meeresschätze für den, der die Früchte seiner Nachforschungen
sofort ernten möchte, und einige große Schätze auf dem Festland
für all jene, denen das »Stampfen« und »Schlingern« nicht sonder-
lich liegt. Sie unterscheidet sich von den herkömmlichen Aufzeichnungen insofern, als ich versucht habe, diejenigen Schätze weg-
zulassen, deren Ursprung auf Legenden oder Träume zurückgeht.
Wer die Angaben in diesem Buch ergänzen, über einen Schatz
berichten oder irgendwelche Nachforschungen anstellen möchte, schreibe an den Verlag der französischen Originalausgabe
(Éditions Filipacchi, Paris) oder an meinen deutschsprachigen
Verlag (Schönbach Verlag Basel/Hannover), die den Brief umge-
hend an mich weiterleiten werden.

DER GUATAVITA-SEE

Der Guatavita-See liegt auf dem Cundinamarca-Plateau – im
»Land des Kondors« – unweit von Bogotá (Kolumbien) in einer
Höhe von 2300 Metern über dem Meeresspiegel. Dieser heilige
See gilt als Wiege der Legende von Eldorado. Der Gott-König soll
sich jeweils bei Sonnenwende entkleidet und seinen Körper mit
Gummiarabikum bestrichen haben. Dann wälzte er sich im Goldstaub, bis er von Kopf bis Fuß mit einer glitzernden Schicht bedeckt war. Anschließend bestieg er ein Balsafloß und warf unter
dem Jubel seiner Untertanen Opfergaben aus Gold und Smaragden
in den See. Schließlich sprang er ins Wasser und schwamm ans Ufer
zurück. Auf diese Art bewies er seine körperlichen wie auch seine
geistigen Fähigkeiten als Häuptling. Keine der bisher durchgeführ-
ten Expeditionen hat erwähnenswerte Resultate gezeitigt. Um
1850 wurde der See sogar entleert, aber der Seegrund war
ausgetrocknet und härter als Granit, so daß nur gerade ein paar
hundert Kilo Goldgegenstände geborgen werden konnten. Jetzt ist
der See wieder gefüllt, und der Grund hat sich wieder aufgeweicht.

Zwischen 1985 und 1987 habe ich mehrmals dort getaucht, aber leider ohne die nötige Ausrüstung. Schätzungen zufolge liegen Zehntausende Kilo Gold und Hunderte Kilo Smaragde auf dem Grund des Guatavita-Sees, die sich über die Jahrhunderte dort angesammelt haben.

DIE REPUBLIC

Das Stahlschiff der WHITE STAR sank am 23. Januar 1909 vierunddreißig Kilometer östlich der Nantucket-Insel. Sie transportierte über drei Millionen Dollar in Gold und liegt zerschellt in siebenundsechzig Meter Tiefe auf dem Meeresgrund. Das Schiff ist mit einem *Sonar Scanner* leicht auszumachen. Mehrere amerikanische Equipen sind bereits mit der Bergung beschäftigt, die demnächst von der MARTIN BAYERLE und ihren Partnern, der MARITIME ANALYSTS GROUP, gemeldet werden dürfte. Die Bedingungen für die Bergung sind schlecht (wechselhafter und starker Seegang, drehende Winde usw.).

DIE H.M.S. DE BRAAK

Kapitän Drew kenterte am 10. Juni 1798 zwei Meilen Nordnordost vom *Cape Henlopen* auf offener See. Seine Ladung von siebzig Tonnen Kupfer und einer großen Menge Silber brachten das Schiff aus dem Gleichgewicht, so daß es auf den nicht mehr als fünfunddreißig Meter tiefen felsigen Grund sank. Es transportierte ein beträchtliches Vermögen: mehr als zehn Millionen Dollar Gold. Die Lage des Wracks ist bekannt, und zahlreiche Equipen haben bisher ohne Erfolg eine Bergung versucht. Die Konzession ist heute in den Händen mehrerer Gesellschaften des Bundesstaates Delaware: die TREASURE DIVERS OF DELAWARE, die SALVAGE TREASURE, die SUB. SAL INC und die HARVEY HARRINGTON, JOHN DAVIDSON ASSOCIATED.

DIE MERIDA

Sie soll den phantastischen Schatz Kaiser Maximilians von Mexiko und das Gold der Zentralbank enthalten. Der Schiffbruch hat sich ungefähr 37° 23' 32" nördlicher Länge und 74° 42' 02" westlicher Breite ereignet. Das Wrack ist von etwa zwanzig amerikanischen Gesellschaften gesucht und schließlich auch gefunden worden; die Bergungsversuche scheiterten hingegen. Im Kreis der Schatzsucher munkelt man, daß die MERIDA Unglück bringe.

FORT SANTIAGO

Die Festung von Manila auf den Philippinen hat als Lager für das Gold der Spanier gedient, das anschließend unter dem Geleitschutz der berühmten Galeonen von Manila nach Spanien verschifft wurde. General Tomoyuki Yamashita, der »malaiische Tiger«, Befehlshaber der japanischen Streitkräfte, schlug dort sein Hauptquartier auf, kurz vor dem entscheidenden amerikanischen Angriff unter General MacArthur. Yamashita ließ einen Schatz vergraben, der auf vierzehn Milliarden Dollar geschätzt wird. Der ehemalige philippinische Präsident Marcos soll ihn gefunden und in seinem ursprünglichen Versteck belassen haben. Später ließ die Regierung mit Hilfe ehemaliger amerikanischer Söldner Grabungen vornehmen, die jedoch erfolglos blieben. Ein von Yamashita auf japanisch abgefaßtes Dokument, das er, kurz bevor er gehängt wurde, einem amerikanischen Soldaten japanischer Herkunft übergab, bestärkt mich in der Annahme, daß sich der Schatz in einem Versteck im östlichen Teil der Festung befindet.

DER ROMMELSCHATZ

Der Schatz, zweitausendvierhundert Kilo Gold und eine Kiste Juwelen, soll sich in achtundsiebzig Meter Tiefe in der Bucht von Macinaggio befinden. Als Orientierungspunkt nimmt man den Hafen von Meria und positioniert sich dann an den auffallenden Stellen. Wichtige Koordinaten: 310, 267, 260, 258, 224 und 175, die dem Kompaß entsprechen, und zwar exakt an den Stellen, wo eine magnetische Störung auftritt.

DER HIMMLERSCHATZ

Ein Flugzeug des Typs Junker 81 stürzte 1938 ab und zerschellte an einem großen Gletscher bei Sankt Moritz; an Bord befanden sich über hundertsechzig Millionen in Gold, die Hitler an Mussolini gesandt hatte. Ich habe an zwei sehr beschwerlichen Expeditionen in die Gletscher teilgenommen. Das Flugzeug kann mit tragbaren

Magnetometern problemlos lokalisiert werden; es befindet sich jedoch unter einer zwanzig bis dreißig Meter dicken Eisdecke. Das Gold wird voraussichtlich in ein paar Jahren am Fuß des Gletschers ankommen, denn das Eis fließt sehr schnell.

DIE AZOREN

Der Azoren-Archipel im atlantischen Ozean gehört seit dem 15. Jahrhundert zu Portugal und besteht aus 9 größeren Inseln und einer Vielzahl sehr gefährlicher Riffe. Er galt als Zwischenstation auf dem Seeweg nach Indien und übertrifft als Schauplatz von Schiffshavarien sogar die Antillen und die Küste Floridas. Milliarden von Goldstücken, Fässer voller Smaragde und Hunderte von Tonnen Silber lagern auf dem labyrinthisch zerklüfteten Meeresgrund in unterschiedlichen Tiefen. Anstatt die Konzessionen der Schatzsucher Floridas oder der Bahamas zu verletzen, wäre es wohl lohnender, einige Tage in der Bibliothek von Ponte Delgada auf der Insel Saõ Miguel zu verbringen und nach goldbeladenen Galeonen zu forschen, die Richtung Terceira abgetrieben und gekentert waren; die Küste von Terceira ist ein regelrechter Friedhof für Seeleute, die von der Schlaflosigkeit, der Ruhr, dem Skorbut oder dem Durst geschwächt vom Kurs abgekommen waren. Die von den Mies- oder Pfahlmuscheln der wärmeren Gewässer angefressenen und oft ungenügend gewarteten Schiffe erreichten die tödlichen Klippen buchstäblich »am Ende ihrer Kräfte«, nachdem sie sich auf ihrem Rückweg über den Gulf Stream durch Gewitterstürme und Hurrikane kämpfen mußten. Aber auch die Überraschungsangriffe der französischen, englischen und maurischen Piraten, die die mit Reichtümern beladenen Konvois geduldig abwarteten, machten die Azoren so gefährlich. Im Verlauf der Jahrhunderte wurden viele Bergungsversuche unternommen, die nicht selten erfolgreich waren. Doch die starke Strömung und heftige Stürme haben die Wracks und ihre Ladungen über einige Quadratkilometer verstreut, in Tiefen, die mit den damaligen Mitteln unerreichbar waren. Mit einer modernen Ausrüstung sollten jedoch phantastische Funde möglich sein, sofern man die Regierungen Portugals – zu deren Hoheitsgebiet die Azoren gehören – und Spaniens – deren Schiffe auf dem Meeresgrund liegen – zu einem annehmbaren Vertrag bewegen kann.

DER GUADALQUIVIR

Die der Mündung dieses Flusses vorgelagerte, gefürchtete Sanlúcar-Bank war der Schauplatz unzähliger Schiffbrüche. Die Strände der andalusischen Küste bergen Tausende von Gold- und Silberstücken, die jeweils wieder ans Tageslicht gelangen, wenn bei heftigen Stürmen der Meeresgrund aufgewirbelt oder Sandbänke und Felsen verschoben werden.

DAS CAP DE SÃO VICENTE

Das *Cap de São Vicente* in der Algarve (Portugal) wirkte wie ein Magnet auf die schwerbeladenen Galeonen, die aus Nord- und Südamerika zurückkehrten und an den Klippen Schiffbruch erlitten. Hunderte von Millionen lagern in über achtzig Meter Tiefe in den kalten, gefährlichen Gewässern rund um das *Cap*.

DIE FLOTA DE ORO

Die *Flota de Oro* kenterte am 2. Juli 1502 während eines Gewittersturms unweit der Klippen namens *Los Serpientes* in der Nähe des *Cap Engaño*. Die zwanzig Schiffe waren mit ungeschmolzenem präkolumbischem Gold und einem riesigen Goldklumpen beladen – nebst einer sechs Tonnen schweren Goldplatte, die der spanische Gouverneur Francisco Bodadilla für sich beanspruchte. Mehrere Milliarden Dollar warten auf die Bergung. Die meisten amerikanischen Schatzsucher beschäftigen sich zur Zeit mit den zahlreichen Gold- und Silberflotten, die vor ihren eigenen Küsten Schiffbruch erlitten. Ausgenommen Burt Webber und seine Partner, die sich bei der Regierung der Dominikanischen Republik erfolgreich um eine Konzession beworben haben.

DAS CABO CORRIENTES

Kapitän Stradling, ein Komplice William Dampiers, hatte gerade einen erfolgreichen Feldzug gegen die Spanier hinter sich, als er auf dem Rückweg Alexander Selkirk auf einer der Juan-Fernández-Inseln zurückließ – was Daniel Defoe später zu seinem Robinson Crusoe inspirierte. In der Nähe des *Cabo Corrientes*, etwa 5° oberhalb des Äquators, erlitt er Schiffbruch und ließ über zweihundertachtzigtausend Goldstücke, mehr als eine Million Silberpiaster und zwei Fässer voller Smaragde in eine Grotte bringen, die er anschließend zum Einstürzen brachte. Er überlebte mit zwei weiteren Seeleuten und wurde von den Franzosen gefangengenommen, die ihn gegen französische Gefangene austauschen wollten. Aufgrund seiner Piraten-Vergangenheit erwartete Stradling in England der Strick, weshalb er seinem Wächter Lempereur einen Kassiber zukommen ließ, in dem er den Franzosen versprach, sie zum Schatz zu führen, wenn sie ihn nicht an die Engländer auslieferten. Worauf ein ausgiebiger Briefwechsel zwischen dem Marineminister Pontchartrain und dem König folgte, der durch die Bergung des Schatzes seinen spanischen Cousin nicht verletzen wollte. Stradling nutzte diese Verzögerung für seine Flucht, bei der ihm ein hoher Würdenträger am Hofe, ein Patrizier aus Le Havre, behilflich war. Er starb jedoch kurz danach und hatte somit keine Gelegenheit mehr, eine Expedition durchzuführen. Der Schatz ist mit den heutigen technischen Mitteln leicht zu heben, vor allem mit der Infrarot-Fotografie, dank der Unregelmäßigkeiten in den Felsspalten festgestellt werden können. Der Klub will in den nächsten Jahren eine Expedition durchführen.

DIE GROSVENOR

Sie erlitt am 4. August 1783 an der Ostküste Südafrikas Schiffbruch und liegt unter mehr als vier Meter Sand und sechs Meter Wasser begraben. Diese britische Fregatte transportierte einen enormen Schatz, der 1739 in Delhi den Indern gestohlen worden war. Die Lage des Wracks ist bekannt, die Bedingungen für die Bergung sind jedoch sehr kostspielig und schwierig. Aber – warum nicht?

DIE INSEL ST. BARTHÉLÉMY

Auf dieser Antilleninsel liegt der Schatz des Flibustiers Montbars der Rächer begraben; das Versteck befindet sich zwischen der *Anse du Gouverneur* und der *Anse de Grand Saline*, achtunddreißig Fuß von einem mit drei Strichen gekennzeichneten Felsblock entfernt, in einer Vertiefung, die den Schatz vor heftigen Stürmen und Wellen schützt und durch die ein Bächlein fließt. Der Schatz besteht aus Goldstücken, Perlen und Smaragden, *mit denen man eine ganze Schaluppe füllen könnte,* wie es heißt. Mit den heutigen Metalldetektoren dürfte die Lokalisierung keine Schwierigkeiten bereiten.

DAS LLANGANATI-GEBIRGE

Der geheimnisvolle *Derrotero de Valverde,* den man im General-Archiv von Indien in Sevilla einsehen kann, beschreibt den Pfad zu einem riesigen Schatz im Llanganati-Gebirge in der Nähe von Ambato (Ecuador). Dieser Schatz, der zum Teil aus dem von den Spaniern geforderten Lösegeld für den Inka-Häuptling Atahualpa besteht, wurde wahrscheinlich auf über 5000 Meter in einem tiefen See versenkt, der in der damaligen Zeit die Bergung verunmöglichte. Die Chroniken berichten von mindestens sechshundert Tonnen Feingold (sechzigtausend *Arrobas* Gold wurden auf dem Rücken zu diesem See geschleppt. Die *Arroba* ist eine spanische Maßeinheit und entspricht etwa einem Gewicht von zwölf Kilo). Manche Abenteurer haben sich bisher mit unterschiedlichem Erfolg auf die Suche gemacht und zum Teil kleinere Verstecke entdeckt; der Hauptteil des Schatzes ist jedoch nie gefunden worden. *Wenn du im Marktflecken Píllaro ankommst, frage nach dem Weiler Moya; schlafe (die erste Nacht) ein gutes Stück weiter oben; erfrage dann die Richtung des Berges Guapa, von dessen höchstem Punkt aus du nach Osten blickst, wo du an einem klaren Tag in der Ferne die Stadt Ambato erblickst. Dahinter wirst du die drei Llanganati-Gipfel erkennen, die in einem Dreieck stehen und am Fuße von deren steilem Hang ein von Menschenhand gegrabener See liegt, wo einst die Alten, als sie vom Tode des Inka erfuhren, alles Gold versenkten, welches sie als Lösegeld zusammengetragen. Von selbigem Cerro Guapa müßtest du auch den Wald sehen und mitten drin einen Hain aus Sangurimas* [Cecropia, Ameisenbaum], *die aus besagtem Wald emporragen, und auch ein anderes Dickicht mußt du erkennen, aus dem Gehölz, das die Indianer Flechas* [Gynerium saccharoides, Pampasgras] *nennen, was die Pfeile bedeutet, und diese Bäume sind der wichtigste Wegweiser, nach dem du dich richten sollst, die du aber linkerhand von dir läßt. Gehe vom Guapa aus immer in die gleiche Richtung den besagten Zeichen nach, und wenn du ein gutes Stück des Weges gegangen, kommst du an einem Viehpferch vorbei, von da wirst du an ein großes Moor gelangen, welches du überqueren mußt, und wenn du auf der anderen Seite angelangt, erkennst du linkerhand einen Pfad, welcher etwas unterhalb einer Weide am Saume des Berges entlangführt; diesen Pfad mußt du einschlagen. Wenn die Weide hinter dir ist, wirst du an zwei kleine Seen gelangen, die man »Los Anteojos« nennt, die Augengläser, drängt sich doch eine Landzunge dazwischen gleich einer Nase.*

Von dieser Stelle aus gewahrst du erneut die Cerros Llanganati, dieselben drei Gipfel, die du vom Guapa aus erblickt, und hüte dich, die genannten Seen rechtsherum zu umschreiten; der Landzunge, oder der »Nase«, gegenüber liegt eine Ebene, da ist es, wo du die (zweite) Nacht verbringst. An dieser Stelle mußt du die Pferde zurücklassen, denn von hier aus ist der Weg für sie allzu beschwerlich. Folge also zu Fuß der gleichen Richtung, und du kommst an den großen Schwarzen See, den man auch Yanacocha nennt, diesen läßt du ebenfalls linkerhand von dir; am anderen Ende angelangt, versuche, den fast senkrechten Abhang hinabzusteigen, bis du vor einer Schlucht stehst, in die sich ein tosender Wasserfall hinabstürzt; hier findest du eine Brücke auf drei Pfählen, und sollte sie nicht mehr da sein, mußt du an der geeignetsten Stelle einen Steg errichten, um auf die andere Seite des Tobels zu gelangen. Gehe unentwegt durch den dichten Wald, suche die Hütte, die als Schlafplatz (für die dritte Nacht) dient, oder was davon übriggeblieben. Wenn du genächtigt, folge am nächsten Tag dem gleichen Pfad, der durch den Wald führt, bis du an eine weitere tiefe, ausgetrocknete Schlucht gelangst; um darüberzukommen, mußt du eine Brücke errichten und diese langsam und behutsam überqueren, denn die Schlucht ist gar schrecklich tief; dies, solltest du den bestehenden Steg nicht finden. Gehe weiter und schaue nach den Wegmarken aus, die zu einem weiteren Rastplatz führen, den du, das versichere ich dir, nicht wirst missen können, liegen doch Scherben und andere Zeichen dort, denn die Indianer kommen ständig hier vorbei. Folge ihren Spuren, und vor dir wird sich ein gar absonderlicher Berg erheben, der aus lauter Schwefelkies besteht, diesen umschreitest du rechterhand und läßt ihn links hinter dir zurück. Und ich warne dich: Du sollst ihn solcherart ☞

umschreiten! Auf der anderen Seite gelangst du an eine kleine grüne Ebene; nachdem du diese überschritten, stehst du vor einem Cañon zwischen zwei Bergen: Das ist der Weg der Inka! Folge dem engen Flur, und er wird dich zum Eingang des Socabón führen, der gestaltet ist wie ein Kirchentor. Derweil du durch den Cañon gegangen und ein gutes Stück des Weges zurückgelegt, wirst du an einem Wasserfall vorbeikommen, der sich von einem Ausläufer des Cerro Llanganati herabstürzt und sich rechts des Weges in einem Sumpf verläuft; und du brauchst den morastigen Grund gar nicht erst zu betreten, denn in besagtem Sumpf ist so viel Gold, daß du nur die Hand auszustrecken brauchst, und du wirst feststellen, daß der Schlamm in deiner Hand aus lauter Goldkörnern besteht.

Ambato ist gut erreichbar. Mißtrauen Sie jedoch den Wetterbedingungen, von denen das Gelingen der Expeditionen abhängt. Versuchen Sie nicht, die Llanganati im Winter zu besteigen (dort sind das die Monate von Juni bis September). Peter Lourie beschreibt in seinem Buch *SCHWEISS DER SONNE, TRÄNEN DES MONDES* die Suche nach dem Schatz des Inka in allen Einzelheiten.

VERACRUZ

Der Hafen von Veracruz strotzt vor Galeonen, die infolge von fragwürdigen Manövern, Gewitterstürmen und Bränden Schiffbruch erlitten haben. Ungeahnte Reichtümer liegen dort in einigen Metern unter dem Meeresgrund begraben. Millionen von Goldstücken sind nie geborgen worden, und die Klippen in der Nähe der Hafeneinfahrt sind buchstäblich mit Wracks übersät. Die einheimischen Behörden geben allen Interessenten, die einen zahlungskräftigen Eindruck machen, Suchbewilligungen.

DER ORKUS-SEE

Gemäß dem Chronisten Solorzano enthält dieser See eine mehrere Tonnen schwere Goldkette (die ehemals den Palast des Inka umschloß) und wertvolle Smaragde. Mehrere Milliarden Dollar sollen in diesem eiskalten See begraben sein, der gut zugänglich ist.

DER TITICACA-SEE

Wenn Sie mit den indianischen Fischern auf diesem riesigen See Freundschaft schließen, werden sie bestimmt wertvolle Informationen über den Sonnentempel und das dazugehörige Gold erhalten. Informationen, die sie auch der Mannschaft Cousteaus gegeben hätten, hätte sich diese etwas freundlicher gezeigt ...

DIE BON JÉSUS

Diese Karavelle mit einem Rauminhalt von sechzig Tonnen führte fünf Tonnen Gold und ebenso viele Goldstücke mit, die bei der Annäherung des holländischen Flibustiers Olivier Van Noort über Bord geworfen wurden. Die Stelle südwestlich von Valparaíso ist bekannt, das Gold wartet auf seine Bergung. Da diese Tiefe mit einer normalen Taucherausrüstung nicht zugänglich ist, braucht es dazu ein Miniaturunterseeboot.

DIE SILVER BANK

Fünfunddreißig unentdeckte Schätze und Dutzende von gold- und silberbeladenen Wracks ruhen vor der Küste Haitis. Die Suchbedingungen sind schwierig und gefährlich. Würde man den geschätzten Wert aller Wracks der Silver Bank zusammenzählen, ergäbe dies um die hundert Milliarden Dollar.

DIE KÜSTE FLORIDAS

Zwischen 1595 und 1990 haben über fünfhundert Schiffe, von denen mindestens fünfzig unermeßliche Schätze transportierten, vor der Küste Floridas Schiffbruch erlitten. Die Amerikaner teilen sich die Konzessionen, können aber Unterkonzessionen vergeben. Phantastische Funde stehen in Aussicht.

DAS CAP HATTERAS

Am *Cap Hatteras* sind zahlreiche Schiffe und Galeonen gekentert. Achtundzwanzig Schätze liegen Seite an Seite in wenigen Metern Tiefe in einem Umkreis von weniger als hundert Quadratkilometern. Ein gutes Schiff mit einer modernen technischen Ausrüstung und ein paar kühne Taucher dürften in sehr kurzer Zeit ihr Glück in diesem Wrackgewirr machen.

DIE KÜSTE VENEZUELAS
Fünfzehn dokumentierte Schiffbrüche, und dennoch ...

KUBA
Dreißig Wracks sind bekannt, und Hunderte warten noch darauf, entdeckt zu werden.

DER GOLF VON MEXIKO
Fünfunddreißig Wracks, die es wert sind, besucht zu werden.

DIE BAHAMAS UND DIE BERMUDAS
In den Gewässern dieser Inselgruppen wimmelt es geradezu von Schätzen.

DIE FRANZÖSISCHEN ANTILLEN
Dutzende von Wracks warten auf Schatzsucher; aber Vorsicht ist geboten, denn nach französischem Gesetz ist die Suche ohne behördliche Bewilligung verboten. Man kann davon ausgehen, daß die Bucht von St. Pierre mehrere interessante Wracks birgt, die langsam vom Ozean zersetzt werden.

KAPITÄN KIDD
Am 8. Mai 1701 verurteilte das englische Gericht von Old Bailey William Kidd wegen Piraterie und Mordes zum Tode. Kidd beteuerte jedoch eindringlich seine Unschuld und machte den Richtern folgenden Vorschlag: *Ich tausche mein Leben gegen einen unermeßlichen Schatz.* Am 23. Mai 1701 wurde er gehängt. Der Strick riß jedoch, und ein Geistlicher namens Paul de Lorraine konnte ihm die Beichte abnehmen, in der Kidd seine Piratenfeldzüge zugab, jedoch nicht die Morde, die ihm angelastet wurden. Dann wurde er erneut gehängt, diesmal mit einem solideren Strick. Gemäß einer alten, mit Kidds Notizen versehenen Karte, die im doppelten Boden eines Koffers gefunden wurde, der ihm gehört haben soll, liegt der Schatz in einer Vertiefung der Lagune »fünf Schwimmstöße« von der *Skeleton Island* entfernt, auf der linken Seite der Meeresmündung. Es soll sich dabei um den Schatz des Großmoguls und Herrschers von Indien – Prinz Aurangsib – handeln, der auf

zwei bis drei Milliarden Dollar geschätzt wird. »Kartoffelgroße« Diamanten und Rubine, wie sie die Welt nie gesehen hat, sowie Goldbarren und Perlen soll diese unglaubliche Juwelensammlung umfassen. Legenden zufolge liegt der Schatz auf der *Oak Island* – der Insel der Eichen – vergraben, er wurde jedoch trotz wiederholten Nachforschungen nie gefunden.

DER SCHATZ VON CHÂLUS

Die Habsucht war es, die König Richard I. Löwenherz das Leben kostete. Er hatte die Plünderung des kleinen Schlosses von Châlus angeordnet, weil sich der Schloßherr weigerte, ihm den phantastischen Schatz auszuhändigen, den ein Bauer gefunden hatte. Wilhelm der Bretone schreibt: *Weit weg, in der Gegend von Limoges, grub ein Bauer, der im Dienste eines Schloßherrn namens Achard stand, die Erde um und fand dabei einen versteckten Schatz, was er sogleich seinem Herrn meldete. Dieser schaffte das Gold heimlich weg. Richard I. erfuhr jedoch von dem Fund, ließ sein Heer antreten und marschierte säbelrasselnd zum Schloß von Châlus, wo er erklärte, er werde alles dem Erdboden gleichmachen, wenn ihm Achard das Gold nicht aushändige.* Der französische Historiker Michelet bläst ins gleiche Horn: *Richard I. starb vor dem Schloß von Châlus, dessen Herrn er zwingen wollte, ihm einen Schatz auszuhändigen.* Bei einem Erkundungsritt traf ein vergifteter Armbrustpfeil König Richard I. ins Schulterblatt; kurz darauf starb er. Das Schloß von Châlus mußte sich ergeben, und jenen, die nicht dem Angriff zum Opfer gefallen waren, wurde die Haut abgezogen. Das Gold hingegen blieb verschollen. Der Schatz, dessen ursprünglicher Umfang über die Jahre hinweg zugenommen hat, soll aus neun Goldkegeln, den lebensgroßen Statuen der zwölf römischen Kaiser und einer Goldplatte bestehen. Er liegt in einem verschütteten unterirdischen Gang unter drei Metern Granitgeröll, wenige Meter vom neuen Schloß entfernt.

DER GOLDENE KANZLER

Hierbei handelt es sich um den Schatz Antoine Duprats – des hochgeschätzten Kanzlers François' I. –, der seit mehreren Jahrhunderten in den überfluteten Wassergräben des Schlosses von

Nantouillet bei Paris ruhen soll. Der ungeheuer reiche Antoine Duprat war der Hauptgeldgeber des Königs, der ihm gegen die Summe von vierhunderttausend Goldtaler das Pontifikat versprochen hatte. Ein anderer wurde jedoch an seiner Stelle zum Papst gewählt, also versteckte der enttäuschte Kanzler all seine Reichtümer. Nach dem Tod Duprats ließ François I. dessen ganzen Besitz mitsamt dem goldenen und silbernen Tafelgeschirr beschlagnahmen. Als zwischen 1517 und 1525 das Schloß von Nantouillet errichtet wurde, fand man die Überreste einer alten Festung mit unterirdischen Geheimgängen: Vermutlich kannte der Kanzler deren Geheimnisse. Das Schloß ist jedoch in Privatbesitz und kann nur mit einer speziellen Bewilligung besucht werden.

DIE KOKOSINSEL

Mehrere große Schätze schlummern auf der Kokosinsel, die man als eigentliche Hochburg der Schatzsuche bezeichnen kann. Davis, Graham, Bonito Benitez, Thompson und viele andere Piraten haben sie als persönlichen »Tresor« benutzt. Sie sollen den berühmten Schatz von Lima bergen – die gesamten Reichtümer Perus –, den die Spanier an einen sicheren Ort bringen wollten. Unter uns gesagt: Der glückliche Finder kann mit über dreißig Milliarden Dollar rechnen. Die größten Chancen, einen dieser enormen Schätze zu finden, hat zweifellos Christopher Wesson, der im Besitz der umfangreichsten und ausführlichsten Dokumentation über die Insel und ihre Geschichte ist. Wesson beabsichtigt, ein Buch herauszugeben, das alle Geheimnisse seines Vaters enthüllen soll, der alle Schatzsucher wie auch die Familie August Gisslers gekannt hatte – ein Buch, das Furore machen wird. Es gibt genug Gründe, an das Vorhandensein dieser Schätze zu glauben: der Lima-Schatz im *Golfo Chatham,* der Graham-Schatz im *Golfo Wafer,* der Davis-Schatz im *Golfo Esperanza.* Der Klub organisiert alle zwei Jahre eine Expedition, an der auch Nichtmitglieder teilnehmen können.

DIE INSEL AGRIGAN

Der Pirat Robertson brachte zwei Millionen Golddublonen in seinen Besitz und versteckte sie in einer Spalte hinter einem großen Felsen, der sich in der Nähe eines Strandes im Südosten der gebirgigen und schwer zugänglichen Insel befindet. 1827 geriet Robertson in spanische Gefangenschaft und wurde gefoltert. Als ihn seine Peiniger einen Augenblick aus den Augen ließen, gelang es ihm, sich mit den schweren Ketten ins Meer zu schwingen. Der Gouverneur Medinella ließ die Insel von über fünfhundert Eingeborenen vergeblich durchkämmen. Der INTERNATIONALE SCHATZSUCHER-KLUB ist im Besitz einer Karte unbekannter Herkunft, aus der hervorgeht, daß sich die sechzig Tonnen Gold in der Nähe einer Schlucht befinden, und zwar 18°8' 31" nördlicher Breite und 145° 38' 20" östlicher Länge (Marianen).

TERRACUCA

Der ehemalige Kapitänleutnant von Jean-David Nau (l'Olonnais genannt) versteckte 1751 in einer Grotte der Insel Saumapé – 50° 3' 25" südliche Breite und 78° 38' 7" westliche Länge – einen Schatz, der aus den Reichtümern der Mazahua-Indianer Mexikos bestand (fünftausend Goldtafeln, dreitausendsiebenhundertzwanzig Kilo sakrale Kunstgegenstände aus Gold und drei Kisten voller Smaragde). Terracuca wurde von seiner Besatzung ermordet, die ihrerseits bei einem gnadenlosen Überfall von spanischen Seeräubern niedergemetzelt wurde. (Archives du C.I.C.T.A1-358)

MUSSOLINI

Der größte Teil des Schatzes der italienischen Faschisten wurde am 27. April 1945 in der Nähe der Brücke des Vall'Orba in den Comer See geworfen. Vierzehn Metallkisten gefüllt mit Goldbarren und antikem Schmuck im Wert von gegen 20 Millionen Dollar. Sowohl die Kommunistische Partei Italiens als auch Churchill sollen nach dem Schatz gesucht haben.

DER SCHATZ VON MESNIL-JEAN

Auf einer Anhöhe hinter dem Deich der Orne erhebt sich, kurz nach dem pont de la Villette, bei Putanges eine Kapelle, die auf ihrer Außenmauer mit einer gemeißelten Büste geschmückt ist. Die Büste blickt in Richtung eines unterirdischen Ganges, der angeblich in eine Krypta voller Sarkophage und Schätze mündet, die von den Plünderungen zur Zeit der Kreuzzüge stammen sollen.

Man mißt die Entfernung anhand der Eibe auf der Terrasse und überträgt sie von der Büste aus in Richtung einer Insel der Orne. Es soll sich um einen beträchtlichen Schatz handeln, der lange Zeit von den katholischen Kirchenoberhäuptern gesucht und beansprucht wurde.

LEZENNES

Die Schätze John Lacklands (Johann I. ohne Land) sollen in den unterirdischen Gängen von Lezennes im Norden Frankreichs begraben sein, die ein regelrechtes Labyrinth zwischen Belgien und Frankreich bilden. Diese kilometerlangen Gänge, die heute von Tausenden von Ratten bevölkert werden, sollen den Einwohnern während der unzähligen feindlichen Invasionen als Unterschlupf gedient haben. Die Erforschung dieses unterirdischen Labyrinths ist gefährlich. Es gibt Dutzende von Eingängen; die Leute aus der Gegend können einem wertvolle Hinweise geben, um das Versteck des »treulosen« John Lacklands zu finden. Der Schatz soll ein Teil des Lösegelds für die Befreiung seines Bruders Richard gewesen sein, das Lackland nie bezahlt hat.

DABO

Nicht weit von Abreschviller erhebt sich der *Roche des Nonnes,* der auch *Roche d'Argent* oder *Roche du Diable* genannt wird. Plündernde Soldaten zerstörten während des Dreißigjährigen Krieges das Nonnenkloster, in dem sich ein wundervoller Schatz befand. Die Nonnen versteckten den Schatz in einer Felshöhle, die sie anschließend zudeckten. Und vergessen wir die Diamanten des »Schwarzen Prinzen« (Prinz Edward von Wales) nicht, die niemals wiedergefunden wurden.

DIE TEMPLER

Zahlreiche Persönlichkeiten haben in ganz Frankreich vergeblich nach dem Schatz der Templer gesucht: André Malraux in Gisors, Adenauer in Arginy. Es gab sicher an jedem Ordenssitz einen Schatz; vieles spricht jedoch dafür, daß diese Reichtümer längst verschwunden sind. Papst Klemens V. brachte den Schatz in einem Erlaß – *Vox Clementis* – mit der erbitterten Verfolgung der

Templer durch König Philipp den Schönen in Verbindung: *[...]*
Dieser König war nicht von Habsucht erfüllt, denn er erhob weder
Anspruch auf das Vermögen der Templer noch wollte er sich
dessen bemächtigen, da er ja in seinem eigenen Königreich dar-
auf verzichtet und davon Abstand genommen hatte, sondern
aufgrund seines religiösen Eifers, den erlauchten Spuren seiner
Vorfahren folgend, ... [...] Der Großmeister Jacques de Molay
wurde als Abtrünniger zum Tod auf dem Scheiterhaufen verurteilt, obschon er seine Unschuld beteuerte. Das Gold der Templer
ist nie gefunden worden. Am besten sucht man an allen Mauern
nach den Insignien des Tempelordens und beschränkt die Nachforschungen auf die Jonas-Grotten bei Besse-en-Chandesse in der
Auvergne.

DIE KARTÄUSER

Der Schatz der Kartäuser in Villeneuve-lès-Avignon gehört zu
den interessantesten. Er wurde während der Französischen Revolution versteckt und umfaßt fünfhundert Millionen Louisdors. Der
Plan des letzten Priors ist in den Händen des Klubs. Er gibt als Lage
des Schatzes einen Ort namens *Trois Chemins* an und verrät die
Richtung, die es in den unterirdischen Gängen einzuschlagen gilt;
zudem enthält er einen noch zu entschlüsselnden Text in einer
Geheimschrift.

DIE KATHARER

Der Schatz der Katharer könnte sich in der Nähe von Montségur
befinden. Das minutiöse Studium des FONT DOAT *(Bibliothèque
Nationale de Paris)* gibt wichtige Aufschlüsse über die »Vollkom-
menen« – die sogenannten *perfecti.* Die Bände XXI bis XXXVI
enthalten die Kopien der Register über die Inquisition von
Carcassonne. Die Verhöre der »Überlebenden« von Montségur
werden vor allem in den Bänden XXII und XXIV wiedergegeben.
Band XXXIII ist dem posthumen Prozeß von Pierre de Fenouillet,
dem Sektengründer, gewidmet. Über Queribus (Festung der
Katharer) kann man in Band CLIII und CLIV nachlesen. Der eigentliche Schatz liegt in einer Höhle, in der ein unterirdischer Gang
gegraben wurde.

DIE JESUITEN

Zahlreiche Jesuiten-Schätze sind in der Nähe von Curitiba (Brasilien) vergraben worden. Der Jesuitenorden von Paranaguá ließ die Indianer unterirdische Gänge graben, die aber ihre Ordensmitglieder in der Folge nicht vor dem Massaker bewahren konnten. Eine Galeone mit Goldbarren hat vor der Insel Cotinga Schiffbruch erlitten. Der berühmte Schatzsucher Vallon Mariaz hat mit Erfolg einen Teil seines Lebens der Suche nach dem verwunschenen Gold der Jesuiten gewidmet, das man auch auf der Insel Pinaki vermutet. Das Gold ist die Frucht unmenschlicher Strapazen Tausender von Sklaven, die unter den Peitschenhieben der Christen starben, um deren Geldgier zu befriedigen.

Die in das Korallenriff dieser Pazifikinsel (138° 42' 25" westlicher Länge und 18° 55' 06" südlicher Breite) geschlagenen Stufen sollen zu diesem unermeßlichen Schatz führen, den die spanischen Jesuiten 1865 vergruben. Es gab nur zwei Überlebende, die über das Blutbad berichten konnten, das die Jesuiten damals unter den Seeleuten anrichteten. Der Gouverneur von Polynesien ordnete 1934 zwei Suchexpeditionen an, die beide erfolglos blieben.

LASSETER

'In den *Petermann Ranges* im Herzen Australiens entdeckte der englische Seemann Harold Lewis Lasseter eine über fünfzehn Kilometer lange Goldader über Tag. Da er Hungers starb, blieb ihm nichts anderes übrig, als das Geheimnis in der Asche seines Lagerfeuers zu begraben, an dem er sich nachts aufwärmte. Die Goldklumpen, die man dort fand, waren von beträchtlicher Größe; Tausende von Goldsuchern setzten sich in den letzten hundert Jahren den Risiken und Gefahren dieser überaus unwirtlichen Gegend aus. Die modernen Detektions-Instrumente sollten jedoch zu einer baldigen Lösung dieses Rätsels führen.

VICTOR PEAK (USA)

Hundert Tonnen Gold liegen von siebenundzwanzig Skeletten bewacht in einer eingestürzten Grotte im Herzen dieses Gebirges, das als Schießplatz für die amerikanische Armee dient und daher dem Publikum nicht öffentlich zugänglich ist.

DIE ZEHN GEBOTE DES SCHATZSUCHERS

1) Erkundigen Sie sich beim zuständigen Archäologischen Institut, bevor Sie mit Ihren Nachforschungen in archäologischen Stätten oder antiken Bauwerken beginnen.

2) Graben Sie die Erde nicht um: Eine Münze oder ein kleiner Gegenstand kann dem Boden entnommen werden, ohne daß dieser umgepflügt werden muß. Verwenden Sie dazu einen spitzen Gegenstand, mit dem Sie die Erde um den Gegenstand herum ausstechen. Haben Sie ihn herausgelöst, dann wird die Erdscholle wieder in das Loch eingefügt. Das Gelände möglichst intakt hinterlassen.

3) Lassen Sie keine Abfälle an den Plätzen zurück, wo Sie Nachforschungen angestellt haben. Es ist besser, sie in den Mülleimer zu werfen, als sie bei der nächsten Ausgrabung wieder vorzufinden.

4) Betreten Sie auf gar keinen Fall ein Grundstück, ohne vorher die Erlaubnis des Eigentümers oder des Aufsehers eingeholt zu haben.

5) Lassen Sie antike Gegenstände von einem sachkundigen Museum und archäologische Fundstücke von einem Experten begutachten.

6) Erstatten Sie der örtlichen Polizei unverzüglich Meldung, falls Sie auf lebensgefährliche oder suspekte Gegenstände stoßen; lassen Sie alles so, wie Sie es vorgefunden haben.

7) Machen Sie sich mit den gesetzlichen Bestimmungen über Schatzfunde vertraut, und melden Sie alle gefundenen Gold- und Silbergegenstände der Polizei.

8) Respektieren Sie die Sitten und Bräuche der lokalen Bevölkerung: Schließen Sie alle Zaunschranken hinter sich, geben Sie auf die Ernte acht, und nehmen Sie Rücksicht auf die weidenden Herden.

9) Nutzen Sie jede Gelegenheit, einer interessierten Person Ihren Detektor zu zeigen: Sie könnten einen Verbündeten finden, der Ihnen nützliche Auskünfte über weitere Fundstellen gibt. Verhalten Sie sich ebenso mit Ihren Schatzsucher-Kollegen: Sie haben bestimmt viel interessante Informationen auszutauschen. Seien Sie höflich!

10) Machen Sie sich zum Idealbild aller Schatzsucher: Geben Sie ein Beispiel, das keinen Schatten auf sie wirft. ANSTAND! Machen Sie sich den Grundsatz des bekannten Unterwasser-Archäologen Robert Stenuit zu eigen: *Ein Schatz ist in meinen Augen nicht bloß gelbes Metall – sondern beinhaltet alle Gegenstände, alle Entdeckungen, alle Neuigkeiten von historischer oder finanzieller oder emotionaler Bedeutung ...*

ANHANG 1

VERTRAG ÜBER DIE WRACKSUCHE – BUNDESSTAAT FLORIDA
Vertrag zwischen der Regierung des Bundesstaates Florida, Abteilung *(Name der Abteilung)*, und dem Schatzsucher.

Der Schatzsucher bezahlt eine jährliche Gebühr von 1200 $ für das Exklusivrecht der Erforschung nachfolgend bezeichneter Unterwasser-Regionen, einschließlich des Meeresgrundes, innerhalb der Hoheitsgewässer des Bundesstaates Florida. Die genaue Beschreibung des Gebiets lautet wie folgt: *(Beschreibung)*.

In diesem Gebiet befinden sich Wracks, die man zu erforschen beabsichtigt, um (Wert-) Gegenstände zu bergen: Schiffstrümmer, Schätze usw. Diese Gegenstände sind Eigentum des Bundesstaates Florida, sofern keine Besitzansprüche angrenzender Staaten vorliegen.

VERTRAGSBEDINGUNGEN
1) Vertragsdauer: ein Jahr; der Vertrag kann in gegenseitigem Einverständnis vor Ablauf jeweils um ein weiteres Jahr verlängert werden.
2) Der Schatzsucher anerkennt folgende Bedingungen:
- Für die Erforschung der eingangs definierten Gewässer (Tauchen und Bergen von Gegenständen) darf nur ein Schiff eingesetzt werden. Dieses Schiff muß von der Regierung des Bundesstaates Florida zuvor kontrolliert und als tauglich befunden werden. Für den Unterhalt dürfen Wartungsschiffe eingesetzt werden; ihre Beschaffenheit wird zuvor schriftlich festgelegt; die Wartungsschiffe müssen von der Regierung des Bundesstaates Florida genehmigt werden.
- Mindestens alle drei Monate muß ein schriftlicher Rapport vorgelegt werden, der über den Stand der Sucharbeiten Aufschluß gibt: Verzeichnis der gefundenen Gegenstände usw.

– Alle Gegenstände, die von historischem oder archäologischem Wert sind, können vom Bundesstaat Florida beschlagnahmt werden.

– Der Schatzsucher haftet für alle gefundenen Gegenstände (Ausnahmen werden von den Behörden schriftlich festgelegt). Sie müssen an einem von der Regierung des Bundesstaates Florida bestimmten Ort unter vorgegebenen Bedingungen aufbewahrt werden.

– Falls eine Teilung durchgeführt wird und es zu einer Auszahlung kommt, hat der Schatzsucher Anrecht auf 75% des Gesamtwertes der gefundenen Gegenstände. Die Auszahlung kann sowohl in Form von Geld als auch durch den wertmäßigen Anteil an gefundenen Gegenständen erfolgen. Die Verteilung der gefundenen Gegenstände obliegt der Regierung des Bundesstaates Florida. Der Schatzsucher kann in keiner Weise über die gefundenen Gegenstände verfügen, bis die Regierung des Bundesstaates Florida deren Verteilung vorgenommen hat. Die Verteilung hat innerhalb kürzester Frist zu erfolgen, wobei der Zeitaufwand für die Reinigung und Schätzung jedes einzelnen Gegenstandes durch einen Experten zu berücksichtigen ist. Kann keine Einigung erzielt werden, überträgt die Regierung des Bundesstaates Florida diese Aufgabe einer Expertenkommission bestehend aus drei von ihr bestimmten Auktionatoren. Sie werden je zur Hälfte vom Schatzsucher und von der Regierung des Bundesstaates Florida entschädigt.

– Die Bestimmungen über die Erforschung müssen eingehalten werden. Sie können schriftlich festgelegt werden und die Überführung der gefundenen Gegenstände – auf Kosten der Regierung des Bundesstaates Florida – in ein staatliches Laboratorium vorsehen, wo sie gereinigt und geschätzt werden. Die Regierung des Bundesstaates Florida übernimmt keine Verantwortung für Schäden an den Fundgegenständen, sie haftet jedoch nach erfolgter Bestandsaufnahme für deren Verlust oder Diebstahl.

– Der Schatzsucher verpflichtet sich, die Vertreter der Regierung des Bundesstaates Florida (Archäologen usw.) nach bestem Wissen und Gewissen bei ihrer Arbeit zu unterstützen.

– Die Vereinbarungen zwischen der Regierung des Bundesstaates Florida und dem Schatzsucher müssen während der Dauer des Vertrags in jeder Art von Bekanntmachung (Film, Publikation usw.) wahrheitsgetreu erwähnt werden. Die Verdankungen müssen der Regierung des Bundesstaates Florida vor der Veröffentlichung in schriftlicher Form vorgelegt werden.

– Die Regierung des Bundesstaates Florida hat jederzeit das Recht, die Arbeit des Schatzsuchers zu überprüfen: Rapporte, Bestandsaufnahme der Fundgegenstände, Arbeit auf dem Schiff usw.

– Der Schatzsucher ist verpflichtet, ein lückenloses Bordbuch zu führen, das über alle Tätigkeiten auf dem Schiff Aufschluß gibt und eine Liste der Fundgegenstände miteinschließt.

– Bei Vertragsbeginn ist eine Kaution in der Höhe von 15'000 $ zu hinterlegen.

– Der Schatzsucher verpflichtet sich, die Gesetze des Bundesstaates Florida zu befolgen, insbesondere die Gesetze über Umweltschutz, über die Schiffahrt, die Rechte der Küstenanwohner sowie den Schutz der historischen und archäologischen Stätten.

– Ohne Bewilligung der Regierung des Bundesstaates Florida dürfen in den schiffbaren Gewässern keine Anlagen (auch keine provisorischen) installiert werden.

– Der Meeresgrund darf weder verwüstet noch verändert werden.

– Es dürfen keine Sprengstoffe verwendet werden.

– Die Rechte der Küstenanwohner müssen respektiert werden.

3) Der Schatzsucher hat zu Händen der Regierung des Bundesstaates Florida – und gestützt auf deren Anweisungen – ein Bordbuch zu führen und wöchentlich eine Kopie des Bordbuches an die zuständigen Behörden zu senden. Nach Ablauf des Vertrags gehen die Kopien des Bordbuches an den Schatzsucher zurück.

4) Die Regierung des Bundesstaates Florida kann die Sucharbeiten jederzeit stoppen lassen, wenn sie den Suchort oder die Fundgegenstände als zu bedeutend einstuft und deren Schutz oder eine besondere Untersuchung für notwendig erachtet. Der

Unterbruch gilt solange, bis die Regierung des Bundesstaates Florida anderweitige Untersuchungen anordnet oder dem Schatzsucher die Wiederaufnahme seiner Arbeit gestattet. Diese Maßnahme betrifft jeweils einen bestimmten Fundort und berührt die anderweitigen Sucharbeiten des Schatzsuchers nicht, sofern sie die Interessen der Regierung des Bundesstaates Florida nicht tangieren.

5) Dieser Vertrag kann nicht auf Drittpersonen übertragen werden. Der Schatzsucher darf ohne schriftliche Genehmigung der Regierung des Bundesstaates Florida kein Personal einstellen.

6) Der Bundesstaat Florida hat das Recht, in den bezeichneten Gewässern nach Öl und anderen Mineralien zu suchen, sofern er damit die Tätigkeit des Schatzsuchers nicht beeinträchtigt.

7) Der Schatzsucher kann gestützt auf diesen Vertrag bei der Stiftung für Landschaftspflege des Bundesstaates Florida um Finanzierungsbeihilfe ersuchen.

8) Falls der Schatzsucher die Bestimmungen dieses Vertrags mißachtet, hat die Regierung des Bundesstaates Florida das Recht, den Vertrag als ungültig zu erklären. In diesem Fall wird die Kaution nicht zurückerstattet.

ANHANG 2

AUSZUG AUS DEM BÜRGERLICHEN GESETZBUCH
§ 984 – Schatzfund

Wird eine Sache, die so lange verborgen gelegen hat, daß der Eigentümer nicht mehr zu ermitteln ist (Schatz), entdeckt und infolge der Entdeckung in Besitz genommen, so wird das Eigentum zur Hälfte von dem Entdecker, zur Hälfte von dem Eigentümer der Sache erworben, in welcher der Schatz verborgen war.

1. Die (bewegliche) Sache muß so lange verborgen gewesen sein, daß gerade deshalb der Eigentümer nicht zu ermitteln ist (Hbg MDR 2, 409). Entsprechend wohl bei herrenlosen Sachen von wissenschaftlichem Wert, z.B. Fossilien; str. bergende Sache kann auch beweglich sein (Geheimfach). Entdeckung ist Wahrnehmung, gleichviel aus welchem Anlaß, ob bei Gelegenheit einer erlaubten oder unerlaubten Handlung. Bei planmäßiger Nachforschung ist der Auftraggeber der Entdecker (RG 70,31.0). Eigentlich wird aber erst mit Besitznahme erworben, aufgrund der Entdeckung, aber nicht notwendigerweise durch den Entdecker selbst. Zwischen Entdecker und Eigentümer der Sache entsteht Miteigentum, §§1008ff, 741ff.

2. Über landesrechtliche Vorbehalte vgl. EG 73; ferner Ausgrabungsgesetz und Denkmalsschutzgesetz der Länder.

So weit der Gesetzgeber. Für den Nichteingeweihten mag das alles sehr kompliziert klingen. Aufgrund der stark voneinander abweichenden Landesgesetze empfiehlt es sich in jedem Fall, sich bei den zuständigen Behörden beziehungsweise bei der entsprechenden Landesdenkmalsschutzbehörde zu erkundigen, denn »illegale« Schatzsucher können sich strafbar machen, besonders dann, wenn es sich bei den Funden um archäologisches Kulturgut handelt.

ANHANG 3

SCHATZSUCHER-ADRESSEN

CLUB DES CHERCHEURS DE
TRÉSORS
22, rue Charles-Baudelaire
F-75012 Paris

NUGGET – Das Fachmagazin
für Schatzsucher, Goldsucher
und Schatztaucher
Postfach 1000
D-6272 Niedernhausen/Ts.

EXIT TOUR-OPERATOR
77, rue du Théâtre
F-75012 Paris
(organisiert Schatzsuch-
Expeditionen)

GLOBETROTTER Ausrüstungen
Fisher-Metallsuchgeräte
Wiesendamm 1
D-2000 Hamburg

NAUTIK-GmbH Keppler + Vitt
Ortungs- und Bergungstechnik
Limburgstraße 4
D-7831 Sasbach/Rh.

IPG MESSTECHNIK
Fisher-Metalldetektoren für
Land- und Unterwasser-Ortung
Postfach 12081
D-6172 Niedernhausen/Ts.

HONEYWELL – ELAC – NAUTIK
GmbH
Postfach 25 20
D-2300 Kiel 1
(Hersteller von Sonarsystemen
für die Schiffahrt)